UMA BREVE HISTÓRIA DO DIREITO

a matriz europeia nos últimos
dois milênios e meio

Tamar Herzog

UMA BREVE HISTÓRIA DO DIREITO

a matriz europeia nos últimos dois milênios e meio

Tradução de Ariel Engel Pesso e Samuel Barbosa

SÃO PAULO
2024

Copyright © EDITORA CONTRACORRENTE
Alameda Itu, 852 | 1º andar |
CEP 01421 002
www.editoracontracorrente.com.br
contato@editoracontracorrente.com.br

EDITORES
Camila Almeida Janela Valim
Gustavo Marinho de Carvalho
Rafael Valim
Walfrido Warde
Silvio Almeida

EQUIPE EDITORIAL
COORDENAÇÃO DE PROJETO: Erick Facioli
REVISÃO: Fernanda Zandoná
PREPARAÇÃO DE TEXTO E REVISÃO TÉCNICA: Amanda Dorth
e Beatriz Duarte Lopes
DIAGRAMAÇÃO: Pablo Madeira
CAPA: Maikon Nery

REVISÃO GRAMATICAL: Benjamim Brum
REVISÃO TÉCNICA: Tamar Herzog e Samuel Barbosa

EQUIPE DE APOIO
Carla Vasconcelos
Regina Gomes
Nathalia Oliveira

Dados Internacionais de Catalogação na Publicação (CIP)
(Câmara Brasileira do Livro, SP, Brasil)

Herzog, Tamar
   Uma breve história do direito : a matriz europeia nos últimos dois milênios e meio/ Tamar Herzog ; tradução Samuel Barbosa, Ariel Engel Pesso. -- 1. ed. -- São Paulo : Editora Contracorrente, 2024.

   Título original: A short history of European law.
   ISBN 978-65-5396-191-3

   1. Direito - Europa - História 2. Direito - Europa - Unificação Internacional - História 3. Leis e legislação - Europa I. Título.

24-206614   CDU-34(091)

Índices para catálogo sistemático:

1. Direito : História   34(091)
Aline Graziele Benitez - Bibliotecária - CRB-1/3129

@editoracontracorrente
Editora Contracorrente
@ContraEditora
Editora Contracorrente

SUMÁRIO

AGRADECIMENTOS 11

PREFÁCIO
António Manuel Hespanha 13

INTRODUÇÃO: A FORMAÇÃO DO DIREITO
NA EUROPA 21

PRIMEIRA PARTE: ANTIGUIDADE

CAPÍTULO I – DIREITO ROMANO: AGORA VOCÊ
O VÊ, AGORA NÃO 37

    1.1 Tribunais antigos e julgamento divino 39
    1.2 O surgimento do processo civil 42
    1.3 Uma lista crescente de fórmulas 46
    1.4 O surgimento de novos procedimentos 48
    1.5 A contribuição dos juristas 48
    1.6 Os juristas e o direito 52
    1.7 Formação jurídica 53
    1.8 Legislação 54
    1.9 *Ius gentium* 56
    1.10 A extensão do direito romano no Império 58

1.11 *Corpus Iuris Civilis* 63
1.12 O legado do *Corpus Iuris Civilis* 65

CAPÍTULO II – A CRIAÇÃO DA CRISTANDADE LATINA ... 67
2.1 A nova religião 68
2.2 A cristianização do direito romano? 69
2.3 A romanização da Igreja 72
2.4 Definindo o que é heresia 74
2.5 Promovendo a conversão 75
2.6 A Igreja como instituição romana 76
2.7 Cristianização e romanização depois de Roma 78

SEGUNDA PARTE: A ALTA IDADE MÉDIA

CAPÍTULO III – UMA ÉPOCA SEM JURISTAS? ... 83
3.1 O direito canônico inicial 84
3.2 A presença contínua de Roma 88
3.3 O elemento germânico 90
3.4 Intervenção divina 93
3.5 O resultado: um mundo fragmentado, mas unificado ... 96
3.6 A fusão de fontes 99
3.7 Um mundo sem juristas? 101

CAPÍTULO IV – SENHORES, IMPERADORES E PAPAS POR VOLTA DO ANO 1000 ... 103
4.1 O retrato convencional do feudalismo 104
4.2 Uma sociedade feudal? 107
4.3 Questionando o feudalismo 109
4.4 Senhores, imperadores e autoridades eclesiásticas ... 110
4.5 A Querela das Investiduras 114
4.6 E a história do direito na Europa? 115

TERCEIRA PARTE: A BAIXA IDADE MÉDIA

CAPÍTULO V – O NASCIMENTO DO *IUS COMMUNE* EUROPEU ... 119

- 5.1 O estudo do direito na Europa ... 121
- 5.2 Reconstruindo textos antigos ... 122
- 5.3 Método ... 123
- 5.4 Ambiente intelectual ... 125
- 5.5 Como o novo sistema funcionava ... 128
- 5.6 Direito canônico ... 132
- 5.7 Direito feudal ... 134
- 5.8 *Ius commune* ... 136
- 5.9 A difusão do *ius commune* ... 137
- 5.10 A nova ciência jurídica e o direito preexistente ... 139
- 5.11 Os resultados ... 141

CAPÍTULO VI – O NASCIMENTO DO *COMMON LAW* INGLÊS ... 145

- 6.1 O direito sob os primeiros normandos ... 147
- 6.2 A sobreposição da jurisdição real ... 149
- 6.3 Um sistema crescente de *writs* ... 151
- 6.4 Como os *writs* funcionavam ... 154
- 6.5 A institucionalização dos *writs* ... 155
- 6.6 *Writs*, remédios e o crescimento do *common law* ... 157
- 6.7 A centralidade do procedimento ... 159
- 6.8 Os profissionais do direito ... 162
- 6.9 Como funcionava o *common law* ... 164
- 6.10 Contragolpe ... 167
- 6.11 Legislação real ... 171
- 6.12 A Inglaterra foi um caso excepcional? ... 172

QUARTA PARTE: A ERA MODERNA

CAPÍTULO VII – CRISE E REAFIRMAÇÃO DO *IUS COMMUNE* 181

    7.1 Humanismo jurídico e a contextualização do direito romano 182

    7.2 O surgimento de um método de direito francês 184

    7.3 Reforma Protestante 186

    7.4 O efeito combinado do Humanismo e da Reforma 187

    7.5 Reinvenção dos direitos locais 189

    7.6 Os costumes da França 190

    7.7 Como os costumes obtiveram este *status* 191

    7.8 As monarquias e a redação dos costumes 194

    7.9 Uma última palavra sobre a utilidade política dos costumes 196

CAPÍTULO VIII – CRISE E REINVENÇÃO DO *COMMON LAW* 199

    8.1 Insatisfação com o sistema jurídico 202

    8.2 Questionando a justiça real 204

    8.3 Resposta jurídica à crise 205

    8.4 O primeiro passo: tornar o *common law* independente do rei 206

    8.5 Questionando o primeiro passo: o *common law* era costumeiro? 212

CAPÍTULO IX – O SEGUNDO PASSO: FAZER DO *COMMON LAW* O DIREITO DO PAÍS 215

    9.1 Questionando o segundo passo: o *common law* era superior? 216

    9.2 O terceiro passo: a Constituição antiga 219

    9.3 Questionando o terceiro passo: por que a Magna Carta? 220

    9.4 O Parlamento como guardião do direito costumeiro … 222

    9.5 A Inglaterra foi um caso excepcional? … 226

CAPÍTULO X – DO *IUS GENTIUM* AO DIREITO NATURAL: A UNIVERSALIZAÇÃO DO DIREITO EUROPEU I … 229

    10.1 Os antecedentes: o *ius gentium* romano e medieval … 230

    10.2 A expansão europeia: o início ibérico … 232

    10.3 O renascimento do *ius gentium* … 236

    10.4 O *ius gentium* colonial … 238

    10.5 O império da verdade autoevidente … 240

    10.6 O caminho para a Revolução … 244

QUINTA PARTE: MODERNIDADE

CAPÍTULO XI – INOVAÇÕES NA AMÉRICA DO NORTE … 249

    11.1 Os documentos fundacionais … 250

    11.2 A criação de novas Comunidades Políticas … 252

    11.3 Antecedentes ingleses … 259

    11.4 Raízes iluministas … 264

    11.5 O direito das gentes convertido em direito natural … 266

    11.6 Antecedentes coloniais … 268

    11.7 A importância jurídica destes desenvolvimentos … 269

CAPÍTULO XII – A REVOLUÇÃO FRANCESA … 273

    12.1 A gênese de uma revolução … 274

    12.2 Uma nova visão do direito … 278

    12.3 A unificação do sujeito de direito … 282

    12.4 A unificação da propriedade … 284

    12.5 Unificação do poder e a soberania indivisível … 286

    12.6 O Iluminismo … 287

12.7 Condições locais I: legislação 289
12.8 Condições locais II: o papel dos *Parlements* franceses 291
12.9 Primeiro dilema: um sistema nacional para um público universal? 295
12.10 Segundo dilema: o *status* do direito natural 298
12.11 Um momento revolucionário? 299

SEXTA PARTE: O SÉCULO XIX

CAPÍTULO XIII – CODIFICANDO AS LEIS DA EUROPA: A UNIVERSALIZAÇÃO DO DIREITO EUROPEU II 305

13.1 A França do século XIX. Da revolução interna à guerra externa 306
13.2 Codificação napoleônica 307
13.3 De um código para muitos 309
13.4 Universalização dos códigos franceses 310
13.5 Codificação alemã: o segundo modelo 312
13.6 Comparação das codificações francesa e alemã 316

CAPÍTULO XIV – CODIFICANDO O *COMMON LAW* 319

14.1 A resposta inglesa à codificação 320
14.2 Explicação da posição inglesa 323
14.3 Codificação nos Estados Unidos 327
14.4 Louisiana 328
14.5 Nova Iorque 330
14.6 Sem códigos, mas com legislação 335

EPÍLOGO – UM MERCADO, UMA COMUNIDADE, UMA UNIÃO 339

SUGESTÃO DE LEITURAS 359

REFERÊNCIAS BIBLIOGRÁFICAS 389

AGRADECIMENTOS

Mais do que em qualquer outro de meus trabalhos anteriores, tenho consciência de que este livro foi possível graças à generosidade, à amizade e ao companheirismo de várias pessoas que concordaram em ler, com paciência e atenção, os vários capítulos e me deram conselhos extremamente sábios, práticos, informados e detalhados. Eu não teria ousado publicá-lo sem a ajuda deles. Agradecimentos sinceros e profundos são devidos a Clifford Ando, David Bell, Charles Donahue, Andrew Fitzmaurice, Ruby Gropas, Daniel Hulsebosch, Richard Hyland, Elizabeth Kamali, Dennis P. Kehoe, Amalia Kessler, Bruce Mann, Tom McGinn, Miguel Moura e Silva, Vlad Perju, Jack N. Rakove, Richard J. Ross e Simon Teuscher. Agradecimentos especiais a David J. Seipp, que não apenas leu meu texto, mas também respondeu às minhas diversas perguntas. Sou particularmente grata a António Manuel Hespanha, que, desde meus dias de estudante de pós-graduação em Paris e nos últimos vinte e cinco anos e até a sua morte, foi um mentor informal e um verdadeiro amigo. Há inúmeras maneiras pelas quais os estudos de Hespanha informaram, afetaram e se cruzaram com os meus. Este livro é apenas uma delas. Também sou grato ao Radcliffe Institute for Advanced Study da Universidade de Harvard, que me permitiu ter o tempo e os recursos para escrever este livro. Por último, mas não menos importante, gostaria de agradecer a Yuval Erlich por todos esses anos, que transformaram minha vida em uma maravilhosa aventura contínua. Pacientemente ouvindo demais sobre o passado e rindo levemente de minhas obsessões, durante os últimos trinta anos, além de ser meu marido e melhor amigo, Yuval se tornou meu leitor mais próximo e mais atento. Toda vez que escrevo um livro, prometo a ele que será o último. Talvez, desta vez, eu cumpra a promessa.

PREFÁCIO

Logo no início do livro, Tamar Herzog conta do entusiasmo de uma jovem estudante sua ao ver, numa exposição em Washington, um exemplar da Magna Carta, que ela identificava com a origem do modelo político do seu país. Tamar descreve como imaginou poder mostrar, de forma não excessivamente cruel, o tremendo equívoco em que a jovem estava a cair, ao projetar, sobre um pacto feudal entre o rei e uns quantos barões, no contexto de uma sociedade política brutalmente desigual e intolerante, os ideais democráticos, liberais e igualitários da sociedade americana dos nossos dias.

É este o lamiré de todo este livro: fazer a crítica da história tal como a conta o senso comum, com a sua permanente falsificação do passado à medida dos mitos e das necessidades de legitimação do presente ("presentismo"). Tem-se chamado a esta linha de orientação da historiografia jurídica, uma história crítica do direito, na medida em que ela submete à crítica os fundamentos das ideias correntes sobre o passado. O que, na verdade, também, representa uma crítica das concepções ingênuas que temos sobre o direito do presente. Em vários pontos deste livro, encontrareis a descrição e a refutação de mitos; mas, ao mesmo tempo, a tentativa de explicar o porquê da formação desses mitos. E, aqui, encontramos uma verdadeira crítica, não já do conhecimento histórico-jurídico, mas do próprio conhecimento jurídico estabelecido que propiciou a gestação desses mitos. Esta é a função crítica da história (e, particularmente, da história do direito). Crítica, não no sentido de criticar o direito do passado, pois isso seria trivial e não deixaria de contribuir para um mito – o mito "progressista", segundo o qual o presente é sempre melhor e mais perspicaz do que o passado. Mas no sentido de sublinhar que os sentidos jurídicos são contextuais, que dependem de circunstâncias envolventes de muita ordem e que, por isso, a ruptura e a descontinuidade dos sentidos são o normal na evolução da cultura jurídica. Isso pressupõe, necessariamente, um projeto historiográfico em que a descrição do passado do direito se faz recorrendo à interdisciplinaridade e à abertura a outros saberes (nomeadamente, à metodologia, à análise do discurso jurídico, às ciências sociais [sociologia, antropologia] e, antes de tudo, à história geral).

Como se faz isso neste livro?

Em primeiro lugar, faz-se por meio de um estilo descomplicado, enxuto, direto, eficiente, com constante apelo à compreensão não superficial ou preguiçosa das coisas, mas também com o recurso à sensatez e àquilo que se torna óbvio se se pensar um pouco mais fundo nas coisas. Por outro lado, faz-se tomando os chamados "traços essenciais" de cada época e pondo, à prova, a sua consistência. Recorro, de seguida, a duas ou três ilustrações do método.

Comecemos pelo direito romano, ainda hoje considerado como a matriz do direito europeu. Como não podia deixar de ser, Tamar Herzog dedica-lhe um capítulo, logo na abertura do livro. Mas dá-lhe um título estranho: "Direito romano: agora você o vê, agora não". Aparentemente, está a evocar um dito de Goethe, que comparava o direito romano a um pato, que tanto se mostra como mergulha, embora à tona ou debaixo de água, ele permaneça o mesmo. O sentido que Tamar dá à metáfora é, porém, mais cáustico da tradição. O tal direito romano não se sabe bem o que seja. Ele mesmo, enquanto Roma existiu como unidade política, esteve muito longe de ser a mesma coisa. E, tal como o entendeu a tradição romanística, ao longo de um milênio, tem uma entidade e identidade ainda mais evanescente. Por vezes manteve os nomes, mas diferiu radicalmente nos conteúdos; por vezes, mudou numa coisa e noutra; foi interpretado e reinterpretado; foi combinado de forma diversa com realidades jurídicas também diversas (direitos celtas, germânicos, gregos, egípcios, siríacos, eslavos; princípios religiosos e filosóficos; tradições locais e localíssimas de julgar); foi lei, foi doutrina, foi jurisprudência, foi costume. Foi tudo e, na verdade, não foi nada de transepocal. Hoje, é praticamente impossível tirar dele um princípio unívoco. Em épocas recentes, o direito romano – que Tamar descreve com uma síntese precisa e elegante – foi ainda usado para exemplificar um direito liberto do "totalitarismo da lei", porque fundado nas decisões dos pretores, aconselhados pelos grandes juristas; e um direito, de um império global, garantindo a comunicação jurídica numa área vastíssima, do próximo Oriente à Península Ibérica. Num e noutro caso, é grande a parte que tem de mito. Como é evidente, se se pensar um pouco, um único pretor apenas podia resolver um número muito restritos de casos, insignificante no âmbito urbano de Roma e, ainda muito mais, no do Império Romano. Os padrões de decisão – não sendo também as leis imperiais – tinham que ser outros. E eram: os costumes e práticas locais de decidir, dispersos, incontáveis, mutáveis e caldeados na cultura da vida quotidiana. Quanto ao direito romano – o *ius civile*, mas também o *ius gentium* – é antecipação de um direito global. O seu carácter mítico decorre do que se sabe sobre as variações do próprio direito oficial nas várias províncias do Império. A maior utilidade que hoje poderemos extrair da história do direito romano é a de – usando um método semelhante aos antropólogos – reconstruir a partir dele um mundo de valores e de técnicas de regular totalmente diferentes do nosso, que nos permite desmistificar, a um tempo, o direito romano como a matriz jurídica *nossa* e o nosso direito como a matriz jurídica única e intemporal. Mas isto é tudo o que os juristas não gostam de fazer – ou seja, que se problematize a razão jurídica estabelecida.

Também a matriz cristã do direito histórico europeu, logo, desde o direito romano, é explicitamente problematizada. Por um lado, dá-se conta do ceticismo hoje corrente entre os historiadores e também entre os historiadores do direito sobre o grau do impacto da conversão ao cristianismo do imperador Constantino sobre o direito, quer sobre o oficial, quer, sobretudo, sobre os que eram praticados nas várias províncias do Império. Salientam a provável continuidade de rotinas de julgamento, de modelos documentais, de referências textuais, sobretudo num Império com uma prática burocrática e jurídica muito pouco controlável pelo centro. Em contrapartida, é notório que a organização e o processamento administrativo e judicial da Igreja adotaram os modelos romanos. Como consequência destas tendências, surge como mais prudente um ponto de vista menos afirmativo sobre a carga cristã do direito europeu nas primeiras fases da sua evolução. O que conflita com a tentativa de alguns historiadores do direito para representar a história do direito europeu como a celebração de um *ius europaeum* de matriz essencialmente cristã.

Uma historiadora como Tamar Herzog, cujo trabalho se tem centrado na desmontagem dos mitos nacionalistas na história do direito,[1] não podia deixar passar, sem avaliação, a tendência para organizar a história do direito por países, mesmo para épocas em que as realidades políticas eram muito variadas e claramente careciam de uma referência "nacional". A pulverização do mapa político da Europa de então testemunha a ausência dessas grandes composições a que hoje se chamam nações. Existiam, é certo, algumas grandes ou menores monarquias que podemos grosseiramente identificar com os Estados europeus contemporâneos. Mas, mesmo estes territórios, estavam unidos por vínculos políticos de vassalagem a um mesmo senhor ou dinasta, não se tendo como assentes na identidade

---

[1] V. HERZOG, Tamar. *Defining Nations*: Immigrants and Citizens in Early Modern Spain and Spanish America. New Haven: Yale University Press, 2011; HERZOG, Tamar. *Frontiers of possession*: Spain and Portugal in Europe and the Americas. Cambridge: Harvard University Press, 2015.

PREFÁCIO

étnico-cultural que se veio a supor dever subjazer aos Estados. Por isso, os territórios eram descartáveis e constantemente disputados entre uns e outros príncipes. Por outro lado, os vínculos entre os governantes e os governados provinham de um "contrato", mas de um contrato em que as partes não eram iguais nem tinham o mesmo poder de estabelecer as condições. Os governantes eram-no pela graça divina e isto impunha, à partida, que tivessem uma posição natural e indisputável de domínio, que os súditos deviam aceitar e modelar, mas apenas nos detalhes. Esta leitura da história política e jurídica europeia não pode deixar de problematizar a visão corrente acerca dos fundamentos nacionais e pactícios do poder, que se considerava como o ganho civilizacional da tradição jurídico-política europeia. Daí as prevenções da autora, logo no início do livro, quanto a uma celebração da Magna Carta como um documento fundador dos atuais regimes democráticos, assentes na soberania nacional.

E por aí vai o livro, desmontando sistematicamente as ideias feitas, normalmente comemorativas, da história do direito. Mais em detalhe, passam por este crivo a singularidade da tradição jurídica anglo-saxónica, construída a partir do século XVII – e reavivada na segunda metade do século XIX –, para celebrar a gloriosa "revolução democrática" inglesa e para, mais tarde, canonizar um modelo de Estado liberal-conservador, distinto dos Estados continentais, em que parlamentos dominados pela "lei do número" e burocracias ao seu serviço se empenhavam numa artificial engenharia política e jurídica que substituía os ditames da razão plasmados na tradição por golpes de vontade política reformadora. Problematizada é também a ideia do totalitarismo da lei e da arrogância dos códigos que alguma historiografia tem assacado ao positivismo legalista do século XIX. O processo codificador é sucintamente explicado, bem como a alternativa à codificação no "modelo inglês". Mas também é continuamente realçado como estes projetos de reunir o direito em sistemas legislativos compactos, gerais e universais, respondia menos a questões técnicas sobre a eficácia do modo jurídico de regular do que a ideias preconcebidas acerca da natureza própria do direito: uma ordem natural, internamente consistente – tal como era suposto que fosse o "espírito do povo" que estava por detrás dela –, fundada em valores universais que se podiam ler na tradição europeia. Era também este caráter natural, racional, universal e compacto que tornava os códigos europeus legitimamente exportáveis e geralmente aceites por nações de outras culturas, a bem da sua progressiva civilização.

Este é um dos planos de leitura desta curta grande história do direito europeu. Mas, mais à flor da pele, ela também oferece uma descrição rigorosa e acessível dos principais eventos e linhas de força que a pontuaram. Informativo e formativo, eis a dupla etiqueta de um livro indispensável ao historiador e ao jurista.

Fará sentido, para um latino-americano, ocupar-se com a história do direito europeu? Se recuarmos não mais do que 50 anos, esta pergunta seria considerada meramente retórica, a suscitar uma entusiástica resposta afirmativa. Era a época em que a história da Europa marcava o ritmo da história do mundo, no qual o "ultramar" era visto como um espaço apenas passivo, sobre o qual se projetava o espírito europeu, viril e inseminador. Os anos 70 do século XX foram o momento de viragem. A partir daí, muitos foram os sinais de que havia protagonismo fora da Europa. Não só no presente, em que cada vez mais não europeus acediam à independência e ao autogoverno. Mas também na história em que, mesmo sob o domínio político das potências europeias, tinham preservado as suas culturas, criado formas sutis de resistência, ou, pelo menos, tinham deformado sensivelmente os projetos coloniais, impondo situações de miscigenação e de partilha cultural nos dois sentidos.

Uma das áreas, porém, em que esta mudança do olhar foi mais tardia, mais lenta e mais incompleta, foi a história do direito. Neste campo, a imagem de um direito europeu – o que quer que isso fosse – como padrão de racionalidade, de perfeição técnica e de revelador de valores universais manteve-se até hoje. A sua projeção, para fora da Europa, era designada com o termo "recepção", que

PREFÁCIO

apontava não apenas para um efetivo recebimento tal e qual, como ainda para o caráter consentido do transplante. Sabemos hoje – já se sabia, então, mas se passava por cima – que nada disso foi assim. Que o recebimento foi muito incompleto e que as resistências a ele foram muitas e muito eficazes, dando origem a uma herança muito impura, mesmo ao nível das instituições, dos grupos sociais e dos temas em que dela se pode falar – numa palavra, ao nível do direito oficial e letrado.

Todavia, isto não permite excluir a relevância do componente europeu. Porque ele, gozando do estatuto de direito padrão, ou de direito ideal e de referência que lhe era dado pelos grupos cultivados, teve uma presença constante, mesmo no âmbito de culturas jurídicas populares, onde, porém, chegavam formulários e modelos documentais, brocardos e regras práticas, rituais e fórmulas, divulgadas pela baixa administração colonial e pelos seus agentes, oficiais ou privados (advogados, procuradores).

Tamar Herzog – cuja formação histórico-jurídica provém dessa área da prática colonial do direito – que estudou, com mestria, o caráter "negociado" da administração colonial[2] – é a pessoa indicada para encontrar o tom que permite descrever as partilhas indecisas, incompletas, equivocadas, ambíguas e conscientemente ou inconscientemente sabotadas, entre o direito europeu, que aqui se descreve, e as tradições e realidades jurídico-políticas do ultramar.

ANTÓNIO MANUEL HESPANHA

---

[2] HERZOG, Tamar. *La administración como un fenómeno social*: la justicia penal de la ciudad de Quito (1650-1750). Madrid: Centro de Estudios Constitucionales, 1995; versão francesa: *Rendre la justice à Quito (1650-1750)*. Paris: L'Harmattan, 2001; HERZOG, Tamar. *Mediación, archivos y ejercicio: los escribanos de Quito (siglo XVII-XVIII)*. Frankfurt: Vittorio Klostermann, 1996; HERZOG, Tamar. *Ritos de control, prácticas de negociación*: pesquisas, visitas y residencias y las relaciones entre Quito y Madrid (1650-1750). Madrid: Fundación Hernando de Larramendi, 2000.

INTRODUÇÃO
A FORMAÇÃO DO DIREITO NA EUROPA

Há alguns anos, uma estudante de graduação me relatou, com entusiasmo, que ela havia acabado de visitar Washington, D.C., onde havia visto uma cópia da grande carta das liberdades, a Magna Carta. Sem pretender frustrar sua empolgação, eu me perguntei como eu poderia explicar a esta estudante que o que ela tinha visto era um documento feudal, cuja intenção original pouco tinha a ver com o que viria a simbolizar e cuja importância foi adquirida ao longo do tempo, porque, séculos após sua promulgação, foi-lhe dado um novo significado e um novo papel.

A primeira questão, com a qual tive que lidar, foi se isso sequer importava de alguma forma. Importava que um documento do início do século XIII como a Magna Carta fosse equivocadamente interpretado por uma estudante do século XXI? O que esta estudante ganharia se entendesse o que realmente fora a Magna Carta, por que e como tinha adquirido o *status* que tem agora? Esta história é relevante para suas preocupações atuais? A destruição dos mitos é tão importante quanto sua criação? O passado ficou para trás, ou ele nos diz algo essencial sobre o presente e o futuro?

Para entender a Magna Carta do século XIII, precisamos lembrar de um passado feudal no qual poderosos senhores buscavam proteger sua jurisdição e sua propriedade contra uma monarquia em expansão. Seria preciso imaginar como a sociedade mudou com o tempo – principalmente, como os privilégios de alguns barões se tornaram os direitos de todos os ingleses – e como, nesse processo, as reivindicações de direitos limitavam o que os reis podiam fazer. Dada sua projeção para os Estados Unidos, esta narrativa também incluiria a história de como estas ideias atravessaram o Atlântico e se transformaram. Como parte de uma história mais ampla do direito europeu, a explicação deveria não apenas questionar por que a Magna Carta adquiriu este *status* mítico, mas também por qual razão cartas feudais similares, abundantes e frequentes, em outros lugares da Europa, não o fizeram.

Como historiadora do direito, sei que aquilo que a Magna Carta representa, atualmente, não tem nada a ver com o texto em si, mas sim com a forma como a carta tem sido usada e lembrada. Se minha aluna conhecesse esta história, pensei, ela poderia não apenas entender melhor o passado, mas também estaria capacitada para imaginar seu presente e seu futuro de forma diferente. A história poderia lhe disponibilizar ferramentas para questionar as narrativas, compreender os processos que levaram à sua formação e sugerir para onde poderiam nos conduzir.

A Magna Carta, é claro, não é o único vestígio jurídico que ainda molda nosso presente ou nos permite imaginar nosso futuro. Muitos outros instrumentos, instituições e textos herdados do passado cumprem o mesmo papel. Tanto como relíquias de uma era passada quanto como características importantes de nossa vida diária, todos esses elementos fornecem significados, soluções e técnicas para analisar e compreender a realidade. Tomemos, por exemplo, o "devido processo" (*due process*), ou seja, a obrigação dos tribunais de seguirem um determinado procedimento. Intuitivamente, muitos de nós consideramos este um fenômeno relativamente moderno ligado à ambição da sociedade

INTRODUÇÃO – A FORMAÇÃO DO DIREITO NA EUROPA

de garantir a implementação da justiça. No entanto, o devido processo, se não no nome ao menos na prática, tem uma origem longínqua na Inglaterra medieval. A história de seu surgimento tem menos a ver com a garantia de um resultado certo (o que não estava assegurado) do que com a insistência para que os juízes nos tribunais do *common law* obedecessem a rígidas regras processuais. Compreender por que as regras processuais se tornaram tão importantes no direito inglês, e como, ao longo dos anos e através de algumas transformações muito peculiares, elas passaram a ser vistas também como instrumentos de proteção para os litigantes, nos permitiria compreender melhor, por exemplo, porque algumas matérias foram cobertas pelo devido processo enquanto outras não o foram, ou porque este conjunto de regras se desenvolveu na Inglaterra e não em outro lugar.

O envolvimento com o passado também nos permitiria entender como o direito europeu se remodelou tanto como o epítome da razão quanto como um sistema com aplicabilidade potencialmente universal. A enorme influência que o direito europeu exerce em todo o mundo poderia, naturalmente, ser explicada por fatores políticos e econômicos, mas isso também exigiu uma elaboração intelectual. Os antigos romanos já associavam a filiação em uma comunidade ao direito, e ambos à extensão da hegemonia política, mas estes vínculos se metamorfosearam dramaticamente na Idade Média. O advento e a difusão do cristianismo permitiram a projeção do direito romano em novas regiões da Ásia, África e Europa. Com o colonialismo, novas explicações foram adotadas para justificar a imposição do direito europeu sobre territórios e povos não europeus. O mesmo aconteceu com as revoluções do século XVIII e com a construção dos Estados-nação no século XIX. Traçar a gradativa necessidade de explicar a relevância do direito europeu em outros lugares, por exemplo, lançaria luz sobre as críticas de alguns estudiosos do direito internacional contemporâneo, que o qualificam como um patrimônio europeu e não como um patrimônio humano verdadeiramente global.

Em minha trajetória como professora de história do direito por cerca de vinte anos em faculdades de direito e departamentos de história em vários países e universidades da Europa e dos Estados Unidos (na Universidade de Chicago, Stanford e agora Harvard), muitas vezes senti a necessidade de uma breve e útil introdução à história do direito na Europa, que pudesse ser usada para discutir a evolução do direito no tempo. Eu estava cansada das grandes obras de referência, ricas em detalhes e escassas em explicações, comedidas nas formulações assentadas no desenvolvimento e na mudança; eu me sentia insatisfeita com aquela ladainha de estereótipos e conceitos equivocados, e também com a perspectiva provinciana de alguns. Por isso, quando eu escrevi este livro, eu tinha em mente meus alunos de história e de direito, bem como meus colegas. O que eles precisam saber para compreender como o passado nos pode ser alheio e, não obstante, familiar? Em um campo tão rico em reivindicações nacionalistas, quais mitos deveriam ser descartados e como? De que maneira a história do direito na Europa poderia ser integrada em uma única narrativa que leve em conta as particularidades locais, respeitando, ao mesmo tempo, a profunda unidade da Europa, incluindo a Inglaterra? Como expressar as preocupações da história do direito continental, tradição na qual desenvolvi minha trajetória intelectual (e que procura estabelecer princípios de longo alcance) a um público mais familiarizado com outros tipos de história do direito que são tradicionalmente focados em exemplos concretos? Como um livro pouco extenso pode reproduzir o que sabemos e o que não sabemos, aquilo de que temos certeza e aquilo que hesitamos em afirmar, e, ainda assim, formular uma narrativa sobre como as mudanças ocorreram no tempo e (às vezes) por quê?

Este livro tenta responder a algumas destas perguntas em linguagem simples e clara. Seu principal objetivo é dar aos leitores ferramentas úteis para a compreensão do presente e do passado. Em vez de fornecer detalhes intermináveis, ele aborda os elementos mais essenciais para repensar nossas próprias normas, indicando quando

INTRODUÇÃO – A FORMAÇÃO DO DIREITO NA EUROPA

e como elas surgiram e se desenvolveram. Desnaturalizando nossos sistemas jurídicos atuais, pode-se demonstrar que alcançamos estes sistemas após uma progressão desordenada e complexa cuja trajetória rumo ao futuro está longe de ser óbvia. Hoje podemos tomar como certo que o direito é algo que é criado e pode ser mudado, mas, como demonstro neste livro, esta visão é uma invenção relativamente recente. Por muitos séculos, dizia-se que o direito existia simplesmente porque existia, porque havia sido criado espontaneamente pela comunidade ou porque havia sido transmitido por Deus.

Ainda que estas percepções fossem falsas, no sentido de que o direito sempre foi criado por alguém em algum lugar, o fato de que as pessoas acreditavam naquilo tinha grande importância para a forma como viam, interpretavam ou obedeciam ao direito, a quem ouviam e por quê. Embora hoje possamos assumir que cada país tem seu próprio direito, esta afirmação também é um fenômeno relativamente recente, uma vez que o direito se incorporava, outrora, a comunidades que compartilhavam elementos distintos da lealdade política. Saber quais fatores justificavam a obediência jurídica e o porquê eram importantes, é essencial para compreender o funcionamento histórico do direito, assim como seu funcionamento atual.

Para descrever as complexidades do passado e demonstrar sua relevância para o presente, eu me pergunto – neste livro que cobre quase dois milênios e meio – como, em épocas distintas, os europeus construíram seus sistemas jurídicos, de onde pensavam que vinham as normas, quem permitiam que as fizessem, declarassem ou implementassem, e quais eram os resultados. Em vez de descrever instituições ou regras jurídicas específicas, estou interessada em decifrar como as normas eram geradas, a fim de indicar como elas devem ser lidas e compreendidas em seu contexto histórico particular. Também quero mostrar que compreendê-las pode nos dizer algo importante sobre quem nos tornamos.

Ao longo das páginas deste livro, eu constantemente me reporto a duas grandes narrativas que têm orientado a maioria das pesquisas da história do direito. A primeira retrata o direito quase como um dado. Essa linha é sensível à evolução de soluções específicas ao longo do tempo, por exemplo, como os contratos eram elaborados ou o que era necessário para provar um caso perante um tribunal em diferentes períodos históricos, mas, na maioria das vezes, pressupunha implicitamente que o direito era direito. É como se a sociedade tivesse mudado, e suas regras também tivessem mudado, mas o direito, como campo de ação e repositório de conhecimentos e técnicas, permanecesse o mesmo. Para a maioria dos autores, o direito abrangia normas a que as pessoas obedeciam, como se pouco importasse de onde provinham, como eram compreendidas, quais outros tipos de normas existiam, quem as implementava e de que forma. Esta narrativa, muitas vezes, parecia implicar que era praticamente irrelevante se o direito era atribuído à criação comunitária (como no direito consuetudinário), a Deus (como no direito canônico), aos legisladores ou aos juízes. Tampouco importava se o direito pretendia inovar ou manter o *status quo*, ou se advogados e juristas presumiam interpretá-lo literalmente ou acreditavam que representava uma verdade superior, que não era diretamente evidente e que eles procuravam revelar.

Como já indicado pela forma como tratei a questão da Magna Carta, neste livro eu faço exatamente o contrário. Descrevo o desenvolvimento do direito na Europa como um fenômeno que envolve não apenas a escolha entre soluções antagônicas (como a maioria dos estudiosos supõe), mas também a identificação de suposições básicas sobre as próprias regras. Voltando à Magna Carta, para entender seu significado, é preciso entender não apenas o que ela determinava, mas também o sistema normativo no qual ela operava. Somente considerando as noções contemporâneas de criação, mudança e aplicação de regras, podemos compreender o que a Magna Carta almejava estabelecer. A evolução de seu significado ao longo do tempo também está ligada a transformações não tanto no texto em si (que se manteve surpreendentemente uniforme apesar da constante cópia e correção), mas nos contextos legais em que foi lido. O fato de que este documento adquiriu o simbolismo atual, em suma, tem tudo a ver com o contexto (ou melhor, contextos), que mudou radicalmente com o tempo e que este livro procura desvendar e reconstruir.

A Magna Carta também nos mostra que os atores históricos, muitas vezes, jogavam com fatores de continuidade e mudança para atingir certos objetivos. Eles defendiam a continuidade quando inovavam, ou clamavam por mudanças quando na verdade não permitiam nenhuma. Para entender o passado, precisamos saber não apenas o que aconteceu, mas também como ele foi reconstruído, usado e compreendido tanto pelos contemporâneos que viveram esses eventos, quanto pelos futuros intérpretes que olharam para eles para reformar seu presente. Ao longo da história, o direito foi elaborado, reelaborado e retrabalhado reiteradamente, conforme diferentes indivíduos, comunidades e instituições procuraram identificar, construir, reconstruir, manejar e remanejar diferentes regras com o objetivo de regular suas atividades.

Se meu primeiro objetivo é desestabilizar a ideia de que as soluções jurídicas mudavam, mas que a estrutura jurídica (quem concebeu essas soluções, quem as implementou, que autoridade tinham e como a obtiveram) era irrelevante; a segunda narrativa que pretendo desafiar é a suposição de que o *common law* inglês e o direito continental (também conhecido como *civil law*) eram inteiramente distintos. Minha própria experiência, como jurista treinada em um mundo que utilizava ambos os sistemas jurídicos e como historiadora trabalhando tanto na Europa quanto nos Estados Unidos, indicava que esta separação era insustentável. Em vez de tratar de um sistema ou de outro, como faz a maioria das obras sobre história do direito, ou de olhar para casos específicos e as maneiras pelas quais os dois sistemas ocasionalmente influenciaram um ao outro, eu adoto uma análise que olha tanto para o direito inglês quanto para o direito continental ao mesmo tempo, utilizando uma metodologia similar.

Para atingir este objetivo, quando eu descrevo os desdobramentos históricos desde a Baixa Idade Média até os dias atuais, eu alterno deliberadamente entre o direito continental e o inglês, com a intenção de colocá-los em diálogo um com o outro. Meu objetivo é mostrar o que estes sistemas compartilharam e como diferiam entre si. Sobretudo, quero mostrar como, mesmo ao seguirem caminhos diferentes, estes sistemas eram em grande parte levados a fazê-lo em resposta a desenvolvimentos e a pressões semelhantes. Também aponto que os caminhos que tomaram inspiraram-se em uma tradição comum que os guarnecia não apenas de perguntas, mas também de um horizonte de possíveis soluções.

Assim, eu examino o período de formação do *ius commune* continental lado a lado com o *common law*, analiso como os dois sistemas responderam aos desafios e evoluíram no início do período moderno, comparo seus desdobramentos no século XVIII e os examino em detalhes ao longo do século XIX, chegando à formação da União Europeia na segunda metade do século XX. Em vez de mantê-los alheios um ao outro, como muitos escritores anteriores fizeram, eu defendo que o *common law* inglês e o direito continental faziam parte da mesma tradição europeia da qual se valeram e enriqueceram. Na verdade, estas tradições são muito mais similares do que pode parecer à primeira vista.

Começo minha análise com o direito romano, em razão de sua presença duradoura na história europeia. Entre as inúmeras formas pelas quais ainda hoje se percebe a hegemonia do direito romano, está nossa contínua dependência das presunções, uma invenção romana que permite assumir a existência de coisas sem a necessidade de prová-las antes. Não apenas o uso de presunções era uma técnica romana, mas algumas das presunções que adotamos hoje tiveram origem na era romana. Tomemos, por exemplo, a presunção legal de que os filhos nascidos dentro do casamento constituem a prole natural de ambos os cônjuges. Esta presunção permitiu que a sociedade reconhecesse estas crianças como seus filhos sem ter que provar a descendência, função ainda hoje aplicável, apesar dos avanços científicos que nos permitem provar a ancestralidade. Constantemente verificável ao longo da história, esta presunção é, no entanto, capaz de atender a novas necessidades. Utilizada em condições sociais radicalmente diferentes, como na Espanha atual, por exemplo, esta ficção permite o registro de um filho nascido dentro de um casamento homossexual como descendente natural de ambos os cônjuges.

O direito romano é um importante ponto de partida para a história do direito na Europa, não apenas por causa de seu legado duradouro, mas também porque este legado acabou sendo compartilhado pela maioria dos europeus, senão por todos. Disseminando-se lentamente, primeiro com a expansão do Império Romano e, depois, com a conversão ao cristianismo, o direito romano tornou-se o repertório jurídico comum na Europa, especialmente depois de ter sido absorvido por acadêmicos medievais e retrabalhado para atender às necessidades contemporâneas. O direito romano também formou a base para o desenvolvimento inicial do *common law* inglês, e sua validade e influência foram testadas na fase inicial da idade moderna, e, por fim, afirmadas ou negadas com o advento da modernidade. Ao longo desta história, paradoxalmente, mesmo aqueles que rejeitaram a adesão ao direito romano, muitas vezes, sustentaram seu caso por analogia aos argumentos desta tradição.

A compreensão do direito romano, é claro, mudou ao longo da história, assim como seu uso. O que isso significava na época clássica pouco tinha a ver com a forma como os juristas medievais o usavam, nem com o que os advogados do *common law* inglês e os juristas alemães do século XIX pensavam a respeito. Apesar desta enorme variação na forma como foi compreendido e incorporado, o direito romano, no entanto, manteve seu prestígio, e o direito europeu conservou muitas de suas metodologias e princípios básicos. Como geralmente acontece, esta interpretação e reinterpretação do passado permitiu um envolvimento criativo, não apenas com o que aconteceu no passado, mas também com a construção do presente e do futuro.

A invocação constante do direito romano também exigiu e explicou o conflito permanente na Europa entre estabilidade e universalidade, por um lado, e dinamismo e respostas locais, por outro. Embora o direito romano formasse a espinha dorsal de uma tradição jurídica europeia comum, esse arcabouço não era capaz de resolver as tensões constantes entre o local e o global, as soluções individuais e os princípios abarcadores. Estas tensões já estavam presentes na própria Roma, onde historiadores distinguiram entre as práticas jurídicas no centro do Império e sua aplicação nas províncias, mas elas persistiram ao longo da história europeia. Foi precisamente para superar estas tensões que nos séculos XI, XII e XIII foram feitos esforços, tanto na Europa continental quanto na Inglaterra, para criar um direito comum unificado (Capítulos V e VI). Este *ius commune*, o termo inicialmente usado também pelos ingleses para designar seu próprio *common law*, tinha como objetivo cimentar e dar coerência a um mundo jurídico que, na realidade, abrangia centenas de milhares de arranjos locais. Se, e em qual medida, a busca de pontos em comum foi bem-sucedida é parte da história que descrevo. Outro aspecto trata como a luta pela unificação afetou a maneira pela qual as comunidades foram definidas. As comunidades se expandiram ou se contraíram com base na percepção de identidade entre seus membros, passando de associações pessoais (que englobaram indivíduos com base em suas relações interpessoais) para jurisdições territoriais (que impunham o direito a todos aqueles que habitavam um determinado território), adotando ocasionalmente soluções intermediárias. Às vezes, a família era o fator que justificava a imposição de um direito comum, mas muitas vezes uma religião compartilhada, a sujeição comum a um senhor, a partilha de campos ou a manutenção de relações comerciais, para citar apenas alguns, eram igualmente importantes.

A luta para unir as pessoas sob um mesmo direito também foi assumida pela Igreja, cujas autoridades foram as primeiras a se referirem ao direito comum a todos os cristãos como um *ius commune*. No entanto, embora a Igreja tenha desempenhado um

INTRODUÇÃO – A FORMAÇÃO DO DIREITO NA EUROPA

papel importante na difusão do direito romano (Capítulos II – IV), ela também afetou a normatividade europeia de outras formas. Após a conversão do Império Romano ao cristianismo, a distinção entre as esferas secular e religiosa perdeu muito de sua relevância. Isto foi particularmente verdadeiro na Antiguidade tardia e na Alta Idade Média, mas continuou a ser uma descrição bastante precisa do direito europeu mesmo nos séculos seguintes, devido à onipresença do direito canônico e ao papel proeminente da moralidade cristã. À certa altura, alguns atores europeus começaram a procurar um sistema que não dependesse mais de autoridades ou tradições externas, mas que fosse autoexplicativo. O reinado da verdade autoevidente, onde as regras podiam ser justificadas não porque tinham um fundamento na autoridade, mas porque faziam sentido para aqueles que as criaram, impulsionou o que agora identificamos como modernidade. Mas esta modernidade não era necessariamente secular. Na mente de muitos de seus proponentes nos séculos XVIII e XIX, tanto a razão humana quanto um direito natural que se dizia que seria imposto pela natureza aos humanos, poderia perfeitamente coexistir com uma crença em Deus.

A modernidade trouxe grandes transformações, mas, independentemente da questão interessante de serem ou não revolucionárias, essas mudanças foram, muitas vezes, mais radicais na intenção do que na prática, pelo menos em termos jurídicos. No final, seu legado mais premente foi a crença na agência humana e a convicção de que os seres humanos eram capazes de melhorar a si mesmos, bem como suas sociedades. A partir daí, o direito tornou-se um exemplo da vontade geral, evoluindo de uma arte de manter o *status quo* (como havia sido o caso anteriormente) para a arte de inovar a fim de criar um mundo aparentemente melhor.

Eu iniciei este livro com o direito romano e o terminei com a criação e expansão da União Europeia, o que, para mim, é tanto um ponto de chegada quanto um ponto de partida. Até que ponto a Europa de hoje pode ter um direito comum, e quem são os agentes e interesses que impulsionam tal unificação jurídica?

Estes processos de unificação são específicos da Europa ou também operam em escala global? Como o Estado nacional, criado no final do século XVIII, pode lidar com os desafios da europeização e da globalização?

Para responder a algumas dessas perguntas, os capítulos seguintes abordam um tema específico e descrevem sua evolução. Para tornar a narrativa mais clara, eu, às vezes, sacrifico a cronologia para ilustrar melhor o que estou descrevendo. Faço isso, por exemplo, no Capítulo I, onde discuto os códigos do direito romano provincial que foram promulgados após a conversão do Império ao cristianismo. Da mesma forma, no Capítulo II, que descreve a cristianização de Roma, trato de algumas questões também abordadas no Capítulo III, que se concentra na Alta Idade Média. No Capítulo VI, onde estudo o período de fundação do *common law*, às vezes me aventuro no início do período moderno.

Se a cronologia é complexa, a entidade geográfica e política que eu identifico como Europa também o é. Claramente, durante o período que cubro, a Europa e a definição daquilo que lhe pertencia foram tanto inventadas quanto submetidas a profundas mutações. Mais uma ideia do que propriamente um continente, a Europa mudou de forma e acabou aventurando-se além-mar, em territórios que, agora, identificamos como coloniais. A projeção do direito europeu era igualmente amorfa. Na época romana, partes do Mediterrâneo e da Ásia estavam submetidas a ele, assim como os domínios ultramarinos europeus, mais tarde. Nos séculos XVIII, XIX e XX, a tradição jurídica que descrevo como europeia atingiu sua maior expansão devido à crescente hegemonia do continente, mas também porque as elites de diferentes partes do mundo optaram por usar e adaptar o direito europeu às suas próprias necessidades e aspirações. Devido a esta extensão, alguns dos desenvolvimentos mais importantes do direito europeu ocorreram fora do continente, como, por exemplo, quando o *ius gentium* foi transformado em direito natural nas colônias, ou como nas inovações constitucionais introduzidas na América do Norte.

INTRODUÇÃO – A FORMAÇÃO DO DIREITO NA EUROPA

Estas ocorrências não foram apenas uma consequência do direito europeu, mas também o modificaram consideravelmente.

Precisamente, porque meu objetivo não é descrever todos os desenvolvimentos históricos, mas apenas aqueles mais fundamentais, nem todos os países europeus recebem o mesmo destaque. Em minha narrativa, algumas regiões aparecem como protagonistas, enquanto outras são mencionadas apenas em notas. Os locais e as épocas que eu descrevo foram escolhidos por causa de sua importância, mas principalmente porque ilustram minha argumentação principal.

Adotamos as siglas "aec" (antes da Era Comum) que substitui "a.c." (antes de Cristo), "ec" (Era Comum) que substitui "d.c." (depois de Cristo), "ca." (cerca) e "r." (reinou).

PRIMEIRA PARTE

ANTIGUIDADE

CAPÍTULO I

DIREITO ROMANO: AGORA VOCÊ O VÊ, AGORA NÃO

A cidade de Roma foi fundada provavelmente no início do século VII aec. Inicialmente governada por monarcas, Roma havia se convertido por volta de 509 aec em uma República, na qual um Senado (uma Assembleia de anciãos) nomeava anualmente dois magistrados públicos (cônsules) para governar a comunidade. Este sistema de governo durou até 27 aec, quando Augusto foi declarado imperador pelo Senado. Por meio do comércio e de vastas guerras com seus vizinhos, Roma ampliou gradualmente seu controle, primeiro por toda a Península Itálica, depois pelo Mediterrâneo e em partes do centro e norte da Europa. Em 285 ec, o Império foi dividido em duas partes: uma ocidental, outra oriental. Esta divisão, justificada pela enorme extensão dos territórios sob controle romano, adquiriria importância política progressivamente. Em 476 ec, tropas germânicas invadiram a cidade, forçando a abdicação do imperador, provocando, assim, o que ficou conhecido como a "queda do Império Romano". Apesar destes eventos, que acabaram com a hegemonia política romana na fração ocidental, o Império Romano do Oriente, com sua capital em Constantinopla (atual Istambul), sobreviveu até sua conquista pelos Otomanos em 1453.

Roma deixou uma herança duradoura e multifacetada em muitas áreas. Entretanto, um de seus legados mais evidentes foi a influência sobre o desenvolvimento do direito. Há um ditado atribuído a Goethe, segundo o qual o direito romano era como um pato-mergulhão. Ele podia estar nadando na superfície ou mergulhando nas profundezas da água, mas quer você o visse ou não, ele estava sempre lá.[3] Esta crença na persistência do direito romano, ao longo da história europeia, não era exclusiva de Goethe ou do século XIX em que ele viveu. Esta convicção é compartilhada atualmente pela maioria dos historiadores, que normalmente começam a história do desenvolvimento do direito na Europa com o direito romano. Naturalmente, os romanos não foram os primeiros a ter um sistema normativo e, como todas as outras sociedades, eles constantemente se apropriaram de elementos de seus vizinhos, mais especificamente do mundo helenístico. Também é claro que o direito romano evoluiu dramaticamente com o tempo, adaptando-se continuamente a novas circunstâncias e desafios.

No entanto, há um consenso geral entre os estudiosos de que o direito romano – mais especificamente aquele desenvolvido nos seiscentos anos entre o século III aec e o século III ec – apresentava alguns dos elementos mais característicos que identificamos hoje com o direito que foi praticado ao longo da história europeia. Dentre eles, podemos citar o surgimento de um direito secular (ainda que aplicado por adeptos de uma religião), a centralidade da resolução de conflitos e a ênfase no direito privado. Roma também testemunhou o surgimento de especialistas em direito. Como argumentarei a seguir, esses especialistas, qualificados como "juristas", transformaram o sistema normativo em um campo profissional

---

[3] Goethe teria se referido à "vida duradoura do direito romano, que, como um pato-mergulhão, esconde-se de tempos em tempos, mas nunca está totalmente perdido, sempre ressurgindo vivo" (GOETHE, Johann Wolfgang von. *Conversations of Goethe with Eckermann and Soret*. Trad. John Oxenford. Londres: George Bell, 1875, pp. 389/390). A conversa teria ocorrido em 6 de abril de 1829.

CAPÍTULO I – DIREITO ROMANO: AGORA VOCÊ O VÊ, AGORA NÃO

envolvendo procedimentos especificamente projetados que tinham que ser seguidos à risca para que as respostas corretas fossem obtidas. Eles cunharam termos e elaboraram conceitos que lhes permitiram traduzir a vida cotidiana em formulações jurídicas. O direito romano, em suma, forneceu novas maneiras para se pensar a normatividade e que, desde então, foram adotadas pelos europeus em diferentes intensidades de acordo com o tempo, lugar e tema.

1.1 Tribunais antigos e julgamento divino

Os especialistas em direito romano discordam sobre genealogias e datas, debatem sobre o significado dos termos e diferem sobre por que certos desenvolvimentos ocorreram. Porém, a maioria concorda com a narrativa que aponta para um processo gradual que levou à secularização do direito, à criação de novas soluções jurídicas, sua subsequente abstração, à crescente importância dos juristas e da formação jurídica, que apresentaram métodos organizados para a compreensão do direito, bem como para sua criação e aplicação. A maior parte ressalta que, tanto quanto podemos dizer, o direito romano começou como um sistema para julgar conflitos entre indivíduos que, desde tempos arcaicos (século VIII a IV aec), esteve centrado na responsabilidade da sociedade de assegurar a ordem. Este objetivo era alcançado por meio de mecanismos que garantiam que, ao invés de recorrerem à violência, aqueles que entrassem em conflito pudessem buscar reparação nos tribunais. Inicialmente, o uso dos tribunais era opcional e exigia o consentimento de ambas as partes. Com o passar do tempo, no entanto, os tribunais adquiriram poderes adicionais, que lhes permitiam tanto obrigar os litigantes a comparecerem perante os tribunais quanto a impor suas decisões.

Este sistema emergente foi chamado de *ius civile*, isto é, o direito da comunidade (o direito da *civitas*). No período arcaico, questões de direito, bem como conflitos reais, podiam ser apresentadas a um corpo (colégio) de patrícios, que também eram sacerdotes (pontífices).

Guardiães das normas comunitárias, bem como peritos na prática dos rituais, estes patrícios decidiam se certos comportamentos estavam em conformidade com as expectativas sociais e sugeriam o que poderia ser feito, a fim de se obter uma reparação.

Até onde sabemos, os patrícios que serviam como pontífices seguiam tradições orais que capturavam costumes não escritos (*mos*), que eram de orientação tanto religiosa quanto secular. As respostas aos litigantes, formuladas como revelações de uma verdade secreta, eram, por definição, irrecorríveis e não dependiam de prova externa. Na qualidade de intérpretes supremos do direito, os pontífices guardavam seu conhecimento cautelosamente, passando-o de geração em geração.[4]

Durante este período, o direito era rígido e formal. Em vez de uma narrativa livre dos fatos e da solução demandada, havia uma lista taxativa de ações da lei (*legis actiones*) que os litigantes poderiam invocar. Estas ações reconheciam que o autor havia sofrido um dano que deveria ser investigado e reparado. Diferentes ações da lei implicavam procedimentos distintos; em alguns casos os postulantes deveriam comparecer perante um juiz, em outros, poderiam demandar reparação imediata. A decisão de adotar uma ou outra espécie era determinante. Não apenas esta escolha determinava o teor do pedido das partes, como, por sua vez, poderia levar à extinção do feito caso se elegesse a via inadequada.

Os litigantes invocavam estas ações da lei perante os pontífices. Esta invocação exigia que se prestasse um juramento cerimonial, que se pronunciassem certas palavras e se realizassem certos atos. Os réus respondiam da mesma forma, utilizando réplicas

---

[4] Os historiadores do direito romano divergem há bastante tempo se os pontífices apenas ditavam respostas dotadas de autoridade em referência à lei que outros funcionários implementavam ou se também a aplicavam como juízes. Alguns sugeriam um meio-termo que fazia com que os pontífices atuassem às vezes como consultores jurídicos, e outras como juízes, dependendo do caso.

CAPÍTULO I – DIREITO ROMANO: AGORA VOCÊ O VÊ, AGORA NÃO

pré-definidas. Este ritual – de natureza religiosa em sua origem – deveria ser seguido com precisão, pois a pronúncia de palavras erradas ou a realização de algum ato equivocado poderiam levar à extinção do processo.[5] Os pontífices determinavam, então, se a ação da lei invocada era certa e se as partes haviam seguido as regras e procedimentos corretos.

A fonte escrita mais antiga que temos deste período é um conjunto de regras do século V aec, mais conhecido como a Lei das Doze Tábuas. Embora nenhuma cópia completa tenha sido encontrada até hoje, estão disponíveis várias reconstruções feitas por historiadores. Estes historiadores procuraram reconstituir a Lei das Doze Tábuas a partir de citações contidas nos escritos de juristas posteriores. Não está claro, no entanto, quanto do texto original foi perdido e qual era sua estrutura original. Tampouco está completamente claro se o que se diz que é proveniente da Lei das Doze Tábuas efetivamente constava de sua formulação original.

Supõe-se que a Lei das Doze Tábuas teria sido escrita com o intuito de diminuir o monopólio dos pontífices, uma vez que tornou o direito mais conhecido, bem como assinala a obrigação para os litigantes comparecerem em juízo, sancionando-os caso não o fizessem. As Doze Tábuas também explicitam regras processuais, regulam formas de transações jurídicas e listam outras normas básicas da vida comunitária, enumerando elementos de direito de família e de gestão das coisas (contratos, delitos, herança, empréstimos, bens imóveis, roubo etc.). Embora a Lei das Doze Tábuas fosse casuística, parcial e incompleta, testemunhos posteriores a consideravam – em um grau satisfatório – fundamental para o bom funcionamento do direito romano, a ponto do seu conteúdo ter sido memorizado e recitado por crianças, e cópias terem sido

---

5 Embora esta seja a narrativa-padrão, alguns historiadores questionaram se este retrato é preciso ou se teria sido amplamente inventado pelos romanos em períodos posteriores, de cujos testemunhos dependemos para reconstruir o que teria ocorrido durante o período arcaico.

inscritas em painéis de bronze, marfim e madeira exibidos em locais públicos.

A publicação da Lei das Doze Tábuas foi um importante ponto de inflexão na história do direito romano, não apenas porque tornou público um direito secreto compartilhado coletivamente pelos pontífices, mas também porque marca o surgimento da *lex*, isto é, de uma lei que se distinguia da ordem religiosa controlada pelos sacerdotes. Essa lei não operava entre a comunidade e seus deuses, mas sim entre os membros da comunidade, designando eventualmente uma nova esfera de ação secular e política controlada por criadores do direito que publicavam a lei, ao invés dos entes religiosos que a guardavam para si.

Levou algum tempo, no entanto, antes que as Doze Tábuas cumprissem este potencial de criar uma esfera de juridicidade que pudesse ser distinguida da ordem religiosa. Inicialmente sua interpretação e aplicação ainda estava nas mãos dos pontífices, que eram vistos como os mais capazes para compreender e implementar seus ditames. Por volta do final do século IV e início do século III aec, no entanto, representantes do poder secular começaram a tomar o lugar dos sacerdotes. Foi também neste período que a autoridade para dar respostas (*responsa*) sobre a abrangência da lei tornou-se uma prerrogativa aristocrática que não mais se baseava em faculdades religiosas.

1.2 O surgimento do processo civil

A partir de cerca de 367 aec, agentes públicos especiais, denominados pretores (mais tarde identificados como *praetor urbanus*) eram nomeados anualmente para supervisionar a resolução de conflitos.[6] Inicialmente, os pretores seguiam majoritariamente

---

6   Inicialmente havia apenas dois pretores, mas seu número aumentou com o tempo. Em vez de se constituírem como membros de uma instituição, os

CAPÍTULO I – DIREITO ROMANO: AGORA VOCÊ O VÊ, AGORA NÃO

procedimentos existentes, assegurando que a espécie correta de ação da lei havia sido selecionada e que ela era corretamente empregada. Entretanto, logo depois – ainda persiste o debate sobre o momento exato – foram introduzidas mudanças significativas, instituindo-se o julgamento da forma que o concebemos hoje.

A primeira e mais importante mudança a respeito da qual os historiadores têm tido dificuldade para estabelecer uma linha do tempo – discute-se se isso ocorreu no período arcaico, no qual os pontífices regiam os procedimentos, ou se isso teria ocorrido mais tarde – refere-se à divisão do julgamento em duas partes, em que a primeira se ocupava das questões de direito e a segunda, das questões de fato.[7] Na primeira, os pretores decidiam sobre a admissibilidade do caso. No que hoje se conceitua como uma audiência preliminar, determinavam se os tribunais estariam dispostos a julgar o caso e qual remédio deveria ser dado. Esta primeira parte (*in iure*, isto é, "dentro da lei") se preocupava em identificar as questões legais em jogo e a solução apropriada; na segunda parte (*apud iudicem*, "na presença do juiz"), ocorreria o julgamento propriamente dito. Nesta fase, o juiz (denominado *iudex*) tinha que estabelecer os fatos do caso, ou seja, o que realmente havia acontecido. O *iudex* ouvia as partes e examinava as provas. Após determinar o que havia ocorrido, ele passava para a aplicação da solução que o pretor havia identificado na etapa anterior.

---

pretores atuavam independentemente. Por fim os pretores também foram nomeados em assentamentos romanos fora de Roma, tais como a Sicília e a Hispania. Os pretores passaram a ser identificados como "urbanos" após a criação de um novo tipo de pretor em 242 aec (*praetor peregrinus*), que atendia os casos que envolviam cidadãos não-romanos.

[7] Os historiadores discordam quanto ao momento e ao motivo pelo qual teria ocorrido a divisão do processo em duas partes. Eles chamam atenção para o fato de que já havia referências ao *iudex* na Lei das Doze Tábuas, embora não esteja claro se a atuação deste indivíduo era necessariamente precedida pela atividade de um funcionário similar ao pretor.

A divisão do julgamento em duas partes – a primeira relativa à fixação do quesito jurídico, e a segunda sobre a sua aplicação no caso concreto – foi essencial para o desenvolvimento do direito. Esta divisão demonstrou a consciência institucionalizada de que poderia ser proveitoso isolar a ordem normativa (a regra) do caos da vida cotidiana (as circunstâncias particulares de cada caso). Liberados do fardo dos detalhes específicos relativos ao lugar, tempo e às partes, os pontífices e/ou pretores (dependendo de quando esta divisão ocorreu) poderiam, em um momento posterior, começar a formular regras gerais que poderiam ser aplicadas a todos os casos similares.

Embora a divisão do processo em duas partes fosse importante, a segunda inovação – igualmente crucial e que a maioria dos historiadores data no século III aec – foi a introdução de novas ações da lei. Os pretores não estavam mais obrigados a seguir nem as antigas ações da lei, nem os ritos religiosos que dominavam o trabalho dos sacerdotes. Ao invés, eles estavam agora livres para criar novas soluções abrangendo tanto a admissibilidade dos casos quanto os tipos de remédios que os tribunais forneceriam.

Este desenvolvimento foi gradual. Provavelmente começou como um procedimento especialmente direcionado para o julgamento de conflitos envolvendo estrangeiros, que não estavam autorizados a recorrer às ações legais reservadas aos cidadãos.[8] Porém, em algum momento por volta do século II ou I aec (a datação exata ainda não foi estabelecida), a possibilidade de criar novas ações legais foi introduzida no contencioso entre cidadãos após os pretores terem sido autorizados a fazê-lo. Estas novas ações – identificadas como "fórmulas" – consistiam geralmente em breves pronunciamentos que categorizavam a questão juridicamente. Os pretores as elaboravam depois de ouvir as reivindicações dos litigantes e compreenderem o que as partes pretendiam alcançar.

---

[8] Sobre o *status* dos estrangeiros, vide abaixo.

CAPÍTULO I – DIREITO ROMANO: AGORA VOCÊ O VÊ, AGORA NÃO

As fórmulas ofereciam soluções *ad hoc* para conflitos específicos e geralmente eram adotadas após negociação entre as partes, e incluíam, em sua maior parte, a identificação da pessoa que atuaria como *iudex*, um sumário dos quesitos, os fatos que embasaram o pedido e uma ordem estabelecendo as providências cabíveis, caso os fatos fossem provados. Por exemplo, imaginemos uma controvérsia entre dois indivíduos, Tito e Agripa, sobre a propriedade de um cavalo. A fórmula poderia começar nomeando quem seria o juiz (digamos, um cidadão chamado Marcos), e continuaria declarando a verossimilhança de que o cavalo em disputa pertencia a Tito. Se Agripa, que detinha o cavalo, se recusasse a devolvê-lo a Tito, conforme determinado pelo juiz, ele deveria pagar a Tito o preço justo pelo animal. Se, por outro lado, não houvesse verossimilhança na alegação de que o cavalo pertencia a Tito, então Agripa seria absolvido. A fórmula também poderia especificar as defesas (justificativas) que os litigantes poderiam usar; por exemplo, poderia ser permitido que Agripa alegasse que Tito havia prometido não o processar.

Após os pretores delimitarem os quesitos jurídicos e prepararem a respectiva fórmula, as partes levariam seu caso a um *iudex*, cujo papel era decidir se a situação de fato justificava a aplicação da regra estabelecida pelo pretor. Ao contrário dos pretores, que eram funcionários públicos nomeados para um mandato de um ano, o *iudex* era um indivíduo particular geralmente escolhido pelo pretor a partir de uma lista de homens aptos para a função. Um *iudex* típico conduziria a oitiva de testemunhas e a apreciação de outras provas. No caso mencionado, ele verificaria se o cavalo pertencia a Tito e qual seria o preço justo. Se Agripa apresentasse uma defesa, o *iudex* decidiria sobre sua veracidade e o desincumbiria, ou não, da obrigação correspondente. Das decisões do *iudex* não cabia recurso.

1.3 Uma lista crescente de fórmulas

É possível que, durante as primeiras décadas de funcionamento deste sistema, as fórmulas fossem predominantemente ajustadas às partes e a seus interesses específicos, refletindo a evolução da sociedade romana e suas necessidades. No entanto, sabemos que, relativamente cedo, os pretores começaram a redigir fórmulas padronizadas que já não faziam referência às particularidades do caso concreto. Elaboradas hipoteticamente, estas fórmulas poderiam especificar, por exemplo, que o pretor poderia decidir contrariamente a um vendedor que se recusasse a entregar ao comprador a coisa avençada, a menos que o vendedor comprovasse ausência de culpa.

À medida que as fórmulas se tornaram mais abstratas, elas poderiam ser facilmente aplicadas a mais de um caso. Ao perceberem este potencial, alguns pretores passaram a publicar listas de fórmulas que eles pretendiam utilizar futuramente. Os pretores que atuavam em Roma tendiam a afixar estas listas no *Forum Romanum*, a praça principal da cidade, para que todos as lessem. Essas listas enumeravam, aparentemente de forma aleatória, os casos que seriam admitidos pelo pretor. Por exemplo, voltando a Tito e Agripa, a lista poderia incluir a promessa do pretor para decidir em favor de uma pessoa cuja propriedade fosse tomada sem compensação. Por fim, estas listas passaram a ser publicadas anualmente pelo pretor antes de assumirem o cargo. Estas listas receberam o nome de édito (*edictum*) e, a partir de meados do século I aec, passaram a ser vinculantes para o pretor que as divulgava.

Inicialmente cada pretor publicava seu próprio édito contendo a lista pessoal das medidas jurídicas que seriam válidas durante o ano de exercício do cargo. No entanto, gradualmente, primeiro nas províncias e depois em Roma, a maior parte dos pretores passaram a copiar listas anteriores e a se referirem a fórmulas que já existiam. Por volta do século I, a repetição era tão comum, e os éditos haviam adquirido uma carga prescritiva tão forte, que os próprios pretores não podiam mais desconsiderar o conteúdo

CAPÍTULO I – DIREITO ROMANO: AGORA VOCÊ O VÊ, AGORA NÃO

do édito que haviam estabelecido, seja incluindo novos elementos ou subtraindo parte de seu teor. Isso se tornou regra no século II quando, à época de Adriano (r. 117-138 ec) os éditos foram reunidos em uma compilação oficial que foi declarada suficiente e definitiva.

Este desenvolvimento marcou tanto a maturidade como o fim de um importante período do direito romano. Antes que as fórmulas fossem fossilizadas pela repetição contínua dos mesmos éditos, os pretores podiam criar novas fórmulas, bem como negar a admissibilidade de fórmulas antigas. Os pretores intervinham na ordem jurídica, criando ou negando o que hoje identificaríamos como direitos, na medida em que concediam ou negavam acesso aos tribunais, e indicavam quais circunstâncias ensejariam a tutela jurisdicional, e quais defesas poderiam ser invocadas pelos réus. A intervenção dos pretores foi tão importante e tão maciça que as normas que eles criaram, ao admitirem ou negarem a tutela jurisdicional, foram identificadas como uma nova fonte de direito que, em paralelo ao antigo *ius civile*, foi designada posteriormente como *ius honorarium*, significando literalmente o direito criado no exercício de seu ofício (*honos*).

A importância do *ius honorarium* como uma fonte do direito permitiu aos historiadores caracterizarem o direito romano como um "direito das ações". O *ius honorarium* destinava-se a restaurar a paz violada e a garantir o retorno ao *status quo*; neste sentido, importava-se sobretudo com o que os indivíduos poderiam fazer quando fossem lesados, prescrevendo para onde se dirigir e quais medidas compensatórias poderiam receber. Este direito tinha um caráter prático e casuístico, e estava muito menos interessado em cunhar princípios gerais ou desenvolver diretrizes. Ele reunia a experiência acumulada dos pretores romanos, mas também autorizava expectativas legítimas a respeito daquilo que uma pessoa que havia sofrido um dano poderia fazer. Ao lado do direito existente (*ius civile*), este direito criado pelos magistrados (*ius honorarium*) moldou o direito romano como uma síntese entre a opinião especializada baseada nos costumes, rituais e na apresentação sistemática (*ius civile*), de um lado, e a resolução das controvérsias cotidianas, de outro (*ius honorarium*).

1.4 O surgimento de novos procedimentos

Com o tempo, surgiram novos procedimentos. Dentre eles, o mais importante foi a *cognitio* (literalmente, "investigação"), que reservava para um juiz nomeado e remunerado pelo governo imperial a competência para conduzir a audiência preliminar do caso e acolhimento de provas. A *cognitio* teria se iniciado durante o governo de Augusto (27 aec – 14 ec) – ou antes, de acordo com alguns historiadores – como uma medida tomada apenas em alguns tipos de casos, e que acabaria, afinal, por se expandir para a maioria dos litígios. Isso marcou o fim da divisão do processo em duas partes distintas, uma atribuída a um pretor (e talvez a pontífices) e a outra a um *iudex*.

Com a instituição gradual da *cognitio*, e especialmente a partir do século III ec, novos agentes públicos foram selecionados para serverem como juízes, e o próprio imperador passou a julgar alguns casos, assim como governadores romanos nas províncias. O resultado foi que a competência para conduzir um julgamento não era mais parte dos deveres públicos atribuídos a indivíduos notáveis (que podiam ser nomeados por um ano como pretores ou indicados para atuarem como *iudex*), e o litígio não se baseava mais em um acordo entre as partes que consentiam tanto no modo como a controvérsia seria traduzida em uma fórmula quanto em se sujeitarem à jurisdição do pretor e do *iudex*. Ao invés, os julgamentos estavam agora sob o controle direto de juízes oficialmente nomeados que tanto investigavam o caso quanto proferiam a sentença.

1.5 A contribuição dos juristas

Em algum momento no final do século III aec, ou durante os séculos II ou I aec (o momento exato ainda está em debate), o

CAPÍTULO I – DIREITO ROMANO: AGORA VOCÊ O VÊ, AGORA NÃO

trabalho dos pretores passou a ser acompanhado pelas deliberações de um grupo de intelectuais que, agora, identificamos como juristas (*iuris consultus* ou *iurisprudentes*). Os juristas romanos se ocupavam com a ordem normativa como parte de seus deveres públicos. Muitos eram membros do Senado, e alguns haviam exercido a função de cônsul. Eles não tinham formação específica, não eram oficialmente nomeados, nem remunerados para tal, mas aconselhavam os pretores sobre como proceder, sugerindo novas fórmulas. Eles também aconselhavam os indivíduos que os procuravam com questões sobre quais medidas judiciais poderiam requerer, como gerir seus negócios, ou redigir documentos que fossem úteis e eficientes do ponto de vista jurídico. Às vezes, os juristas analisavam casos reais, mas também davam sua opinião em casos hipotéticos para auxiliar as partes interessadas a planejarem suas atividades.

Embora os juristas atuassem em caráter privado, sendo que muitos, sequer, desempenhavam uma função pública, seria impossível avaliar exageradamente sua influência sobre o direito romano. Os juristas guiavam os pretores e as partes, interpretavam criativamente as fórmulas e, sobretudo, transformaram profundamente o direito ao moldar seus diferentes princípios em um saber profissional que apenas eles possuíam. Eles elaboraram um método para pensar sobre o fenômeno jurídico, criaram uma terminologia, cunharam princípios, identificaram unidades organizadoras e se referiram a uma série de ideias que guiariam o direito europeu desde então.

A maneira como os juristas começaram a criar este novo saber foi, ao mesmo tempo, simples e engenhosa. Os juristas partiam de um conjunto de casos individuais e de uma longa lista de soluções casuísticas, e então comparavam os casos concretos entre si e em relação aos casos hipotéticos. Eles examinavam quais eram as semelhanças e as diferenças. Eles distinguiam os elementos que, embora fossem mencionados na regra ou na fórmula, eram factuais e não eram normativos, daqueles que, ao contrário, eram normativos. Eles operavam esta distinção ao identificarem a questão jurídica (*quaestio iuris*) que o caso, norma ou fórmula deveriam resolver.

Voltando a Tito e Agripa, ao invés de simplesmente decidir que Agripa deveria pagar a Tito o preço justo pelo cavalo, os juristas comparavam este caso com outros e chegavam ao conceito de "boa fé" (*bona fides*). De acordo com esta concepção, os acordos devem ser executados sem simulação ou dissimulação. Se Agripa reteve o cavalo porque Tito concordou em não processar, Agripa poderia ser acusado de cometer fraude.

Ao procederem desta forma, os juristas romanos elaboraram muitos conceitos essenciais que estão conosco ainda hoje. Eles tipificaram uma vasta gama de atividades e relações sociais em um rol de categorias preestabelecidas, que incluíam conceituações como "obrigações", "contratos", "tutela", "sociedade", "herança" e "venda", para mencionar apenas alguns exemplos. Isso permitiu que os juristas distinguissem entre diferentes formas de venda, ou identificassem uma variedade de formas de aquisição de propriedade. Isso também permitiu que fossem cunhadas regras que seriam válidas para todas as formas de venda e propriedade, enquanto outras não o seriam. Segundo alguns historiadores, este processo resultou em uma verdadeira metamorfose que transformou conceitualmente "atos de vontade" (as ações dos indivíduos) em "atos de conhecimento" (que traduziam o que tinha acontecido em uma abstração intelectual).

O resultado foi um novo modelo para pensar as relações sociais. Esse novo modelo, que, agora, denominamos como jurídico, consistiu em um método para compreender como as pessoas se relacionavam entre si e quais deveriam ser as consequências de suas ações. Considerava-se que este modelo operava abstratamente e adotava procedimentos que eram completamente independentes de pessoa, lugar e tempo. Para um jurista romano, em outras palavras, um contrato de venda era um contrato de venda, não obstante suas cláusulas específicas, onde, quando e por quem fora acordado. Neste sentido, o contrato poderia dispor de elementos próprios e, ainda assim, estaria submetido às regras gerais aplicáveis a todos os contratos de venda daquela espécie.

CAPÍTULO I – DIREITO ROMANO: AGORA VOCÊ O VÊ, AGORA NÃO

Os juristas romanos também desenvolveram instrumentos jurídicos altamente elaborados, como as presunções legais (*praesumptio iuris*). As presunções legais permitiam que os juristas assumissem que certos fatos eram verdadeiros, sem necessidade de provar sua existência. A presunção legal inverte o ônus da prova, de modo que o dever de produzir prova recaía não sobre a pessoa que desejava demonstrar as presunções, como geralmente é o caso, mas sobre a pessoa que pretendia refutá-las. Desta forma, as presunções permitiam inferências dos juristas, a partir do que eles sabiam, o que não era conhecido ou não podia ser provado. Uma presunção típica deste período envolvia a conclusão de que toda propriedade pertencente a uma mulher casada havia sido dada a ela por seu marido. Tratava-se de uma observação do senso comum naquela sociedade e naquele período específicos, que poderia ser empregada em processos judiciais e compreendida como um truísmo, a menos que houvesse prova em contrário. Outras presunções referiam-se à ideia de que o cancelamento de um título atestava a extinção da dívida, ou, para fins sucessórios, estipulava-se a morte simultânea de todos os indivíduos vitimados em um naufrágio.

Embora muito dessa produção intelectual fosse oral, por volta do século II aec alguns juristas passaram a compilar suas respostas, resumindo casos importantes e registrando decisões dos tribunais. Outros produziram comentários ou tratados sobre tópicos específicos ou, ainda, escreveram ensaios gerais sobre o direito romano. À medida que esta literatura proliferava, surgiram novos gêneros. No século II ec, um jurista chamado Gaio redigiu um manual prático para introdução ao direito e ao pensamento jurídico, voltado a um público de não iniciados. O manual, intitulado *Instituições*, tradicionalmente traduzido como *Institutas*, dividia o direito romano em três partes: o direito das pessoas (*status* pessoal), o direito das coisas (incluindo as obrigações) e o direito das ações (ações de que dispunham os litigantes para alcançar suas pretensões). Embora não fosse particularmente importante quando foi escrito, este manual se tornou um modelo a ser seguido. Por volta do século V ec, este texto foi também objeto de interpretação e comentário.

1.6 Os juristas e o direito

Embora os juristas não fossem formalmente nomeados e seu aconselhamento não tivesse força vinculante, suas respostas poderiam ser normativas. Isso não decorreu de uma indicação oficial (que lhes faltava), mas da reputação e do prestígio dos próprios juristas e a convicção de que suas análises incorporaram a razão. Considerando que o grau de adesão a estas consultas dependia do renome da pessoa que as manifestava, nem todas as opiniões eram consideradas igualmente prescritivas.

As autoridades romanas tampouco sempre viam com bons olhos o fato de que particulares podiam opinar sobre matéria jurídica e que essas opiniões eram acatadas. Vários imperadores tentaram controlar estes processos, instituindo, por exemplo, um sistema de licenças para oferecer consultas, ou elaborando listas que prescreviam quais juristas deveriam ser seguidos e em que ordem de preferência. As iniciativas foram várias, tais como: a lista de Augusto com o rol de juristas autorizados a dar respostas; no século IV, as instruções de Constantino (r. 306-337 ec) sobre quais obras de autores clássicos poderiam ser citadas nos tribunais romanos; e, no século V, a Lei das Citações (426 ec) que autorizava apenas o uso de opiniões de cinco juristas selecionados. A Lei das Citações também determinava que, em caso de discordância entre esses juristas, prevaleceria a opinião majoritária; caso não se formasse maioria, porque diferentes juristas apontavam para soluções diversas (ao invés de apenas duas opções), a opinião de Papiniano (140-212 ec) deveria ser seguida.[9]

---

[9] Papiniano foi um jurista renomado que também atuou como um funcionário imperial. Dentre suas obras mais conhecidas estão os trinta e sete livros de *Quaestiones* e dezenove livros de *Responsa*, assim como vários tratados.

CAPÍTULO I – DIREITO ROMANO: AGORA VOCÊ O VÊ, AGORA NÃO

Apesar da persistência, os esforços imperiais para controlar a criação do direito foram, em sua maioria, em vão. A literatura jurídica continuou a se desenvolver e seu uso continuou a depender principalmente da reputação dos juristas, não da decisão imperial. A longo prazo, o controle imperial sobre esta fonte do direito foi alcançado com mais eficiência pela cooptação de juristas do que pela tentativa de manejar a recepção normativa de suas opiniões. Com esta finalidade, vários imperadores empregaram em sua corte juristas renomados ou providenciaram que eles respondessem a consultas em seu nome. Alguns juristas até mesmo integraram o conselho imperial para os mais importantes assuntos de Estado.

Esta cooperação entre os juristas e o imperador levou a importantes mudanças. Por volta do século III ec, a atividade jurídica residia majoritariamente nas respostas dadas pelos juristas, integrantes da burocracia estatal. Na qualidade de funcionários do Império, suas determinações passaram a ser vinculantes não por sua virtude inerente, mas porque eram consideradas ordens do imperador.

1.7 Formação jurídica

Inicialmente, os juristas não tinham nenhuma preparação especial além daquela que advinha do convívio em comunidade e de tomar parte em seus assuntos. Como membros da elite romana, a maior parte estudava retórica, a arte da persuasão, mas não tinham uma formação jurídica per se. Contudo, com o aumento do número de juristas e o crescimento de sua importância, começou a se delinear algo semelhante a uma preparação profissional. O ensino era, em sua maior parte, oral, com um grupo de aprendizes acompanhando seu mestre em consultas e discursos. À medida que esta prática se popularizou, a formação individual foi substituída por comunidades ou grupo de pessoas, que assistiam às exposições públicas das opiniões dos juristas sobre questões de direito. Embora o ensino continuasse a ser informal e voluntário, as pessoas que habitualmente o seguissem eram, por vezes, identificadas como "estudantes" que formavam "sociedades" e pagavam alguma remuneração a seus "professores".

No século I ec, o círculo de discípulos dos mestres se institucionalizou a tal ponto que surgiram duas escolas de pensamento rivais. Chamadas de Proculianos e Sabinianos, essas escolas receberam o nome dos juristas que as fundaram. Os historiadores divergem sobre as diferenças entre as duas escolas. A maioria acredita que apenas diferiam quanto à abordagem que davam à análise jurídica; uma aderindo mais de perto à literalidade da lei e a outra, voltada mais para a justiça material.

O agrupamento de estudantes em torno dos mestres foi particularmente perceptível no século II ec, quando várias localidades foram identificadas como locais onde o ensino do direito era habitual. Nestes espaços, os professores ofereciam cursos sobre uma variedade de temas, incluindo pensamento jurídico e legislação imperial. Ao final de seus estudos, os alunos recebiam um certificado. No século IV ec, estas escolas passaram a ser controladas pelo imperador, que nomeava os professores e lhes dava o *status* de funcionário público. Em 425 ec, Teodósio II (r. 408-450 ec) declarou ilegal o ensino do direito fora destas instituições sancionadas pelo Estado.

1.8 Legislação

A legislação consistia em outro modo de criação de normas jurídicas. As Assembleias (reuniões de todos os cidadãos romanos, adultos, do sexo masculino) podiam aprovar leis (*leges*), bem como *plebiscita* (leis aprovadas nas Assembleias de plebeus). De acordo com alguns historiadores, o Senado, onde os notáveis da república se reuniam para discutir os assuntos do dia, consistia em um órgão legislativo que não apenas recomendava, mas também prescrevia certas soluções (*senatus consulta*), mais particularmente no período da República (ca. 509-27 aec). No final do Principado (ca. 27 aec – 284 ec), surgiu uma nova forma de legislação, a *oratio*

CAPÍTULO I – DIREITO ROMANO: AGORA VOCÊ O VÊ, AGORA NÃO

principis, permitindo aos imperadores proferirem discursos dizendo ao Senado quais normas deveriam ser adotadas.

As várias fontes do direito seguiram trajetórias distintas em cada época. Leis e atos aprovados pelas Assembleias constituíram uma importante fonte do direito até o século I aec. Os decretos senatoriais foram mais relevantes no século I ec e parte do século II ec. O acúmulo de legislação imperial levou à composição de coleções de Constituições imperiais como o *Codex Gregorianus* do século III ec, que incluía a produção legislativa desde Adriano até o imperador Diocleciano (r. 284-305 ec), ou o célebre *Codex Theodosianus*, formalmente promulgado por Teodósio II no começo do século V ec, composto por dezesseis livros, divididos em títulos, cobrindo a legislação do período de 306 a 437 ec.

Mas, mesmo em seu momento de maior protagonismo, essas fontes tinham menor relevância, quando comparadas com a produção dos pretores e juristas. Entre outros fatores, a legislação tendia mais a acrescentar e explicar, do que alterar a situação jurídica. Além disso, seu campo de ação mais frequente era o direito público, não o direito privado. A legislação também abrangia questões como direito penal, sucessão testamentária e direito de família.

O papel relativamente secundário da legislação na elaboração do direito romano foi confirmado paradoxalmente com o advento do Império. Os imperadores romanos, que procuraram influenciar a ordem jurídica, legislaram massivamente. No entanto, para justificar a expansão de seu poder legiferante, os imperadores frequentemente faziam as vezes de juízes e juristas. Eles publicavam éditos (como os pretores de outrora), proferiam sentenças (*decreta*), ou respondiam (*rescripta*) às questões jurídicas apresentadas pelas partes interessadas ou pelos pretores. Em regra, estas consultas não eram respondidas pelos próprios imperadores, mas por juristas que trabalhavam para o governante e em nome dele. Os juristas da época consentiram com estas práticas, mas continuaram a manter a centralidade do pensamento jurídico e insistiram em seu papel de guardiões da metodologia jurídica. Eles argumentam que o imperador era livre para legislar, mas o exame da legitimidade de suas disposições permanecia com os juristas. Afinal, era a jurisprudência – compreendida como a ciência dos jurisconsultos – e não os pronunciamentos imperiais, que consubstanciava o conhecimento dos assuntos divinos e humanos e distinguia o que era justo do que não era.[10]

1.9 *Ius gentium*

Devido à convicção de que as comunidades são criadas sob a base do consentimento de seus membros para viverem sob um regime comum, o direito romano aplicava-se exclusivamente aos cidadãos de Roma. Como cada comunidade dispunha de leis próprias, que eram as leis de sua *civitas* (i.e., sua comunidade de cidadãos), em teoria o direito romano não se aplicava aos estrangeiros (*peregrini*), ainda que se encontrassem em Roma. Os estrangeiros de mesma proveniência deveriam utilizar seu próprio *ius civile*, isto é, o direito de sua própria comunidade. Mas o que aconteceria se indivíduos de comunidades distintas entrassem em contato? Quais leis se aplicariam?

Para dar conta destas situações, um sistema diferente teve de ser concebido. Surgido em algum momento entre os séculos IV e III aec – as datas não são precisas – este sistema veio a ser chamado de *ius gentium* (literalmente, o direito das nações, das gentes, dos gentios ou das tribos). A condução do *ius gentium* coube a uma nova função criada em 242 aec, com a designação de um pretor para os estrangeiros (*praetor peregrinus*).[11]

---

[10] Essa foi a definição de *jurisprudentia* nas *Instituições*, o manual para estudantes de autoria de Gaio escrito no século II ec. Ela foi reproduzida no chamado *Corpus Iuris Civilis* de Justiniano, do século VI ec.

[11] Governadores romanos das províncias, que supervisionavam os conflitos entre romanos e não-romanos, também participaram da elaboração do *ius gentium*.

CAPÍTULO I – DIREITO ROMANO: AGORA VOCÊ O VÊ, AGORA NÃO

O surgimento do *ius gentium* se baseava no pressuposto de que, enquanto algumas normas eram específicas de uma comunidade em particular, outras eram comuns a todas. As primeiras compunham o *ius civile*; as segundas, o *ius gentium*. Desde o princípio, portanto, o *ius gentium* foi concebido como um sistema universal que poderia se ajustar a qualquer pessoa, comunidade ou tradição jurídica. Para definir sua abrangência, o *praetor peregrinus* (ou o governador da província) deveria, em teoria, identificar os princípios jurídicos compartilhados por todos os humanos. Como, na prática, isso nem sempre era fácil, os agentes que operavam no âmbito do *ius gentium* usufruíram de uma liberdade muito maior para acrescer, subtrair ou modificar o direito do que os outros funcionários encarregados da aplicação do direito romano. Assim, embora o processo pelo qual o *praetor peregrinus* identificava o conteúdo do *ius gentium* seja em grande parte desconhecido, e pouco se saiba se a compreensão que o pretor tinha desta ordem normativa realmente diferia da forma como compreendia o *ius civile* romano, ainda assim se pode afirmar que ele desfrutava de uma liberdade relativa que lhe permitia, por exemplo, abandonar antigas ações da lei e, como vimos antes, introduzir novas fórmulas. A busca para identificar o *ius gentium* também permitiu ao *praetor peregrinus* a adoção pioneira de princípios importantes, como a obrigação de boa-fé (*bona fides*) nos contratos. O *praetor peregrinus* criou fórmulas, disponibilizou instrumentos legais e publicou éditos que estabeleceram novas e importantes práticas e doutrinas, que logo seriam imitadas por outros pretores e, desde então, utilizadas por juristas.

O *ius gentium* foi imaginado como um direito que não se baseava na experiência histórica específica de uma comunidade em particular, mas que, ao invés, estava ancorado na experiência humana. Assim, considerava-se que o *ius gentium* representava a razão humana e a natureza das coisas. Como resultado deste entendimento, às vezes, os romanos consideravam o *ius gentium* como a corporificação do direito natural (*ius naturale*). Eles sugeriam que isso era tão razoável e convincente que a natureza, ao invés da convenção humana, seria responsável por sua criação.

1.10 A extensão do direito romano no Império

O direito romano foi concebido como o direito de uma comunidade em particular. Neste sentido, ligava-se à cidadania, que consistia em um *status* hereditário exclusivo dos habitantes da cidade e seus descendentes. Entretanto, no longo processo que vai do século IV ao século I aec, a cidadania romana foi estendida à maioria dos indivíduos que viviam na Península Itálica e na Gália (atual França). No ano de 212 ec, o imperador Caracalla a concedeu a todos os habitantes livres do Império. Como resultado desta ampliação, o direito romano não era mais o sistema exclusivo dos cidadãos da cidade de Roma, mas, ao contrário, o referencial comum de todos os súditos imperiais.

O modo como esta expansão jurídica ocorreu foi particularmente interessante. Ao invés de reimaginar o direito romano como uma ordem jurídica territorial de uma cidade, primeiramente, depois de uma região, e, então, de um Império, como muitas autoridades fariam, os romanos ampliaram a validade de seu sistema legal com a concessão da cidadania romana. Em outras palavras, em lugar de converter um território estrangeiro em romano, eles transformaram os estrangeiros em cidadãos; assim, em vez de sustentar que o direito romano deveria ser universalmente aplicado, eles redefiniram a extensão da comunidade romana por meio da inclusão de todos os habitantes do Império. Teoricamente, o direito romano permaneceu o mesmo (o direito da comunidade cívica romana); o que mudou foi a definição de quem eram os romanos.

A expansão da cidadania e, com ela, do direito romano por todo o Império levou a importantes desdobramentos. Um dos fenômenos que tem chamado a atenção de muitos pesquisadores foi o surgimento de uma série de sistemas jurídicos periféricos ou provinciais. Tais sistemas incluíam expressões locais do direito romano, que eram radicalmente diferentes de um lugar para outro e que variavam amplamente ao longo do tempo. Estas manifestações, retratadas com a pecha de "vulgares" em razão da distância em relação aos centros de criação do direito e dos debates jurídicos, tinham, como característica mais destacada, a profunda influência exercida pelas condições e costumes locais, mais particularmente do Oriente helenístico, onde o processo de romanização foi mais frágil do que em outros locais.

Embora o surgimento de variantes locais do direito romano tenha sido provavelmente anterior à extensão da cidadania romana para todos os habitantes do Império, em geral acredita-se que esta expansão tenha acelerado a fragmentação do direito romano. Ao determinar que o direito romano substituiria imediatamente todas as tradições jurídicas anteriores, a Constituição Antonina, que sancionou a ampliação da cidadania em 212 ec, impôs unilateralmente todo o aparato do direito romano aos sistemas nativos preexistentes. Teoricamente, ordenava uma reformulação jurídica completa; na prática, no entanto, este objetivo era inalcançável. O resultado foi a montagem de uma estrutura extremamente complexa que permitiu o desenvolvimento de sistemas jurídicos múltiplos e paralelos que, embora fossem formalmente identificados como romanos e compartilhassem algumas características, eram, no entanto, radicalmente diferentes entre si.

O pluralismo extremo não foi formalmente reconhecido. Os juristas romanos, é claro, sabiam que existiam diferenças, por vezes substanciais, entre as leis em operação no Império, mas eles se esforçaram ao máximo para ocultar isso. A estratégia foi redefinir o alcance do direito consuetudinário. Eles argumentaram que, após a imposição da cidadania romana, todas as diferenças subsistentes entre o direito romano (original) e o direito romano (local) eram apenas exceções apoiadas em costumes locais. Reimaginar todas as diferenças jurídicas como parte do direito consuetudinário local permitiu aos juristas sancionarem e legitimarem a sobrevivência de um vasto corpo de direito nativo, muito embora, na teoria, o Império tolerasse apenas a existência de um direito (romano) comum.

A reclassificação da diversidade jurídica na categoria de costume – fosse precedente ou posterior à imposição do direito romano – paradoxalmente transformou o direito romano profundamente. Ao reconhecerem como legítimos costumes (romanos) o que, em realidade, eram normas estrangeiras, e aos lhes atribuir valor normativo no interior do direito romano, os juristas romanos abriram as portas para uma penetração massiva de conceitos e arranjos jurídicos não romanos em seu sistema jurídico. Por exemplo, formas helenísticas de contrato, ou noções estrangeiras sobre a posse, poderiam posteriormente dar origem a um litígio de *ius civile* até mesmo em Roma.

As complexidades resultantes podem ser demonstradas na evolução da Península Ibérica. Roma controlou, com interrupções, a península a partir do final do século III aec e considera-se que a conquista final foi completada no ano 19 aec. A dominação romana perdurou até o final do século IV, quando a Península Ibérica foi conquistada pelos visigodos. Esta história conturbada se refletiu na forma como o direito local se desenvolveu. Inicialmente, vários sistemas coexistiam no território. Havia o direito romano para os cidadãos romanos, o direito nativo para as populações nativas e um arcabouço de regras complexas, baseadas em diferentes princípios, designadas para os conflitos envolvendo romanos e não-romanos. Nenhum destes sistemas, entretanto, existiu isoladamente. Houve uma interação muito intensa que resultou na romanização gradual do direito nativo, ao ponto de que sua imposição, ao invés de garantir a separação, levou à aculturação. Seu emprego permitiu que os povos nativos se familiarizassem com o direito romano e aceitassem alguns de seus princípios básicos sob a aparência de serem locais. Éditos e pronunciamentos provinciais foram somados a este crescente corpo de direito local, assim como as decisões do Senado dirigidas especificamente a Hispania.

CAPÍTULO I – DIREITO ROMANO: AGORA VOCÊ O VÊ, AGORA NÃO

Com o passar do tempo, o número de habitantes locais, reconhecidos como romanos, aumentou substancialmente, por meio de concessões individuais de cidadania a nativos "dignos". Várias cidades regionais receberam o *status* de município latino e, por conseguinte, seus habitantes adquiriram a cidadania romana. Em teoria, depois que todos os habitantes livres do Império se tornaram cidadãos romanos, apenas o direito romano subsistiria na Hispania. Mas esta transição não foi nem imediata, nem completa. O direito consuetudinário local persistiu por várias razões: porque era considerado conhecido ou bom, porque havia um número insuficiente de especialistas em direito romano e porque foi, gradualmente, fundido ao direito romano.

Esta amálgama entre elementos romanos e não-romanos foi reforçada ainda mais após a fragmentação do Império Romano do Ocidente. Isto se tornou particularmente evidente no início do século VI ec, quando os visigodos (que conquistaram a Hispania no final do século IV ec) fizeram uma recompilação do direito romano local. A *Lex Romana Visigothorum* (também conhecida como *Breviário de Alarico*), fruto deste trabalho, foi considerada, durante a Idade Média, uma fonte confiável do direito romano tardio. Porém, embora a *Lex Romana* reproduzisse alguns textos romanos essenciais, como os resumos das *Instituições* de Gaio (século II ec) ou do *Código Teodosiano* (século V ec), os compiladores selecionaram quais partes incluir e como interpretá-las. Eles incorporaram e reproduziram, nesta coleção, uma versão simplificada e abreviada do direito romano baseada em pouquíssimas fontes que eram repetidamente usadas e citadas. Também é possível que, ao tempo da promulgação da *Lex Romana*, o direito romano já estivesse sob a influência não apenas dos costumes locais ibéricos, mas também das leis e costumes que os visigodos trouxeram consigo para a Península Ibérica. Se isso for verdade, então a *Lex Romana* não apenas conservou apenas algumas partes do direito romano, mas é possível que ela, tampouco, contivesse uma representação particularmente fiel do que havia acontecido com o direito romano na Península Ibérica antes, durante ou depois da conquista visigoda.

Se a expansão da cidadania foi um desafio, a decisão do imperador Diocleciano (r. 284-305 ec) de dividir o Império em duas partes, tomada em 285 ec, em meio a uma prolongada crise, também o foi. Diocleciano, aparentemente, desejava facilitar a administração desta vasta entidade política nomeando dois governantes e construindo duas capitais. Mas o que começou, como um mero instrumento administrativo e político, terminou por constituir uma verdadeira divisão. No período pós-Diocleciano, Constantino (r. 306-337 ec) concretizou a divisão do Império, erigindo no Leste a Nova Roma, que ele chamou Constantinopla, para onde ele transferiu sua residência.

A crescente distinção entre Oriente e Ocidente também se fez notar juridicamente com o surgimento gradual de um direito romano oriental e outro ocidental. Isto se tornou particularmente evidente após a fragmentação do Império ocidental no século V ec, invadido por uma grande variedade de tribos que, agora, identificamos como germânicas (ver Capítulo III). Posteriormente, o direito romano ocidental seria fortemente influenciado pelas tradições jurídicas germânicas. Enquanto isso, no Leste, o direito romano ficou sobre a influência renovada, porém intensa, da cultura helenística.

A maioria dos historiadores tende a categorizar a sobrevivência do direito romano no Oriente como um sinal distintivo do surgimento de uma tradição jurídica separada e diferente, denominada de bizantina. Mas, paradoxalmente, foi este mesmo direito bizantino que produziu a mais importante compilação do direito romano que sobrevive até hoje, o *Corpus Iuris Civilis*.

CAPÍTULO I – DIREITO ROMANO: AGORA VOCÊ O VÊ, AGORA NÃO

1.11 *Corpus Iuris Civilis*

O *Corpus Iuris Civilis*, como veio a ser conhecido no século XVI, é uma compilação de várias obras do direito romano.[12] Sancionado por Justiniano (r. 527-565 ec), imperador do Império oriental no século VI ec (ou seja, após a fragmentação do Império ocidental), na verdade o *Corpus* reunia várias compilações independentes que haviam sido publicadas sucessivamente. O ponto em comum foi terem sido preparadas por um comitê de especialistas com o objetivo de preservar, e até mesmo de restaurar, a glória do direito romano, bem como disponibilizar um código prático para o Império oriental e uma ferramenta de ensino para os estudantes.

A primeira destas compilações foi o *Código* (*Codex*), editado pela primeira vez em 529 ec, e uma segunda vez em 534 ec. A obra delineia vários textos da legislação imperial, alguns antigos, outros menos, alguns gerais e outros diretamente relacionados ao Império oriental. O objetivo do *Codex* era principalmente fundir, de modo seletivo, três compilações preexistentes (*Codex Gregorianus, Codex Hermogenianus, Codex Theodosianus*) acrescentando a elas a legislação imperial mais recente e omitindo o que era considerado obsoleto ou contraditório. A segunda edição do *Codex* incluiu, também, decisões de Justiniano sobre como solucionar determinados conflitos e promover reformas. O *Código*, cuja finalidade era substituir coleções anteriores, foi organizado por temas, e, dentro de cada tópico, as leis eram dispostas cronologicamente.

A segunda compilação, produzida sob os auspícios de Justiniano, foi o *Digesto* (ou *Pandectas*). Concluída em 533 ec, a obra reproduzia excertos de alguns dos mais influentes juristas romanos que haviam atuado entre o século I aec e o século IV ec.

---

12 Este nome foi dado no século XVI aos três livros descritos abaixo, e frequentemente também às *Novellae*, um quarto livro que incluía legislação imperial nova. Embora sejam amplamente conhecidos desta forma, este título é, mesmo assim, anacrônico.

Tematicamente estruturado, o *Digesto* tratava de áreas importantes do direito privado, principalmente direito de família, direito de propriedade, direito contratual e direito sucessório.[13] Foi dividido em cinquenta livros que seguiam a estrutura do *Código*.

A terceira compilação, denominada *Instituições*, tradicionalmente traduzido como *Institutas*, foi promulgada em 533 ec. Baseada, principalmente, no manual para estudantes de autoria do jurista Gaio, redigido no século II ec, também reúne passagens de outros manuais estudantis. As *Instituições* de Justiniano descrevem os princípios do direito romano e os segmentam de acordo com o direito das pessoas, das coisas e das ações.

Embora seu propósito fosse coligir e reproduzir o direito, o *Corpus Iuris Civilis*, não obstante, foi altamente inovador. A quantidade de material reunido para inclusão era enorme, o que obrigou a comissão editorial a escolher quais passagens deveriam ser incorporadas e quais seriam descartadas. Para a preparação do *Digesto*, cujo propósito é a compilação das opiniões dos juristas, os historiadores estimam que foram consultados cerca de trinta e oito autores e dois mil livros, mas que apenas 5% deste material chegou à versão final. Os membros da comissão também foram orientados a dirimir conflitos e a elaborar um corpo jurídico unitário, adaptando este direito às condições e legislação de seu tempo.

Se o processo de elaboração da compilação implicava mudança, a inclusão deste material na legislação sancionada pelo imperador, como direito do Império, também significava que algo se modificava. Os pareceres jurídicos que foram reproduzidos no *Digesto* adquiriram *status* de lei. O mesmo ocorreu com as *Instituições*,

---

13 Como o *Digesto* incluía excertos, os historiadores frequentemente advertem para que não se confie na obra demasiadamente. Os excertos não esclareciam o contexto no qual a opinião era emitida, e eram geralmente fragmentários. Os estudiosos do direito romano também sugerem que as opiniões incluídas eram proveniente de períodos distintos e que o *Digesto* deliberadamente sub-representava as divergências entre elas.

CAPÍTULO I – DIREITO ROMANO: AGORA VOCÊ O VÊ, AGORA NÃO

um manual de ensino que foi, então, autorizado como veículo formal para compreender o direito romano. Justiniano estava tão empenhado em dar às suas coletâneas o poder de lei, que proibiu remissões ao material original ou a recompilações pregressas. O imperador também proibiu a elaboração de comentários e glosas, obrigando os juristas a concentrarem atenção nas suas compilações e apenas nelas. Apesar de frequentemente infrutíferas, essas iniciativas, no entanto, exemplificaram o quanto Justiniano estava empenhado em assegurar o início de uma nova era.

1.12 O legado do *Corpus Iuris Civilis*

Apesar da fragmentação do Império Romano do Ocidente nos séculos IV e V ec, o espaço, que atualmente denominamos como Império Bizantino (o Império Romano do Oriente), sobreviveu até a conquista de Constantinopla pelos otomanos em 1453. Portanto, desde o século VI (quando o *Corpus* foi elaborado) até o século XV, pelo menos em teoria, o direito romano, tal como compilado no *Corpus*, permaneceu vigente no Oriente.

No entanto, a continuidade formal não podia esconder o que eram, na realidade, mutações substanciais. A mais notável foi a adoção da língua grega em lugar do latim. O grego era utilizado desde meados do século VI ec – o próprio Justiniano começou a legislar neste idioma – e, por fim, tornou-se o vernáculo jurídico do Oriente, forçando juristas e profissionais a traduzirem, resumirem e interpretarem alguns dos principais textos latinos.

Vários fatores levaram à criação de um sistema jurídico romano distinto e específico para o Oriente: a adoção do grego, a referência contínua à codificação de Justiniano – cuja presença no Ocidente era, na melhor das hipóteses, inconsistente – bem como a necessidade de aplicar o direito romano em circunstâncias em constante mutação. O cisma do século XI, que consagrou a distinção entre uma Igreja cristã latina e uma ortodoxa, a primeira observada no Ocidente e a segunda nos territórios do Império

Bizantino, também contribuiu para alargar o fosso entre as tradições ocidentais e orientais do direito romano.

Apesar desta divergência crescente, os profissionais que atuavam no Oriente reiteradamente afirmavam sua contínua associação e dependência do direito romano. Sucessivos imperadores bizantinos apresentavam sua legislação como emendas (ao invés de derrogações) ao *Corpus*. As *Instituições*, o manual para estudantes de direito incluído na compilação justinianeia, também manteve sua posição na educação jurídica. Portanto, é paradoxal que a divisão entre Oriente e Ocidente, que não estava exatamente clara no início da Idade Média, só tenha se tornado mais evidente e, em certa medida, definitiva, após o ressurgimento do *Corpus* Oriental de Justiniano no Ocidente, onde alimentaria o "renascimento" do direito romano nos séculos XI e XII.[14]

---

[14] Conforme se explicará no Capítulo V, nem todas as partes do chamado *Corpus Iuris Civilis* sobreviveram ao tempo, obrigando os juristas a se debruçarem sobre a tarefa de reconstruí-lo a partir de uma multiplicidade de fragmentos. Quanto à validade do *Corpus* no Império do Oriente, historiadores afirmam que sua difusão ali também foi de certa forma limitada e que em várias regiões a obra não substituiu, na prática, o direito local preexistente.

CAPÍTULO II
A CRIAÇÃO DA CRISTANDADE LATINA

No século I ec, surgiu um importante agente no horizonte do que se tornaria o direito europeu. Seu impacto inicial foi tímido e parcial, mas, no século V, converteu-se em um protagonista. Este agente transformador era uma nova religião, o cristianismo, e estava prestes a virar o mundo antigo de cabeça para baixo.

O cristianismo nasceu como uma seita judaica em algum momento no início do século I ec. Com um ponto de partida relativamente modesto, expandiu-se rapidamente, primeiro no Mediterrâneo oriental e, depois, para as costas ocidentais. No começo, os funcionários romanos rejeitaram a nova religião e, considerando-a subversiva tanto no método quanto no credo, perseguiram seus adeptos. No século IV ec, porém, a maré havia virado. Em 312, Constantino reconheceu o cristianismo como uma das religiões permitidas, e, em 383, Teodósio I declarou o cristianismo a religião oficial do Império.

A combinação do cristianismo com o Império Romano produziu um terremoto. Isso abalou alguns dos fundamentos básicos do direito romano, e, uma vez terminada essa atividade sísmica, emergiu um novo sistema. Esse sistema não vinculava mais o direito à cidadania. Tampouco o direito se tornou territorial. Em vez disso, a normatividade estava agora ligada a um credo compartilhado. Em teoria, ele unia todos os cristãos, independentemente de origem ou localização. Este novo sistema também foi propagado por novos atores, os fiéis. Foi, por meio das atividades missionárias desses indivíduos que, no início do período medieval, tanto o cristianismo quanto o direito romano foram introduzidos em toda a Europa. Esta difusão, que gradualmente tornou-se parte do acervo jurídico e cultural inclusive de territórios que nunca haviam feito parte do Império, criou um espaço que identificamos, então, como cristandade latina.[15] O que isto significou para o desenvolvimento jurídico europeu é o tema deste capítulo.

2.1 A nova religião

Historicamente, a nova religião foi engendrada no judaísmo. Embora tenha se afastado dele por fim, o cristianismo compartilhou a visão judaica de Deus como legislador. Segundo esta tradição, a relação entre os fiéis e a divindade baseava-se em um acordo (uma aliança) que assegurava que os fiéis seriam recompensados caso obedecessem à lei de Deus. A observância da lei garantiria que Deus os favoreceria e protegeria.

Esta compreensão da relação entre Deus e os fiéis, introduzida pelo judaísmo e adotada pelo cristianismo, não retratava Deus como um ser caprichoso que replicava falhas e paixões humanas, mas sim como um poder virtuoso que agia por meio da legislação. As regras de Deus eram, em teoria, claras, e aqueles que entraram na aliança sabiam o que elas incluíam.

---

[15] O cristianismo também se expandiu no Oriente helenístico. Embora não seja o tema principal deste livro, que trata apenas da cristandade latina, os fatos ocorridos no Oriente serão brevemente mencionados no final do capítulo.

CAPÍTULO II – A CRIAÇÃO DA CRISTANDADE LATINA

Esta conceituação do ato de legislar constituía uma novidade em relação ao direito romano. Enquanto o direito romano se concentrava na resolução de conflitos, o cristianismo caracterizava-se por uma lei baseada em um contrato, um acordo entre as partes. Em vez de ser ancorado em costumes e elaborado por pretores e juristas como em Roma, a lei cristã tinha origem divina. E, ao invés de ser aberta a todos os cidadãos de uma entidade política imperial, esta lei era oferecida por Deus apenas aos israelitas.[16] O direito romano e a lei cristã também se distinguiam, porque as normas que adotavam eram radicalmente diferentes, assim como a maneira pela qual identificavam um comportamento correto e justo e, também, a conceituação do que definia a comunidade e a que ela se destinava a alcançar.

2.2 A cristianização do direito romano?

Dadas estas vastas diferenças entre o direito romano e a lei cristã, muitos historiadores precipitaram-se em assumir que o advento do cristianismo teria afetado o direito romano intensa e imediatamente. Eles esperavam chegar à conclusão de que a ascensão do cristianismo em Roma causou grandes mudanças que seriam, facilmente, rastreáveis no registro histórico. Tais autores também aventaram que, após a cristianização de Roma, o direito romano e o comportamento dos romanos teriam sofrido uma mutação substancial.

Mas, agora, muitos historiadores discordam sobre o grau de importância e extensão da influência do cristianismo no direito romano ou, mais especificamente, até que ponto este processo se deu de forma imediata. Eles também questionam se as mudanças normativas (mesmo quando ocorreram) afetaram as práticas, ou

---

[16] O cristianismo se abriria, por fim, não apenas aos israelitas, mas também a todos os demais dispostos a ingressar na aliança. Este desdobramento é geralmente atribuído aos ensinamentos de Paulo, um dos apóstolos.

se permaneceram letra morta, mais indicativas das intenções de uma pequena elite do que o que ocorria na sociedade em geral.

Aqueles que sustentam a opinião de que pouco mudou após a cristianização do Império argumentam que a nova conceituação do direito, como divinamente ordenado, não influenciou imediatamente o direito romano. Enquanto durou o Império, as autoridades romanas continuaram a agir como antes, inventando, reinterpretando e aplicando o direito existente. O direito penal também manteve as tradições romanas e não foi muito afetado pela nova moralidade cristã, radicalmente distinta. As famílias continuaram a funcionar como no passado, com a descendência mantendo seu papel de guardiã da memória familiar, não obstante a nova promessa cristã de uma vida após a morte e da crítica cristã às celebrações romanas mundanas. A estratificação e o *status* social foram essencialmente mantidos, apesar do novo *ethos* que preconizava que os cristãos deviam viver em comunidades fraternas e não hierárquicas.

Enquanto muitos historiadores tentaram responder à questão sobre o impacto da conversão do Império sobre o direito romano, comparando as normas anteriores e posteriores a este processo, outros sugeriram que nem todas as mudanças jurídicas contemporâneas estavam necessariamente ligadas à adoção da nova religião. As mutações, argumentam eles, poderiam facilmente ser motivadas por uma evolução comum aos cristãos e não-cristãos. Afinal, o direito romano havia mudado constantemente, mesmo quando as crenças religiosas dos romanos permaneciam inalteradas. Seria possível, por exemplo, que algumas inovações, como as exigências de castidade feminina, refletissem noções provenientes de círculos provinciais e não aristocráticos que aderiram às práticas consuetudinárias e não às novas crenças cristãs?

Alguns historiadores concluíram que o cristianismo não introduziu nenhuma mudança substancial ou imediata. Outros afirmaram que, embora as autoridades, as modalidades e a linguagem permanecessem as mesmas, o conteúdo do direito romano

CAPÍTULO II – A CRIAÇÃO DA CRISTANDADE LATINA

mudou no que seria um longo e lento processo de integração do cristianismo no direito romano. Estes autores apontam para os ajustes jurídicos adotados após a conversão do Império, principalmente através da legislação imperial. Por exemplo, a partir do século IV ec, os pecados foram acrescentados às listas de delitos existentes, e foram estabelecidas novas regulamentações relativas aos legados pios. Outros aspectos inovadores foram a distinção entre entretenimento público adequado e inadequado, a ideia de casamento indissolúvel, a legitimação de filhos naturais e o dever de pagar alimentos à esposa e prole. Além da legislação imperial, é possível que o cristianismo tenha influenciado a forma como os romanos conceituaram e procuraram controlar o comportamento sexual. Isso pode ter levado a novas práticas de caridade e bem-estar. Em resumo, é possível que elementos cristãos e uma agenda cristã tenham se infiltrado gradualmente no direito romano, bem como houvesse, da parte dos romanos cristianizados, um comportamento (pelo menos até certo ponto) diferente dos pagãos.

Os historiadores do direito romano tardio também debateram porque os imperadores romanos introduziram ideias cristãs em sua legislação (quando o fizeram). Alguns argumentaram que os imperadores eram motivados por crenças religiosas genuínas; outros disseram que se tratava de políticos procurando maximizar seu poder e tirar proveito de novas tendências sociais que os beneficiassem. Por exemplo, a produção legislativa de Constantino foi motivada pelo zelo cristão ou por convicções romanas tradicionais? Ou, ao contrário, ao referir-se às práticas jurídicas consuetudinárias, é possível que, mesmo assim, Constantino tenha criado novas normas que introduziram ideias cristãs, fundindo-as com precedentes e valores romanos? Levando em consideração sua legislação sobre a emancipação dos escravos, seu apoio à ideia de liberdade decorre de seu desejo de libertar indivíduos escravizado em razão de sua crença cristã (como alguns argumentaram), ou foi parte de um movimento mais geral contra seus oponentes, permitindo-lhe retratar esses oponentes como tiranos e a si mesmo como um libertador? Como a introdução de novos métodos de emancipação, principalmente ao permitir aos senhores cristãos libertarem seus escravizados na Igreja, afetou as leis romanas sobre escravidão? Como isso contribuiu para a difusão e consolidação do cristianismo?

2.3 A romanização da Igreja

Ainda que os historiadores tenham divergência se a introdução do cristianismo fez com que os romanos reconsiderassem e, por conseguinte, adaptassem suas tradições jurídicas – e em que grau esse processo teria se dado – há, não obstante, um consenso geral de que a adesão do Império à nova religião afetou radicalmente o cristianismo. O primeiro e mais claro sinal foi a romanização da Igreja. O cristianismo primitivo, que nasceu no Mediterrâneo oriental e floresceu na Ásia Menor e no Oriente Próximo, foi profundamente influenciado pela cultura helenística. Expressava-se predominantemente em língua grega e adotou muitos traços helenísticos. No entanto, uma vez tendo alcançado Roma e se tornado a religião oficial do Império, Roma gradualmente se tornaria um importante centro cristão, e, em muitas áreas, o latim substituiu o grego como o principal veículo de comunicação.

Outras mudanças importantes também ocorreram. O cristianismo primitivo tinha um caráter eminentemente local e contava com muitas comunidades que não concordavam praticamente em nada. Estas comunidades eram autorreguladas e frequentemente se confrontavam umas às outras. Depois que o cristianismo se tornou a religião do Império, esta estrutura, extremamente nucleada, foi gradualmente questionada. Agora que o cristianismo havia sido dotado de um Estado (o Estado romano), de um sistema jurídico adicional (ao direito canônico fora acrescido o direito romano), e de uma série de autoridades (autoridades romanas), estes elementos passaram a atuar para regular a vida cristã. O que se seguiu foi um lento processo de centralização que acabou levando à formação da Igreja como a pensamos hoje: uma estrutura de autoridade

CAPÍTULO II – A CRIAÇÃO DA CRISTANDADE LATINA

com um cânone de crenças mais ou menos fixo e um conjunto de textos de autoridade.

A institucionalização das autoridades eclesiásticas e a definição de um credo comum constituíram uma missão que os últimos imperadores romanos empreenderam com grande eficiência. Este posicionamento imperial em relação à Igreja tinha precedentes romanos. Os imperadores romanos pagãos eram considerados representantes dos deuses, com os quais se acreditava que estavam em comunicação direta. Como os deuses os favoreciam, os imperadores tinham a obrigação de garantir que os deuses fossem adorados. Aplicando esta concepção ao cristianismo, os imperadores romanos tardios apresentavam-se como defensores da fé correta e como líderes responsáveis por sua propagação. Atuando como benfeitores da Igreja, eles arbitravam conflitos entre membros da Igreja e entre diferentes comunidades cristãs, bem como decidiam sobre quem estava certo e quem estava errado em questões de fé.

Em decorrência destas crenças, já a partir do século IV ec, os imperadores também convocaram Assembleias para declarar os princípios básicos do cristianismo. O Concílio de Niceia (325 ec), organizado por Constantino, resolveu a questão sobre quem era Jesus e qual era sua relação com Deus. Adotou-se o chamado Credo Niceno, posteriormente ampliado no Concílio de Constantinopla (381 ec), que afirmou a divindade de Jesus e a existência de uma trindade (o Pai, o Filho e o Espírito Santo). O Concílio de Cartago (397 ec) determinou o cânon oficial da Igreja e selecionou os textos que seriam incluídos nas escrituras autorizadas.[17] Os primeiros concílios também estabeleceram procedimentos para ordenação do clero, convocação de Assembleias episcopais (sínodos), bem como adotaram algumas das principais práticas litúrgicas.

---

17 O Concílio de Cartago selecionou os vinte e sete livros que viriam a compor o Novo Testamento ao lado dos quarenta e seis livros do Antigo Testamento. Esta seleção foi confirmada pelo Concílio de Trento (1545-1563), que redefiniu o dogma cristão após a Reforma Protestante.

A intervenção imperial cresceu exponencialmente ao longo do tempo. Os imperadores subsequentes interferiam nos assuntos da Igreja não apenas prescrevendo soluções, mas também impondo-as aos oponentes, perseguindo-os e punindo-os. Ao final deste processo, o cristianismo e seu dogma haviam se tornado uma questão de direito imperial. O direito imperial determinava, por exemplo, no *Código Teodosiano* do século V ec, em que consistia o verdadeiro cristianismo e quais práticas religiosas deveriam ser seguidas.

2.4 Definindo o que é heresia

A definição gradual do que era o cristianismo e do que seus adeptos deveriam seguir também levou a uma identificação do que não era. Este processo de deslegitimação de certas posições começou muito antes da conversão do Império, mas se acelerou fortemente em seguida. Isto ocorreu de forma tão rápida e poderosa que, independentemente das divisões do passado, no século V ec, os autores cristãos podiam argumentar que o cristianismo incluía "tudo em que se havia acreditado em toda parte, sempre, por qualquer pessoa".[18] O reconhecimento de que alguns debates entre fiéis são legítimos (estes são identificados como cisma) e outros não são (heresia), resultou na divisão dos cristãos em ortodoxos (aqueles que creem corretamente) e heterodoxos (aqueles que não o faziam).

À medida que este entendimento se espalhava, os imperadores romanos começaram a legislar contra os hereges. Devido à identificação entre Império e Igreja, os hereges foram qualificados como criminosos. Sua desobediência, argumentava-se, constituía um desacato ao imperador e à lei imperial, colocando em risco a própria comunidade. Esta conduta, portanto, poderia ser – e

---

[18] Esta era a definição original do que o catolicismo significava antes da reforma protestante. Ao designar a Igreja como "católica" (isto é, universal), adotava-se a convenção de que havia apenas uma crença dentro da Igreja.

assim o foi – equiparada à traição e sujeita à pena de morte. Por conseguinte, Santo Agostinho (354-430 ec) poderia defender a perseguição dos hereges como perigosos dissidentes cujas opiniões poderiam conspurcar a comunidade e provocar sua ruína.

2.5 Promovendo a conversão

Se a união entre Império e cristianismo gerou mecanismos que levaram à imposição de um único dogma a todos os fiéis e à punição daqueles que se recusaram a aderir a seus princípios, ela também criou oportunidades para promover a conversão. Com o intuito de alcançar este objetivo, diferentes imperadores legislaram para este fim, concedendo privilégios especiais aos convertidos. Eles também impuseram aos pagãos restrições legais e econômicas, tais como a proibição de seus ritos, o fim dos subsídios estatais à religião e a extinção das imunidades sacerdotais. Ocasionalmente, os imperadores confiscavam os tesouros encontrados nos templos pagãos ou consentiam em sua destruição. Nos anos 340 e 350 ec, foram aprovadas leis que proibiam os cultos pagãos, sob pena de morte. Muitos regulamentos favoreciam os cristãos em cargos públicos ou proibiam o emprego de pagãos. Havia uma pressão particularmente forte sobre as elites, que seriam recompensadas ou punidas em razão de sua fé de formas muito mais severas e significativas do que o tratamento infligido ao povo comum.

Como resultado dessas medidas, no início do século V ec, Santo Agostinho – um dos Pais da Igreja – pôde defender abertamente o uso da coerção e violência para promover a conversão, argumentando que os imperadores romanos tinham o direito incontestável de empregar todos os meios à sua disposição para proibir o paganismo. Ele considerava que esta pressão externa poderia resultar em uma genuína mudança de convicções que conduziria à fé verdadeira. Suas posições foram aceitas por imperadores como Justiniano, que legalizou, no século VI ec, a conversão compulsória dos pagãos. Depois disso, o direito romano tornou-se um instrumento para impulsionar, e até mesmo impor, a conversão, uma decisão apresentada como um meio necessário para garantir o bem-estar de toda a humanidade.

2.6 A Igreja como instituição romana

A partir da perspectiva da história do direito europeu, o desenvolvimento mais significativo deste período foi a crescente identificação entre a Igreja, de um lado, e o direito e as estruturas de Roma que foram mantidas pela Igreja, mesmo após a fragmentação do Império do Ocidente, do outro. Os bispos, por exemplo, foram moldados à semelhança dos cônsules ou pretores romanos. Eles foram dotados de poderes judiciais, administrativos e legislativos similares, tanto na esfera religiosa quanto secular, seguindo procedimentos originados no direito romano e levando em consideração suas instruções. Assim como as autoridades romanas, os bispos também se reuniam em Assembleias para coordenar suas atividades e para legislar; eles também estavam isentos de prestar serviço público, controlavam extensas propriedades e desfrutavam de grande prestígio. Na ausência de um governo local, especialmente após a fragmentação do Império do Ocidente, os bispos frequentemente assumiram responsabilidades próprias de autoridades estatais, tais como a fiscalização de heranças e sucessões, a supervisão de obras públicas, a solução de controvérsias privadas e a administração de escolas.

A adoção de estruturas e do direito romanos pela Igreja também foi evidenciada em outras formas. As dioceses foram concebidas como unidades romanas, e a própria Igreja foi juridicamente constituída como uma corporação (*universitas*), um *status* detido no direito romano pelo Estado e outros órgãos públicos, permitindo-lhes ter propriedades, receber doações e contratar. Os edifícios eclesiásticos eram chamados de "basílicas", segundo a antiga denominação romana dada aos espaços onde as Assembleias se reuniam e onde os pretores proferiam sentenças em plataformas

CAPÍTULO II – A CRIAÇÃO DA CRISTANDADE LATINA

elevadas. Os cânones (regras) da Igreja utilizam o estilo imperial e eram lidos, interpretados e obedecidos como se fossem decretos imperiais. A jurisprudência romana tornou-se um veículo pelo qual se discutiam questões teológicas, e os bispos respondiam às petições utilizando as formas e fórmulas dos juristas romanos. Desta fusão produziram-se vários livros, tal como a discussão do século IV ec sobre o porquê de o paganismo ser falso e o cristianismo ser verdadeiro, que se intitulava *"Instituições Divinas"*, em referência ao manual para estudantes de direito redigido por Gaio. Segundo o autor, esta alusão foi intencional, porque, assim como os juristas romanos usavam as *Instituições* de Gaio para resolver disputas legais, seu livro faria o mesmo em relação ao credo religioso.

Assim, os historiadores concluem que o direito canônico, em sua primeira fase, surgiu da constante interação entre as práticas jurídicas romanas e as exigências e necessidades da Igreja. A Igreja, naturalmente, também conservou a língua romana (latim), bem como as formas romanas de oratória, expressão, literatura, arquitetura e arte. Na época do papa Gregório I (590-604 ec), alguns autores retrataram o mundo em que viviam como aquele "em que a maioria dos romanos havia sido cristianizada, o próprio Império era às vezes chamado de *res publica christiana* e onde, muito tempo antes, a Igreja havia concedido a paz (*tranquilitas*)".[19] Mil anos depois, em 1651, Thomas Hobbes criticou esta situação, observando que "o papado nada mais é do que o fantasma do finado Império Romano, sentado coroado em sua sepultura".[20] Quanto aos historiadores, há bastante tempo eles se perguntam se o Império foi absorvido pela Igreja, ou se a Igreja foi engolida pelo Império. A maioria concorda, entretanto, que tanto o cristianismo transformou Roma quanto a sociedade romana transformou o cristianismo e que, no processo, o direito assumiu um novo caráter.

---

19 ENGEN, John Van. "Christening the Romans". *Traditio*, vol. 52, 1997, pp. 1-45, aqui p. 4.
20 Thomas Hobbes, *Leviatã*, capítulo 47, discutindo os poderes papais.

2.7 Cristianização e romanização depois de Roma

Nos séculos seguintes à fragmentação do Império Romano do Ocidente (durante um período que hoje designamos como Alta Idade Média), o cristianismo se espalhou por toda a Europa, assim como a cultura e o direito romanos. Este processo de difusão foi longo e complicado. No início, os esforços de conversão eram bastante débeis. Na medida em que a Igreja consistia em uma multiplicidade de bispos, cada um atuando em sua diocese, não havia meios ou coordenação suficientes para gerar a conversão de grandes populações. Porém, com a fundação das ordens monásticas (que formavam missionários dedicados, especialmente a partir do século VI ec) e a afirmação gradual do papado (em torno do mesmo período), a Igreja adotou uma orientação expansionista.

Do século VI ao século XII ec, o cristianismo se estabeleceu gradualmente na maior parte da Europa Central, Oriental e do Norte. Expandindo-se para o oeste a partir da península itálica em direção às atuais França e Alemanha, a fé cristã alcançou as Ilhas Britânicas e, em direção ao leste, disseminou-se pela Morávia, Eslováquia, Sérvia, Bulgária, Polônia, Hungria e os países bálticos. Em seguida, alcançou o norte da Europa, aos Países Baixos, Dinamarca, Suécia, Noruega e Islândia. Às vezes gradativamente, outras vezes com avanços e recuos, pelo final do século XII, este processo de conversão teve um importante efeito homogeneizador, que, entre outras coisas, introduziu o direito e as estruturas romanas em toda a Europa.

Como resultado desses processos, a nova concepção cristianizada do direito romano, inicialmente limitada aos territórios do Império, ganhou primazia na maior parte do território europeu. Os missionários e as autoridades eclesiásticas, responsáveis por esta expansão, podem ter se importado com a conversão dos chamados pagãos, mas, enquanto anunciavam a palavra do evangelho, também disseminavam a linguagem, a retórica, a arte, as cerimônias,

CAPÍTULO II – A CRIAÇÃO DA CRISTANDADE LATINA

a cultura e o direito de Roma. Eles introduziram estruturas administrativas, fórmulas e procedimentos romanos, e impuseram formas romanas de pensar, argumentar e resolver conflitos.

Particularmente transformadores neste aspecto foram os processos que ocorreram nos territórios que não faziam parte do Império Romano. Ali, o efeito cumulativo da cristianização e da romanização foi particularmente notável, substituindo, por fim, as tradições anteriores. Segundo alguns historiadores, a difusão do cristianismo romanizado em grande parte do continente resultou na "formação da Europa". Ou seja, houve o acúmulo gradual das características culturais, administrativas, jurídicas e políticas que possibilitaram a coesão da Europa.[21] Já no século X, se não antes, os europeus de diferentes regiões, com passados e culturas bastante diversas, podiam se identificar com o cristianismo e se apresentar como herdeiros de Roma.

Enquanto isso acontecia em grande parte do sul, oeste, centro e norte da Europa, uma vertente diferente da romanização avançava no leste. Ali, como em outros lugares, os convertidos ao cristianismo foram introduzidos não apenas a uma nova religião, mas também às tradições romanas. No entanto, estas tradições eram diferentes. Elas eram de orientação principalmente helenística, conduzidas em língua grega e disseminavam uma tradição romana oriental, em vez de ocidental.[22] Seu efeito, porém, foi igualmente importante e duradouro. Após a conquista de Constantinopla, a

---

21 Recentemente, outra narrativa sobre a "formação da Europa" foi proposta. Ela critica a análise mencionada acima por desconsiderar outros arcabouços ideológicos que agiam na Europa na mesma época, tais como o judaísmo e o islamismo, e também propõe que a cristianização e a romanização não constituem fenômenos unicamente europeus, porque as iniciativas de conversão foram inicialmente mais vigorosos e mais persistentes na Ásia e na África do que na Europa. Assumidos pela igreja grega oriental, estas iniciativas disseminaram um direito romano helenizado, cuja presença pode ter perdurado mesmo sob o islamismo.

22 Sobre o direito oriental bizantino, vide o Capítulo I.

capital do Império Bizantino, pelos otomanos em 1453, o direito romano oriental sobreviveu nas instituições e leis da Igreja Ortodoxa. Aplicado à população grega que vivia sob ocupação otomana pelo Patriarca de Constantinopla e por outras autoridades da Igreja, o direito canônico ortodoxo também difundiu e preservou, a longo prazo, um legado romano.

SEGUNDA PARTE

A ALTA IDADE MÉDIA

CAPÍTULO III

UMA ÉPOCA SEM JURISTAS?

Os historiadores frequentemente caracterizam, como bastante caótico, o período de cerca de quinhentos anos entre o fim do Império Romano do Ocidente no século V e o ano 1000.[23] A unificação da Europa em torno de um cristianismo em constante expansão levou ao surgimento e à imposição do direito canônico em todo continente. Inicialmente, porém, este direito canônico apresentava estruturas de autoridade muito desarticuladas e uma grande variedade de normas e fontes contraditórias. Entretanto, a conversão da Europa foi acompanhada por uma extrema fragmentação política representada pelo surgimento de uma multiplicidade de pequenas unidades políticas, independentes entre si. O continente também experimentou o movimento massivo de grupos humanos provenientes do norte para o centro, sul e leste. Muitos desses grupos, frequentemente identificados como "germânicos", haviam sido, eles próprios, aliados do Império Romano, com o qual faziam negócios, a quem forneciam soldados e para onde

---

[23] Este período foi caracterizado como "uma era sem juristas" por Manlio Bellomo em seu livro *The Common Legal Past of Europe, 1000-1800*, Washington DC, Catholic University of America Press, 1995, p. 34.

desejavam migrar. No final do século IV, entretanto, alguns desses grupos começaram a ganhar poder suficiente para provocar a queda do Império ocidental (segundo alguns historiadores) ou sua modificação radical (segundo outros). Ao conquistarem territórios romanos, a crescente hegemonia política e econômica de vários destes grupos, que estabeleceram reinos em áreas hoje pertencentes à Alemanha, França, Espanha, Itália, Suíça e Norte da África, levou à introdução e disseminação de novas culturas jurídicas em todo o continente. Elas se mesclaram com o direito nativo existente e com os direitos romano e canônico em expansão de diversas maneiras, criando amálgamas complexas que variavam local e temporalmente.

Por volta do ano 800, cristalizou-se uma combinação que associava os direitos local, germânico, romano e canônico. Embora assumisse expressões locais distintas, havia, não obstante, algumas noções comuns sobre o que era o direito e de onde provinha. De acordo com alguns estudiosos, este consenso emergente nos permite ver este período – que muitos historiadores consideram haver testemunhado o surgimento da Europa como um espaço cultural, religioso e econômico – como uma amostra genuína do primeiro direito comum. Como esta visão surgiu e em que consistia é o tema deste capítulo.

3.1 O direito canônico inicial

As autoridades da Igreja sempre haviam legislado e continuaram a fazê-lo depois que o Império Romano se converteu ao cristianismo. Entretanto, após a fragmentação e a dissolução do Império ocidental no século V, o caráter do direito cristão mudou consideravelmente. Este direito não era mais sancionado por imperadores ou assegurado por instituições estatais, mas, agora, dependia inteiramente das autoridades eclesiásticas e da sua reivindicação para que detivessem tanto o dever quanto o poder de regular as vidas de todos os fiéis, independente de onde residirem.

CAPÍTULO III – UMA ÉPOCA SEM JURISTAS?

O sistema normativo resultante foi chamado de direito canônico (*canon* é a palavra grega para "regra" ou "guia"). Embora fosse baseado nas decisões das Assembleias eclesiásticas e dos imperadores, e continuamente se referisse e se apropriasse do direito romano, o direito canônico primitivo se distinguia de seu precedente romano. Não se tratava mais de um produto da autoridade política capaz de impor sua vontade aos habitantes de um território, como era o caso em Roma, mas se baseava, teoricamente, em uma autoridade espiritual a ser imposta apenas aos cristãos. Espalhados por muitos territórios e comunidades políticas, considerava-se que os cristãos compartilhavam uma ordem jurídica comum em razão do batismo, e não da cidadania, que os constituía como membros de uma comunidade cujas leis podiam ser aplicadas mesmo contra sua vontade.

A conformação da Igreja como uma entidade não-territorial que não se baseia no poder político, mas em uma crença compartilhada, a crescente responsabilidade dos bispos na produção e aplicação de normas, e a falta de poderes concorrentes, permitiu à Igreja expandir suas atividades jurídicas e aumentar substancialmente a dimensão de sua produção legal. Os funcionários da Igreja frequentemente ofereciam soluções para assuntos cotidianos, como na execução de contratos comerciais ou na administração de heranças. Com foco, orientação e aplicação predominantemente locais, o direito canônico primitivo poderia diferir substancialmente de uma localidade para outra, e, na falta de uma autoridade central eficaz, as diversas comunidades cristãs poderiam discordar em quase tudo.

Na busca de restabelecer uma autoridade central para a Igreja, a partir do século VI e mais claramente nos séculos seguintes, os sucessivos bispos de Roma passaram a reivindicar um papel especial para si mesmos. Argumentando que, após o fim de Roma, a Igreja era a única estrutura capaz de reivindicar um caráter de universalidade, bem como a única administração remanescente com vocação imperial, esses bispos se identificaram como *Pontifex Maximus* (o sumo sacerdote na Roma antiga), bem como papas (do termo grego *pappas*, que significa "pai"). Como tal, eles insistiam que deveriam liderar a Igreja e que eram superiores aos demais bispos.

Ainda que tenha demorado vários séculos, a instituição e a consolidação do papado alcançaram a centralização almejada, assim como a convocação de Assembleias episcopais periódicas. Iniciadas no século IV sob os auspícios dos imperadores romanos, na Alta Idade Média essas Assembleias se tornariam importantes agentes reguladores das relações entre diferentes autoridades eclesiásticas e comunidades, bem como da definição do dogma cristão.

O acúmulo massivo de regras, decorrentes deste processo, levou à necessidade de sua compilação. A partir do século VI, diferentes indivíduos e organismos procuraram compilar o direito canônico e assegurar a disponibilidade de seus postulados fundamentais pelo menos para aqueles em posições de liderança. Entre essas iniciativas, são bem conhecidas as compilações elaboradas durante o reinado de Carlos Magno, o governante franco do final do século VIII e início do IX. O objetivo de Carlos Magno era estabelecer versões autorizadas de textos importantes e garantir sua distribuição em todo o seu reino. Entretanto, apesar destes e de outros esforços, não houve nenhuma compilação oficial de direito canônico antes do século XII.[24]

A pluralidade de fontes e a ausência de uma compilação geral oficial levaram ao surgimento de uma grande variedade de leis canônicas radicalmente diferentes. As igrejas locais organizaram suas próprias compilações, que elas adotavam, muitas vezes desconsiderando instruções de Roma. Havia tanta incerteza sobre quais eram os princípios comuns do cristianismo, que, mesmo no século IX, os autores mais proficientes podiam incorporar ao dogma cristão o que hoje sabemos tratar-se de falsificações.

---

[24] Vide o Capítulo V.

CAPÍTULO III – UMA ÉPOCA SEM JURISTAS?

Um exemplo famoso é a produção e divulgação das falsas decretais, incluindo cinquenta declarações sobre questões de direito. Misturando material autêntico com ideias recém-inventadas, juntando frases cortadas e coladas que não se encaixavam, algumas dessas falsas decretais reconstruíram o conteúdo de epístolas que haviam existido, mas que haviam se perdido, enquanto outras modificam o sentido do que havia sido determinado. Elas foram inseridas em uma compilação atribuída a Isidoro Mercator, provavelmente um pseudônimo. A coleção incluía sessenta cartas e decretos atribuídos aos primeiros papas, dos quais cinquenta e oito são agora acreditados como falsificações. Também continha um tratado sobre a Igreja primitiva e os cânones autênticos de cinquenta e quatro concílios antigos. Terminava com uma enumeração de decretais de papas dos séculos IV ao VIII, a maioria das quais eram pura invenção.

As falsas decretais limitaram o controle dos governantes seculares sobre os bispos e os bens da Igreja, e introduziram mudanças importantes na forma como os julgamentos eclesiásticos eram conduzidos. Elas defendiam a jurisdição dos bispos contra a intervenção de arcebispos e sínodos provinciais e também incluíam instruções sobre liturgia, sacramentos e direito matrimonial. Inseridas ao lado de material genuíno, essas falsificações, que se espalharam por toda a Europa, foram consideradas fidedignas e amplamente acatadas. Elas foram fundamentais para a afirmação da autoridade da Igreja até o século XV, quando estudiosos começaram a expressar sérias dúvidas sobre sua validade.

Particularmente importante a este respeito foi um documento identificado como "a Doação de Constantino". Este documento, completamente forjado e incluído nas falsas decretais, afirmava que Constantino havia transferido poderes imperiais para o papa Silvestre I (314-335) e seus sucessores. Segundo o que afirmava, Constantino não só reconhecia o papa como sucessor dos apóstolos Pedro e Paulo, e Roma como o principal centro cristão, mas também permitia que ele nomeasse governantes seculares. Como seria de esperar, este documento se tornou essencial nas querelas entre os papas e os monarcas sobre o alcance de seus poderes, durante os séculos XI e XII.[25]

Ainda que as falsas decretais por vezes incluíssem informações anacrônicas sobre eventos reais ou empregassem um estilo inadequado para a época, elas foram suficientemente bem executadas e capazes de ludibriar até mesmo as mais altas autoridades da Igreja e os mais importantes compiladores do direito canônico. Havia também outras falsificações menos renomadas, muito provavelmente escritas por especialistas em direito canônico que, enquanto forjavam alguns decretos, também coletavam material não adulterado. Acredita-se hoje que a maior parte dos documentos falsos tenha sido uma obra coletiva e não a criação de um único indivíduo em um único local, e que os envolvidos em sua elaboração devem ter tido acesso a bibliotecas bastante ricas e possuído conhecimentos suficientes para obter resultados tão fidedignos.

3.2 A presença contínua de Roma

O predomínio do direito canônico na Europa da Alta Idade Média garantiu a presença contínua do direito romano, já que a legislação da Igreja continuou a recorrer a formas e fórmulas romanas, e também os teólogos mantiveram sua atividade exegética com base na terminologia e análise romanas. Para que isso acontecesse, o direito romano era ensinado em muitas abadias e escolas catedralícias e era considerado uma fonte dotada de tanta autoridade que podia ser usada em casos em que o direito canônico fosse omisso. Os primeiros textos cristãos, como a *Regra de São Bento* do século VI (para comunidades monásticas) ou as *Etimologias* de Isidoro de Sevilha (que pretendia sistematizar todo o conhecimento em uma publicação no formato enciclopédico), faziam igualmente referência ao direito romano. Eles recorreram

---

[25] Vide o Capítulo IV.

CAPÍTULO III – UMA ÉPOCA SEM JURISTAS?

a categorias do direito romano, bem como para termos e soluções normativas. Esta relação contínua entre o direito romano e o direito canônico foi sintetizada pelo adágio contemporâneo *Ecclesia vivit lege romana* (A Igreja vive segundo o direito romano).

Contudo, o direito romano também perdurou na Europa de outras formas, além de seu uso contínuo pela Igreja. Em territórios sob controle do Império Romano do Oriente, como em partes da Itália atual durante os séculos VI e VII, o *Corpus Iuris Civilis* (a compilação de direito romano feita por ordem de Justiniano no século VI) era conhecido e utilizado, e registros de negócios jurídicos recuperados por pesquisadores indicam referências frequentes ao direito romano. Majoritariamente em latim, esses atos também seguiam formas romanas ou reproduziam implicitamente os debates romanos. Isto era particularmente evidente nos casos que envolviam o direito agrário e contratual.

A perenidade do direito romano também foi registrada em outros lugares. No Império Franco, os notários dos séculos VI e VII imitavam as práticas notariais romanas para redigir doações, testamentos e contratos matrimoniais. O mesmo aconteceu na Gália (atual França), onde existiam formulários do século IX que continham textos em uso desde o século VI tanto na administração secular quanto eclesiástica. Muitos funcionários reais, que frequentemente atuavam como juízes, tinham conhecimento tanto do direito romano quanto do direito canônico. Um número surpreendente de até mesmo vinte renomados especialistas em direito romano podem ter estado ativos na Gália entre os séculos V e VIII, e as citações e fórmulas romanas predominavam em uma grande variedade de transações. Nas cidades de origem romana, o direito romano também subsistiu em negócios comerciais e a administração urbana continuou a emular práticas romanas.

Esta permanência também era evidente na península ibérica. No reino de Leão (atual Espanha), os juízes do século X continuavam a seguir os procedimentos legais da Espanha visigótica, de origem romana. Na Galícia (noroeste da Espanha), cópias do *Forum Iudicum* (uma coletânea de leis promulgadas no século VII pelos visigodos romanos, também conhecida como *Lex Visigothorum*, vide abaixo) circulavam e eram utilizadas por juízes que detinham o título romano de *iudex*. O direito romano-visigótico também sobreviveu na península ibérica nos territórios sob ocupação muçulmana, onde era considerado a "lei pessoal" de todos os cristãos.

3.3 O elemento germânico

Os historiadores da Alta Idade Média divergem há muito tempo se os vários grupos distintos que migraram do norte para o centro, leste e sul da Europa, e que agora identificamos como "germânicos", compartilhavam uma tradição jurídica comum. Alguns historiadores mostraram que a movimentação destes grupos era aleatória, conduzida em pequenos grupos, e levava seus membros a um contato tão intenso com outras culturas que é difícil aferir quais haviam sido seus costumes originais. Uma vez que a documentação dos séculos VII e VIII é mais abundante do que os registros de períodos anteriores, é possível que nossa compreensão desses grupos e suas práticas seja profundamente anacrônica e incorreta.

Os historiadores que expressam estas dúvidas concluem que, caso estes grupos compartilhassem seja o que for entre si, seria algo proveniente de uma tradição indo-europeia, e não especificamente germânica. Esta tradição indo-europeia caracterizava-se por uma atitude "primitiva" perante a lei que se baseava na oralidade e não reconhecia nenhuma instituição central, nem procedimentos claros, nem estruturas determinadas.

Entretanto, outros historiadores sugerem que, embora não houvesse um direito germânico único, os grupos que migraram de norte para sul, leste e oeste introduziram certos elementos no continente europeu que poderiam ser identificados como distintos, especialmente quando comparados às tradições romanas. Em vez

CAPÍTULO III – UMA ÉPOCA SEM JURISTAS?

de serem indo-europeus (e, portanto, também compartilhados com Roma), eles seriam germânicos. O mais importante destes elementos era uma organização diferente da vida pública. Enquanto o direito romano sustentava a existência de uma *res publica*, ou um Estado, a família de direitos germânicos não o fazia. A sociedade germânica era dividida em grandes grupos de parentela liderados por anciãos, que eram responsáveis por julgar os conflitos entre seus membros bem como por tomar a maioria das decisões relativas à gestão da vida comunitária. Em suas deliberações, os anciãos apelavam a uma ordem não escrita e flexível que poderia ser constantemente negociada. Embora tenhamos informações muito limitadas sobre como isso transcorreu, presume-se que esses sistemas legais não fossem abstratos, mas concretos, relacionais e fortemente influenciados por rituais e fórmulas. Em vez de buscar uma justiça abstrata ou obedecer a um princípio abstrato, as decisões tomadas pelas Assembleias de anciãos refletiam um horizonte normativo em constante mudança que deveria se adaptar às circunstâncias locais, ao momento, ao caso e às partes.

Não obstante a importante questão sobre a existência de uma tradição jurídica germânica comum aos migrantes do norte, é certo que nos séculos III e IV seus membros (que progressivamente viriam a dominar a Europa) já estavam bastante afetados pelo direito romano e pelo cristianismo. Sob influência romana, o comportamento jurídico dos recém-chegados mudou e suas estruturas políticas foram centralizadas e aristocratizadas. Há evidências, por exemplo, de que nos séculos VI e VII a participação em Assembleias era em grande parte restrita às elites, e os líderes militares começaram a reivindicar o *status* de reis hereditários. Outras áreas do direito também podem ter sofrido transformações dramáticas. Pouco a pouco, os elementos populares, orais e flexíveis de criação do direito desapareceram e, sob influência romana, as autoridades das chamadas tribos germânicas começaram a promulgar estatutos.

Nos séculos VI, VII e VIII surgiram também livros jurídicos que pretendiam registrar e reproduzir o antigo sistema normativo oral. Estes livros foram escritos majoritariamente em latim, e não em alemão, e eram utilizados como instrumentos para garantir a sobrevivência do que se definiu como "a boa velha ordem", mas que, na maioria das vezes, o que confirmavam era até que ponto esta ordem já havia sido alterada. O direito escrito que estes livros reuniam tendia a ser mais sistemático e abstrato do que acreditamos que fosse originalmente o direito germânico, e estabelecia que os reis fossem os principais instrumentos para autorizar a ordem jurídica (e até mesmo criá-la).

Estas importantes mutações já eram evidentes nas leis sálicas do século VI (*Pactus Legis Salicae*, também conhecida como *lex salica*), que compilaram normas antigas e procuravam substituir a vingança pela *compositio*, um acordo pecuniário. Hoje as leis sálicas são conhecidas principalmente como a base legal pela qual os monarcas europeus excluíram da sucessão do trono os descendentes pela linhagem feminina, mas também enumeraram uma extensa lista de remédios legais disponíveis às partes lesadas para que não recorressem à violência. Estas leis eram escritas em latim e organizadas, em certa medida, como um édito romano, mas, não obstante, eram entrelaçadas com termos em alemão e também pretendiam reproduzir tradições germânicas.

Outro exemplo notável da fusão do direito romano, canônico e germânico foi o *Liber iudiciorum* de meados do século VII (também conhecido na Idade Média como *Lex Gothica* ou *Forum Iudicum*), que compilou leis de origem germânica e romana e também incluiu legislação real promulgada pelos reis visigodos. O *Liber*, muito influenciado pelos escritos dos teólogos e aprovado pelos bispos locais no VIII Concílio de Toledo (653), foi aplicado pelos visigodos a seus súditos ibéricos de origem romana e germânica. Escrito em latim e demonstrando familiaridade com conceitos romanos, o texto contemplava aspectos tão diversos quanto legislação, administração da justiça, direito de família, obrigações, direito penal e sanções contra judeus e hereges. Tratando-se de um direito territorial ao invés de pessoal, seu sucesso foi tão espetacular que

CAPÍTULO III – UMA ÉPOCA SEM JURISTAS?

sobreviveu à conquista da península Ibérica pelos muçulmanos em 711. A partir de então, regulou a vida dos cristãos que viviam sob domínio islâmico.

As mudanças nas práticas administrativas também foram perceptíveis. Há ampla evidência, por exemplo, de que a oralidade, geralmente associada às tradições germânicas, já não era tão central para a ordem jurídica medieval no século VII como havia sido antes. Nesta época, foram elaborados vários códices por toda a Europa que inventariaram dispositivos legais. Alguns foram concebidos como coletâneas de leis, enquanto outros pretendiam reproduzir diferentes tipos de documentos úteis à prática jurídica. Destes últimos, os mais populares eram os livros que continham formulários que os notários podiam copiar, emendar, resumir ou reorganizar. Durante esse período também foram fundadas chancelarias para a preparação e o registro de atos oficiais, com o uso de selos atestando a autenticidade de sua produção documental. A partir daí, o direito e os registros escritos passaram a circular em um mundo jurídico que ainda era profundamente oral, mas que gradualmente passava por importantes transformações.

Como resultado de todos estes processos, no século X torna-se extremamente difícil distinguir o direito germânico do direito romano, ou o direito germânico do direito canônico. Decerto, algumas instituições jurídicas originaram-se claramente em um sistema ou em outro, mas na prática, expressões latinas e formas latinas e cristãs de pensar, interpretar e organizar a matéria legal acabaram por se impor a tal ponto, que um direito germânico já não era mais facilmente reconhecível.

3.4 Intervenção divina

Até o século XIII, a participação direta de Deus nas assembleias comunitárias era considerada possível e desejável. Isso geralmente ocorria em casos complexos, nos quais os fatos eram de difícil determinação. Em tais casos, os contemporâneos acreditavam que Deus interviria, indicando quem dizia a verdade e quem mentiu, quem era culpado e quem era inocente. Sua decisão assumiria a forma de um milagre que salvaria a pessoa que merecesse ser defendida de lesões desnecessárias. Para pedir esta intervenção, as Assembleias submeteriam as partes a um ordálio, ou seja, a um teste. Isto se dava de muitas maneiras. O acusado poderia mergulhar sua mão em água fervente, caminhar sobre brasas, ou comer muito pão muito rápido. Estas ações, se acreditava, normalmente resultariam em uma lesão. Se isso não ocorria, foi porque Deus queria auxiliar o acusado. Esta era sua maneira de indicar que a pessoa era inocente ou estava falando a verdade. Assim, considerava-se que aqueles que saíam ilesos de um ordálio haviam demonstrado sua razão.

Inicialmente, a Igreja encorajou esses procedimentos porque davam prova concreta da imediatez e misericórdia de Deus e ajudavam a resolver questões difíceis, mas começou a desaprová-las na virada do milênio, retirando seu apoio por completo ao proibir a participação do clero no século XIII (IV Concílio de Latrão de 1215). Durante este período, os ordálios foram gradativamente reclassificados como irracionais e pagãos. Os historiadores debatem, há muito tempo, por que estas mudanças ocorreram. Alguns sugeriram que o objetivo era livrar a comunidade cristã de seu passado pagão e assegurar que somente práticas fundamentadas nas Escrituras fossem autorizadas. Também é possível que as autoridades da Igreja estivessem insatisfeitas com o fato de "exigir" que Deus fizesse um milagre (para evitar o sofrimento de um inocente), ou com o envolvimento de clérigos, presentes em todos os ordálios, em decisões relativas ao derramamento de sangue. Também essencial para o abandono progressivo e subsequente proibição dos ordálios pode ter sido o fato de que no início do século XIII o *ius commune* (ver Capítulo V) dotou a sociedade com novos profissionais, identificados como juristas, que eram especialistas em como administrar (e resolver) conflitos. Estes profissionais ofereciam novas soluções baseadas na coleta, exame e apreciação

CAPÍTULO III – UMA ÉPOCA SEM JURISTAS?

de provas orais e escritas para os problemas difíceis que os ordálios pretendiam resolver. Tentativas de centralizar a justiça penal nas mãos de autoridades seculares e eclesiásticas intensificaram estas tendências, impondo um deslocamento do juízo de Deus para o julgamento dos homens.

Embora os historiadores discutam as razões que levaram ao abandono gradual e consequente desautorização dos ordálios pela Igreja, a maioria concorda que estes processos geraram importantes transformações jurídicas. Como os ordálios perderam sua legitimidade, os europeus buscaram (ou estavam em vias de desenvolver) novos mecanismos para dirimir questões difíceis, tal como determinar a responsabilidade penal em casos sem testemunhas diretas do crime. No continente isto levou à adoção de um novo procedimento legal (o procedimento romano-canônico também conhecido como *ordo iudiciarius* ou processo inquisitorial), em que juízes investigavam o suposto crime e davam um veredito de acordo com a apreciação de provas. Este processo surgiu no século XII, antes da abolição dos ordálios, mas foi amplamente aprimorado e disseminado nas cortes eclesiásticas e civis após 1215. Ao atribuir aos juízes as tarefas de descobrir a verdade e sentenciar com base nela, este processo – que podia ser iniciado por um magistrado que suspeitava que um crime havia sido cometido, mas não havia recebido uma queixa formal ou acusação – especificava quais provas poderiam ser consideradas suficientes, o que fazer em caso de falta de provas, como interrogar e quais punições poderiam ser aplicadas nos casos em que havia indícios, mas não uma certeza de culpa. Ao pretender estabelecer empiricamente os fatos e não apenas a culpa ou inocência, no final do século XIII este procedimento também envolveu, ocasionalmente, o uso da tortura contra suspeitos e testemunhas como um meio de alcançar a certeza em casos difíceis.

De acordo com historiadores do *common law*, na Inglaterra estes mesmos desenvolvimentos – a gradual deslegitimação dos ordálios e seu abandono final – favorecem uma resposta diferente, a saber, os poderes crescentes dos júris leigos em casos criminais. Júris leigos existiam na Europa (e Inglaterra) antes de 1215, mas atuavam principalmente (como os *Gran jury* de hoje) para apresentar acusações contra pessoas suspeitas de terem cometido crimes (*presentment juries*) ou para rejeitar acusações privadas de crime baseadas em ódio ou má intenção prévios (*de odio et atia*). Embora o emprego dos júris tenha se ampliado ao longo do tempo, abrangendo novos deveres e novos delitos, apenas depois de 1215, em resposta direta à abolição dos ordálios pela Igreja, os monarcas ingleses atribuíram aos júris a competência para emitir veredictos finais.[26] A partir deste momento, são os júris, e não Deus, que determinam a veracidade das acusações. Na Inglaterra, a aptidão dos jurados não se baseava na formação profissional ou na deliberação lógica. Em vez disso, provinha do fato de que os jurados eram membros da localidade que conheciam os acusados e estavam familiarizados com o caso. Por causa de tais suposições, ao contrário dos juízes continentais, os júris não tinham de ouvir e avaliar as provas, nem tampouco eram observadores externos e alheios. Ao contrário, suas decisões eram amplamente baseadas em suas experiências pessoais, e naquilo que já conheciam.

3.5 O resultado: um mundo fragmentado, mas unificado

Independente da questão de onde provinham as normas, durante a Alta Idade Média, a maior parte dos indivíduos viviam em um mundo no qual a extensão geográfica das entidades políticas, bem como o alcance de suas leis, era extremamente confinada, e no qual as normas podiam diferir radicalmente de um lugar para outro. Constituído por fragmentos de direito romano, germânico, local e canônico, o universo jurídico onde os contemporâneos

---

[26] Embora o abandono do uso dos ordálios parece ter tido grande influência sobre a adoção de júris em casos criminais, seu efeito em casos cíveis é pouco claro.

CAPÍTULO III – UMA ÉPOCA SEM JURISTAS?

viviam era altamente segmentado, polivalente e combinava e refletia uma grande variedade de normas originadas em múltiplas ordens. Este universo também associava moral e direito, e sugeria que a ordem humana não era nada além de uma imitação (pobre) de uma ordem superior, divina.

Embora não saibamos muito sobre como este complexo universo realmente funcionava, pois a documentação é escassa e incompleta, a hipótese geral é que a tarefa mais difícil era estabelecer como as disputas podiam ser resolvidas. Para auxiliar esta resolução, as autoridades e as partes, ocasionalmente, solicitavam a intervenção de especialistas locais chamados de *iuratores* (jurados). Eram membros da localidade que, sob juramento (o que significava o termo *iuratores*), reuniam-se para discutir como o conflito apresentado a eles deveria ser resolvido.

Os conflitos que não eram levados perante os jurados eram decididos por Assembleias da aldeia ou da cidade, que podiam incluir até algumas centenas de pessoas. Ao contrário das atividades dos jurados, as Assembleias das aldeias e das cidades eram abertas a todos. Estes eventos eram conduzidos como rituais e festividades, possuindo um caráter sagrado, e representavam tanto uma confirmação do papel da justiça na vida comunitária quanto uma ocasião para aplicá-la. Como na Roma arcaica, os rituais seguidos nestas Assembleias impunham o uso de fórmulas particulares e a execução de ações específicas. Estas fórmulas e ações, geralmente uma mistura de direito romano, canônico, local e germânico, eram bastante repetitivas e seguiam um roteiro preciso que era considerado fundamental para obter justiça. Na maior parte dos casos, o demandante ou o acusado deveria, formalmente, repetir sua versão do ocorrido, geralmente prestando um juramento. Outros atos rituais consistiam em segurar uma vara simbólica para expressar consentimento ou invocar a intervenção divina na forma de um ordálio.

Não temos certeza de como estas cerimônias variaram no tempo e espaço. No entanto, em razão de seu caráter local, devem ter se diferenciado em cada comunidade, assim como devem ter se modificado radicalmente ao longo do tempo. Tradicionalmente, os historiadores sugeriam que todas estas manifestações, não obstante quais fossem suas origens, quais fórmulas fossem invocadas, quais rituais seguidos e quais votos pronunciados reproduziam um direito consuetudinário que era específico da cada comunidade. Nos últimos anos, no entanto, outros estudiosos insistiram que estas práticas não seriam consuetudinárias, como descrito anteriormente, mas constantemente negociadas. Elas permitiam a dominação de alguns indivíduos sobre outros e geralmente expunham divisões profundas no seio da comunidade. Caso representassem o jeito "antigo" de fazer as coisas, ou um costume, sua antiguidade normalmente era limitada no tempo. Os apelos à tradição eram geralmente estratégicos, e a tradição invocada, normalmente, estava vinculada à memória de talvez uma geração. É então possível que, ao adjetivar as coisas como "tradicionais", os contemporâneos se referissem à sua virtude inerente, e não necessariamente à sua longevidade. Em outras palavras, o atributo de antiguidade indicava uma qualidade heurística e não uma genealogia.

A repetida menção de normas, geralmente vinculadas à necessidade de resolver conflitos, também podiam ocorrer cerimonialmente como parte de uma rotina adotada pelos membros da comunidade para reforçar as relações entre si e para reconhecer sua submissão às autoridades locais. Em tais casos, as normas eram recitadas oralmente em reuniões públicas que eram tanto performativas quanto comemorativas. A recitação das leis tinha uma orientação educacional e servia para fixá-las na memória das assistentes, mas estava voltada principalmente para a socialização dos membros, ensinando-os o que era bom e desejável. Aqui também, embora as normas fossem apresentadas como antigas e permanentes, os historiadores observaram que elas estavam longe de serem estáveis. Sob a aparência de continuidade, a modificação era persistente, e a memória servia tanto como um instrumento para conservação quanto para introduzir mudanças.

3.6 A fusão de fontes

O direito local, germânico, canônico e romano coexistiram, portanto, na Europa da Alta Idade Média. As atividades de Carlos Magno são emblemáticas dessa combinação. Rei do Império Franco que cobria grandes extensões das atuais França e Alemanha, expandindo-se ao norte para os países Baixos e a leste até a região báltica, e também tendo sob controle o norte da Itália e as margens setentrionais do que agora é a Espanha, Carlos Magno foi um governante secular de origem germânica que também supervisionava assuntos espirituais. Ele foi coroado "imperador dos romanos" pelo papa no ano de 800, quando governava uma associação frouxa de territórios, alguns mais latinizados que outros. Para o papa, esta decisão garantia o apoio, principalmente militar, de Carlos Magno e também consistia em um passo para libertar a Igreja Ocidental do controle do Império Romano do Oriente. Para Carlos Magno, esta coroação significava que ele era tanto rei quanto imperador e que, atuando nesta segunda função, também poderia intervir em assuntos eclesiásticos como os imperadores romanos o fizeram antes.

Embora Carlos Magno seja lembrado como um formidável legislador, o que ele ordenava e promulgava não era propriamente legislação no sentido que damos hoje. Como todos os líderes da época, Carlos Magno não tinha a pretensão de criar uma nova ordem que dependesse apenas de sua vontade. Ao contrário, ele pretendia organizar e sistematizar as soluções existentes e garantir que fossem obedecidas. Um fiador da justiça, mais que um criador de normas, e incumbido de obter a paz, ao invés de impor seu domínio pessoal, seu papel era, teoricamente, o de declarar a lei – ao torná-la manifesta – e garantir seu cumprimento.

Carlos Magno intervinha em questões religiosas e seculares e instruía tanto autoridades religiosas quanto civis sobre como deveriam proceder. Ele se apresentava como protetor da Igreja, assim como do bem-estar físico e espiritual de seus súditos e de todos os cristãos de todos os lugares. A fim de obter estes resultados ele reformou as instituições eclesiásticas e buscou restaurar a disciplina clerical, recuperar os bens da Igreja e encorajou o uso de compilações autorizadas de direito canônico. Carlos Magno também ordenou a redação das leis locais e a romanização de normas de origem germânica. Com o intuito de alcançar certo grau de unidade em seus reinos, ele promulgou éditos com a finalidade de introduzir centralização, e não necessariamente padronização. Seu propósito era estabelecer a autoridade de sua corte, não assegurar uniformidade, e seu império de fato manteve uma estrutura fragmentada com uma grande diversidade de regimes, normas e fontes legais.

A administração efetiva deste amálgama caótico de direito local, romano, germânico e canônico nem sempre foi fácil. O direito canônico, por exemplo, que teoricamente era relevante para todos os cristãos, afetava não apenas os deveres religiosos, mas atividades tão diversas quanto contratar ou cobrar dívidas. O direito local, que se aplicava apenas a membros de comunidades concretas, coexistia ao lado de normas principescas. Embora alguns assuntos fossem tipicamente locais, e outros mais apropriados a ditames do príncipe, a distinção entre o componente local e do príncipe era geralmente problemática, e ambos podiam ser aplicados, ao lado do direito canônico, em questões como contratos e dívidas. A orientação e instruções destes sistemas normativos paralelos poderiam, evidentemente, se harmonizar, mas também poderiam entrar em um conflito implacável.

Porém, apesar de sua natureza potencialmente contraditória, este sistema amalgamado não era desprovido de coerência para seus contemporâneos. As pessoas da época não questionavam (como gerações futuras fizeram) se certas normas eram germânicas, canônicas ou românicas. Tampouco tinham a percepção de que seus deveres religiosos pudessem diferir dos deveres que tinham perante a família, a comunidade ou o príncipe. Ao contrário, eles achavam que, juntas, estas diversas fontes legais representavam a

CAPÍTULO III – UMA ÉPOCA SEM JURISTAS?

maneira como as coisas eram e deveriam ser, porque o mundo era desta forma e essa era a vontade de Deus.

3.7 Um mundo sem juristas?

Os historiadores, portanto, concluem geralmente que o direito da Alta Idade Média encarnava, principalmente, o dever de comportar-se de forma correta. Este dever estava ancorado na família e nas obrigações comunitárias, bem como nos deveres religiosos. As normas eram predominantemente orais e supunha-se que deveriam ser aprendidas, ou negociadas, vivendo-se em comunidade. Não havia uma autoridade ou um organismo único que detivessem o monopólio da produção jurídica, nem havia a necessidade de regras formalmente sancionadas. Este universo normativo, promulgado pela interação humana e, às vezes guiado pelo clero, era capaz de conceber a participação direta de Deus através dos ordálios e, na falta destes, procurava encontrar outros procedimentos para mediação entre as partes ou para descobrir a verdade.

Embora um sistema como este não precisasse de juristas, no sentido de indivíduos com formação legal ou que atuassem profissionalmente prestando serviços jurídicos, não faltavam especialistas. Entre eles estavam os anciãos que estabeleciam a maneira como os conflitos deveriam ser solucionados e os teólogos que orientavam os crentes como deveriam se comportar. Havia também uma abundância de especialistas em direito canônico e teólogos morais que definiam as estruturas de autoridade dentro da Igreja e debatiam a abrangência da jurisdição eclesiástica, o significado de certos pecados ou qual preço era justo e qual era abusivo. Imperadores e reis continuaram a empregar assessores jurídicos que os auxiliavam a compilar, sistematizar e redigir o direito local e canônico. Sem a existência destes especialistas, as falsificações de direito canônico do século IX não teriam dado certo. Afinal, os indivíduos que as criaram tinham que ter familiaridade suficiente com o direito romano e canônico para forjar estas imitações bem-sucedidas.

O conhecimento especializado também era parte da prática cotidiana do direito. No século IX, começaram a surgir na Europa glosas e comentários sobre diversas partes do direito romano e local. Em Pavia (Itália atual), o estudo do direito era tão intenso que os eruditos foram divididos entre os *antiqui*, dedicados principalmente ao direito romano, e os *moderni*, que também tratavam do direito germânico. O direito romano e o direito canônico também davam suporte ao trabalho de escrivães e notários, duas profissões que adquiriram proeminência no período junto com o uso crescente da documentação escrita. Os escrivães e notários eram responsáveis pela produção de textos legalmente eficientes. Eles redigiam e registravam uma grande variedade de transações, frequentemente recorrendo a antigas fórmulas que eles encontravam em manuais. A Alta Idade Média, em resumo, talvez tenha sido um mundo sem juristas, mas certamente foi um universo em que muitos profissionais aconselhavam e sugeriam aos reis e seus súditos como proceder, indicavam à sua comunidade o que era certo e o que era errado e refletiam como as leis de Deus podiam ser conhecidas e aplicadas.

CAPÍTULO IV
SENHORES, IMPERADORES E PAPAS POR VOLTA DO ANO 1000

O ano 1000 carrega um enorme peso no imaginário europeu. Ele representa a maturidade de uma primeira sociedade medieval que pouco tempo depois desapareceria ou, pelo menos, mudaria o suficiente para ser considerada nova. Esta história de mudança começa com o caos. Após o fim do Império Romano do Ocidente, nenhuma outra entidade política surgiu para substituí-lo. Este "vácuo de poder" levou a uma extrema fragmentação. A partir do século VI, os habitantes da Europa passaram por processos de conversão e romanização, mas apesar da crescente homogeneidade em alguns aspectos, por volta do ano 800 a Europa poderia ser imaginada como um arquipélago, com aldeias controlando seu interior, mas sem uma autoridade comum para uni-los ou ditar regras compartilhadas. Tentativas de unificação, como as empreendidas sob Carlos Magno, foram relativamente breves ou fracassaram a longo prazo. As constantes ondas de migração que levaram ao povoamento, conquistas e reconquistas por vários grupos germânicos, eslavos e vikings, a instabilidade interna foi acompanhada por invasões externas por muçulmanos do sul do Mediterrâneo e tribos magiares da Ásia.

A situação precária que se seguiu levou a importantes transformações econômicas, principalmente ao declínio do comércio e à mudança para uma economia de subsistência. Também levou ao surgimento, entre os séculos IX e X, de uma série de instituições sociais, econômicas e políticas tradicionalmente referidas como "feudais". O que foi o feudalismo, quando e onde surgiu, como foi praticado em diferentes regiões, e se foi uma realidade histórica ou uma narrativa criada a posteriori por especialistas para explicar o que aconteceu, são questões contestadas há muitos anos. No entanto, a maioria dos historiadores concorda que quaisquer que fossem as formas existentes na Europa por volta do ano 1000, elas estavam sob ataque nos séculos XI e XII. Com novas autoridades que se identificavam a si mesmas como reis, os séculos XI e XII também assistiram à consolidação da Igreja. A luta pela centralização secular e religiosa, bem como a crescente competição dentro dos reinos entre reis e senhores, e dentro da Igreja entre o papa e outros bispos, se complicou ainda mais pelas relações tensas entre autoridades seculares e religiosas que discutiam quem era superior a quem. Neste capítulo, revejo estes desenvolvimentos, formulo questionamentos e explico como e por que foram importantes para a história do direito europeu.

4.1 O retrato convencional do feudalismo

Há muitas teorias sobre o que foi o feudalismo e como e por que ele teria surgido. Evidentemente, embora tenha afetado muitas áreas da Europa, ele não foi praticado de maneira idêntica em todas as regiões e pode não ter constituído um "sistema" da forma como os historiadores o descrevem. Além disso, muito do que sabemos sobre o feudalismo provém de descrições redigidas nos séculos XII e XIII, quando ele já estava em declínio e em mutação, e quando estes autores tinham suas próprias razões para apresentá-lo de uma forma particular. Não obstante, quer eles o identifiquem como "feudalismo" ou não, quer concordem sobre seu conteúdo exato ou não, quer se tratasse de um sistema ou de

CAPÍTULO IV – SENHORES, IMPERADORES E PAPAS...

um conjunto de práticas díspares, a maioria dos historiadores concorda que nos séculos IX, X e XI muitas regiões da Europa compartilharam várias características fundamentais que estavam ausentes em épocas anteriores.

De acordo com o quadro convencional, a mais importante dessas características era a relação de dependência pessoal entre indivíduos poderosos (senhores) e populações subordinadas (vassalos). Essas relações caracterizaram-se por trocas desiguais nas quais o senhor protegia e cuidava dos vassalos e os vassalos, em contrapartida, deveriam ser leais e obedientes, e fornecer a seu senhor o auxílio, serviço e conselho. Práticas altamente reguladas indicavam a forma como o vínculo entre senhores e vassalos deveria ser criado e extinto. Em sua formulação clássica, o feudalismo se apresentava como um assunto profundamente ritualizado, sendo as relações feudais estabelecidas numa cerimônia elaborada a que a literatura identifica como "homenagem". Variando conforme o local e a época, a homenagem geralmente exigia que o vassalo colocasse suas mãos nas do senhor e declarasse seu desejo de fazer parte da casa do senhor, bem como prestasse um juramento solene de fidelidade, geralmente sobre as Sagradas Escrituras ou sobre uma relíquia. O senhor então abraçaria e beijaria o vassalo e o reconheceria como "seu" homem.

No início, as relações feudais eram essencialmente de proteção mútua, o que era entendido como defesa militar. No século X, se não antes, em muitas regiões elas também começaram a envolver as relações de propriedade. É difícil estabelecer porque isto aconteceu. Talvez a proteção agora não fosse apenas militar, mas também econômica, incluindo a obrigação de prover a subsistência. Talvez devido à extrema instabilidade, os indivíduos e comunidades que possuíam terras estivessem dispostos para renunciar ao controle de suas propriedades, que foram transferidas para um senhor em troca de proteção. Embora não estejamos certos da natureza desses processos ou de sua cronologia precisa, seus resultados foram bastante evidentes. Em grande parte da Europa, surgiram poderosos senhores que agora eram considerados donos de grandes domínios. Na maioria dos lugares, esses senhores permitiram que seus vassalos tivessem direitos de usufruto ou tenência da terra em contrapartida de alguma forma de compensação, quer fosse tributo, serviço militar ou trabalho. Parte da contraprestação dos vassalos também era simbólica e incluía o reconhecimento da sua dependência e um juramento de lealdade.

Quando as preocupações econômicas se tornaram centrais para este sistema, os senhores começaram a garantir que seus vassalos tivessem os recursos financeiros a que faziam jus, de acordo com quem eram. Isso geralmente era feito dando-lhes o uso de terras, mas também podia ser feito concedendo-lhes um cargo ou algum outro tipo de renda. Por fim, os deveres dos senhores se estenderam à proteção judicial, e os senhores começaram a realizar audiências nas quais atuavam como juízes, aplicando o que se dizia ser o direito costumeiro da terra. Isto permitiu que os senhores adquirissem muitas das funções que agora identificamos com o governo. Eles mantinham a ordem em seu território, resolviam disputas e impunham sanções. Eles cobravam impostos e aplicavam, se é que simplesmente não criavam, as normas que regiam a comunidade. Em muitos lugares, estes desenvolvimentos marcaram o fim da justiça comunitária praticada pelas Assembleias e júris na Alta Idade Média. Em outros locais, a justiça comunitária persistiu, embora radicalmente alterada, porque era controlada pelo senhor e seus homens.

Embora de acordo com a formulação clássica o feudalismo fosse baseado em um acordo entre as partes para constituir uma relação pessoal, era claro que, mesmo se originalmente algum grau de escolha fosse admitido, a maioria dos vassalos não pactuava essa relação, exercendo seu livre arbítrio. Além disso, no século X, o feudalismo havia perdido a maior parte de seu propósito original como mecanismo de defesa e se transformou principalmente em um sistema econômico de exploração. Os direitos e obrigações tornaram-se hereditários tanto para senhores quanto vassalos, e o grau de intercâmbio entre eles diminuiu consideravelmente.

CAPÍTULO IV – SENHORES, IMPERADORES E PAPAS...

Este sistema de dependência pessoal viria a dominar a paisagem europeia. Ele se expandiu por toda Europa, atingindo as atuais França, Itália, Inglaterra, Escócia, Irlanda, Gales, os territórios eslavos e regiões da Península Ibérica.[27]

4.2 Uma sociedade feudal?

Como resultado destes desdobramentos, de acordo com a descrição tradicional, no ano 1000, a maioria dos europeus vivia em propriedades rurais onde estavam vinculados como vassalos a um senhor que exercia jurisdição sobre eles. Na maioria das localidades, o senhor acumulava atribuições que hoje seriam qualificadas como poderes legislativo, executivo e judiciário. Ele fazia as regras, as aplicava e julgava os conflitos. Na tomada de decisão, ele poderia ter sido guiado pelo direito local existente – esta era geralmente a pretensão – e certamente supunha-se que ele devia levar o direito canônico em consideração, mas era sua palavra e sua interpretação as que prevaleciam.

O feudalismo, entretanto, não era um sistema simples de dois níveis. Ao contrário, foi imaginado como um sistema de múltiplos níveis no qual senhores (menores) poderiam ser vassalos de outros senhores (maiores). A estrutura hierárquica resultante permitiu que um mega senhor – por exemplo, o imperador germânico – fosse senhor de vários senhores que, por sua vez, tinham seus próprios vassalos. Como os vassalos dos senhores não eram os vassalos do imperador, este último não podia pedir sua cooperação diretamente, mas ele tinha que se dirigir a eles por intermédio de seus

---

[27] Os historiadores discordavam se o feudalismo havia alcançado toda a Europa e se seus efeitos haviam sido similares ao longo do tempo e em diferentes regiões. A resposta a esta pergunta foi importante, porque os estudiosos concluíram que ela poderia explicar os diferentes padrões de desenvolvimento da Europa. Em 1929, por exemplo, Ortega y Gasset, o mais importante filósofo espanhol da época, indicou a ausência da experiência feudal na Espanha para explica por que o país era "diferente".

senhores imediatos. Esta pirâmide de comando garantia a lealdade de importantes senhores e a submissão de seus vassalos, mas também impunha restrições ao imperador. Não poder comandar diretamente os vassalos de seus vassalos significava que quando o imperador queria que eles fizessem ou se abstivessem de fazer algo, ele tinha que depender da mediação dos senhores, que podiam exigir concessões em troca.

Esta situação, que era necessária no século IX, quando provavelmente surgiu o feudalismo, tornou-se insustentável quando alguns senhores – agora identificados como monarcas – começaram a expandir sua jurisdição. A partir dos séculos XI e XII, eles procuraram diminuir o poder de seus pares ou controlá-los, convocando-os para a corte e transformando-os em seus cortesãos. Por meio destes mecanismos, os senhores não somente se agregaram a casas reais, mas também perderam sua base de poder no meio rural onde seus vassalos residiam, e de onde estavam ausentes a maior parte do tempo.

Para facilitar ainda mais a submissão de todos aqueles que viviam em seus reinos, os reis também favoreceram o crescimento das cidades. Estas cidades eram reconhecidas como "livres" porque não obedeciam a um senhor feudal, e os reis as colocavam, com os seus habitantes, sob sua autoridade direta. Embora esta política tenha sido bem sucedida e as cidades tenham crescido em número e tamanho em toda a Europa, no longo prazo a tática mais eficaz utilizada pelos reis para consolidar seus poderes foi a de se autoproclamarem como juízes supremos. Eles reivindicaram um papel como árbitros entre os senhores e entre eles e seus vassalos através do estabelecimento de tribunais reais em todo o reino. Este método, que a maioria dos monarcas tentou implementar, foi bem sucedido primeiramente na Inglaterra e deu origem ao que agora chamamos de *common law* inglês (ver Capítulo VI).

4.3 Questionando o feudalismo

Durante muitos anos, a descrição acima foi o relato padrão dos manuais sobre a natureza e a história do feudalismo. Entretanto, a partir dos anos 1990, alguns historiadores começaram a questionar se havia apenas um ou vários tipos de feudalismo, e se o feudalismo, tal como definido classicamente, havia realmente existido. Eles questionaram o termo usado para descrever estes desenvolvimentos ("feudalismo"), mas também discordaram se uma instituição que se encaixe nesta descrição sequer tenha se materializado na vida real. Eles sugeriram que era apenas um modelo raramente colocado em prática, se é que alguma vez o foi. Ou sustentaram que a ampla variedade de situações e práticas descobertas nos arquivos jamais poderia ser reduzida a um sistema com princípios claros. Em resumo, estes autores viam o "feudalismo" como uma abstração teórica que obscurece nossa compreensão do passado, ao invés de melhorá-la.

Os estudiosos também insistiram que, apesar da ubiquidade de senhores e vassalos em muitas partes da Europa, nem todos os contemporâneos viviam sob um sistema feudal. Alguns territórios eram mais "feudalizados" do que outros, e mesmo onde o feudalismo clássico pode ter sido a forma dominante de ordem econômica, social, política e jurídica, havia também camponeses livres e citadinos, cujo número variava de acordo com a região e a época. Estes autores argumentavam que o feudalismo havia capturado nossa imaginação muito mais do que jamais havia merecido.

Não obstante, é evidente que algo importante aconteceu na Europa dos séculos IX e X. Quer chamemos ou não de feudalismo, quer acreditemos que se tratou de um único fenômeno ou vários, um sistema coerente ou práticas díspares agrupadas por autores que não levaram em conta sua heterogeneidade, e independentemente de ter afetado toda a Europa ou apenas partes dela, é evidente que durante este período as estruturas dos entes políticos europeus mudaram consideravelmente. Muitas aldeias autônomas tornaram-se dependentes, a demanda por proteção passou a ser generalizada e as estruturas de poder transformaram-se em piramidais com o surgimento gradual de senhores e suseranos que monopolizaram muitas funções do governo e da justiça. As interações entre habitantes de uma mesma aldeia ou cidade podem ter sido apenas ligeiramente alteradas, mas as relações entre comunidades e entre elas e as autoridades locais passaram por importantes mudanças que acabaram por levar à formação de monarquias e Estados.

4.4 Senhores, imperadores e autoridades eclesiásticas

Para consolidar sua posição, os imperadores germânicos buscaram o apoio da Igreja. A aliança entre os indivíduos poderosos e a Igreja originava, naturalmente, de muito antes do que os séculos IX e X, mas é comumente aceito que esta dependência mútua atingiu novas dimensões durante este período. Isso ocorreu principalmente no Império carolíngio.

O Império carolíngio era uma associação frouxa de entes políticos que cobria regiões das atuais Alemanha, França, Suíça, Áustria, Itália, Bélgica, Luxemburgo e os Países Baixos. Foi governado por Carlos Magno, que no ano 800 foi sagrado "Imperador dos Romanos" pelo papa Leão III.[28] O Império de Carlos Magno se fragmentou após sua morte, mas no século X surgiu uma nova dinastia que foi capaz de estender novamente seu controle sobre vastos territórios. À sua frente estava Oto I (912-973), a quem o papa João XII coroou em 962 como imperador do "Sacro Império Romano-Germânico", o nome que os territórios germânicos que se postulavam imperiais receberam então.

Embora em ambas as ocasiões os papas apoiassem a reivindicação imperial dos germânicos, as relações entre estes imperadores

---

28 Vide o Capítulo III.

CAPÍTULO IV – SENHORES, IMPERADORES E PAPAS...

e a Igreja se tornariam extremamente tensas. No final do século XI, as tensões se transformaram em um conflito aberto que chocou muitos europeus. A questão controvertida era se os imperadores poderiam nomear bispos. Como o ato de entrega do báculo (cetro) ao bispo escolhido em reconhecimento de sua autoridade episcopal era chamado de "investidura", geralmente nos referimos a este conflito como "Querela das Investiduras".

Do ponto de vista da história do direito europeu, este episódio trouxe à tona a difícil questão sobre quais eram as relações entre o papa e os poderes seculares da Europa. Quem era superior a quem? Os papas poderiam intervir em assuntos seculares? Os imperadores poderiam intervir em assuntos religiosos? Era sequer possível alguma distinção entre o secular e o espiritual, ou havia apenas uma comunidade na Europa, uma única ecúmena cristã?

As tradições romanas, que tanto os governantes seculares quanto a Igreja adotaram, tampouco facilitaram a distinção entre os reinos secular e espiritual. Antes da conversão ao cristianismo, os imperadores romanos eram sumos sacerdotes (*pontifices maximi*) que ocupavam um lugar central no culto religioso romano. Após sua conversão, os imperadores romanos mantiveram esta visão, legislando sobre temas religiosos e intervindo ativamente em assuntos religiosos – por exemplo, convocando e participando de reuniões de bispos onde determinavam o cânon cristão. Depois que o Império Romano do Ocidente foi invadido por grupos germânicas, os Papas Leão I (440-461) e Gregório I (590-604) instituíram-se a si mesmos não apenas como líderes de uma cristandade em expansão, mas também como poderes seculares de alcance quase universal.

No entanto, por precisarem da ajuda de autoridades seculares, não apenas para subsidiar e proteger a obra dos missionários e funcionários da Igreja, mas também, ocasionalmente, para garantir seu controle sobre Roma, a partir do século VI, os sucessivos papas habitualmente recorriam à assistência dos monarcas germânicos. Estes monarcas – por exemplo, Carlos Magno – poderiam se apresentar como protetores da Igreja a partir de então. Eles legislavam sobre questões religiosas e limitavam constantemente o controle e a autonomia de Roma em seus territórios.

Com a ascensão de senhores feudais poderosos, e o seu crescente controle local, a autonomia da Igreja foi ainda mais comprometida. Durante este período, tornou-se habitual que os senhores nomeassem bispos em seus territórios. Também se tornou comum que estes senhores promovessem os bispos escolhidos, reconhecendo-os como senhores feudais de elevada hierarquia e concedendo-lhes jurisdição sobre o território e os seus habitantes. Nomear os bispos como senhores garantia a eles os poderes administrativos e financeiros necessários para controlar seus rebanhos (agora também vassalos), mas também ajudou os suseranos que os haviam nomeado a assegurar a sua lealdade. Além disso, como os senhorios eclesiásticos estavam vinculados a uma determinada diocese e eram concedidos a qualquer pessoa que fosse nomeada bispo, se os suseranos controlassem a nomeação dos bispos, eles também controlariam quem dirigiria esses senhorios. Desta forma, eles assegurariam que importantes domínios feudais permanecessem sob o controle direto dos suseranos e fossem concedidos periodicamente a quem lhes parecesse conveniente, em vez de se tornarem propriedade vitalícia de uma única família, como aconteceria em outros casos.

A ligação entre poderes feudais e o exercício de uma função eclesiástica significava que era vital para o suserano garantir que essas propriedades eclesiásticas, e ao mesmo tempo senhoriais, não caíssem em mãos erradas. Era, portanto, necessário que esses senhores controlassem a nomeação dos bispos. Mas os papas também queriam controlar a nomeação de bispos poderosos que eram senhores feudais, e também viam a concessão de cargos a aliados como um meio importante de assegurar sua lealdade.

Expressando claramente esta preferência, o papa Gregório VII (1073-1085) iniciou uma reforma de grande alcance no final do século XI, a fim de obter o controle destes cobiçados cargos. Ele, ou um de seus colaboradores mais próximos, redigiu um decreto (agora conhecido como *Dictatus Papae*) que listou vinte e sete importantes resoluções papais.[29] Entre outras coisas, negou aos imperadores germânicos o direito de nomear e depor bispos e de investi-los com seu báculo pastoral. O decreto também afirmava que a Igreja havia sido fundada por Deus e constituía o único organismo verdadeiramente universal. Se os imperadores desobedecessem às ordens do papa, o papa poderia depô-los e liberar seus vassalos do juramento de obediência.

Ao estabelecer a preeminência da Igreja sobre o Império e dos papas sobre os imperadores, o *Dictatus Papae* também buscava garantir a primazia do papa dentro da Igreja. O documento determinava que somente o papa poderia criar novas leis, formar novas congregações, mudar o *status* das instituições existentes e controlar os funcionários da Igreja. Somente ele poderia transferir bispos entre dioceses, convocar sínodos gerais e identificar capítulos e livros sagrados. O *Dictatus* também estipulou que o papa não podia ser julgado por ninguém e que suas decisões eram irrecorríveis. O papa detinha esses poderes excepcionais, dizia o decreto, porque ele não era um bispo comum. Como sucessor direto de Pedro, o papa era a única pessoa viva que podia usar as insígnias imperiais, cujos pés deveriam ser beijados por todos os príncipes, e que devia ser objeto de veneração por ter seu nome, agora considerado "único", recitado nas igrejas. Pelos méritos de Pedro, ele era santo. O *Dictatus Papae* também afirmou que uma pessoa não podia ser considerada fiel sem estar em harmonia com a Igreja.

---

[29] Desde o final do século XIX, os historiadores apontaram que embora o decreto tivesse sido incluído no registro papal correspondente ao ano 1075, ele pode ter sido elaborado em uma data posterior, não pelo próprio Gregório, mas sim pelo cardeal Deusdedit, um de seus colaboradores.

4.5 A Querela das Investiduras

A questão da investidura foi posta à prova em 1076, quando o imperador Henrique IV (1050-1106) ignorou o candidato do papa ao arcebispado de Milão (um rico território feudal) e, em seu lugar, nomeou um de seus próprios homens. Depois que o papa Gregório ameaçou Henrique de excomunhão, Henrique convocou uma reunião de bispos germânicos. Sob sua inspiração e liderança, em um sínodo na cidade de Worms em 1076, os bispos renunciaram à obediência a Gregório, declararam-no deposto e pediram a eleição de um novo papa. Embora tenham censurado Gregório, alegando que ele havia obtido o papado por usurpação e má-fé, a principal acusação contra ele foi a inovação. Segundo os bispos, ele havia invadido os poderes costumeiros e legítimos destes, a ponto de criar uma confusão que estava destruindo a Igreja.

O papa Gregório respondeu a estes desafios excomungando o imperador e liberando a nobreza germânica de seu dever de obediência. Isolado de seus senhores, que ameaçaram eleger outro imperador para sucedê-lo, em 1077 Henrique fez um ato público de capitulação ao papa. A história, no entanto, não terminou ali. Os nobres seguem adiante e nomeiam outro imperador (Rodolfo, Duque da Suábia); o papa apoiou este novo candidato e excomungou Henrique uma segunda vez. Henrique novamente declarou o papa deposto e elegeu um novo *pontifex* (conhecido como Antipapa Clemente III) em seu lugar. Com os exércitos de Henrique nos portões de Roma, Gregório fugiu da cidade e morreu pouco tempo depois.

Em 1122, os sucessores de Henrique e Gregório (imperador Henrique V e papa Calixto II) chegaram a um acordo que resolvia formalmente a Querela das Investiduras. Na Concordata de Worms, eles reconheceram a eleição dos bispos como um privilégio papal, mas permitiram ao imperador presidi-la e intervir em caso de disputa. Segundo o acordo, o imperador não poderia mais investir os bispos com o báculo, mas ele poderia exigir que eles lhe prestassem homenagem. Embora aparentemente tenha

CAPÍTULO IV – SENHORES, IMPERADORES E PAPAS...

sido alcançado um entendimento, ambos os lados mantiveram suas posições básicas sobre quem eles eram e como eles se relacionavam um com o outro. Tampouco o conflito dentro da Igreja foi completamente resolvido. Os papas posteriores continuaram a reclamar um poder superior, talvez absoluto, e muitos bispos e teólogos contestaram essas reivindicações.

4.6 E a história do direito na Europa?

O direito na Europa dos séculos VIII a XI ainda era baseado em uma combinação de direito romano, germânico, canônico e local, mas também era cada vez mais determinado por senhores localmente poderosos que controlavam os vassalos. Em alguns lugares onde havia cidades ou camponeses livres, a autonomia local persistiu, mas isso também foi gradualmente cerceado pelo surgimento de super-senhores que se concebiam a si mesmos como imperadores ou reis.

Embora muitas dessas mudanças possam ser explicadas pelas circunstâncias particulares de lugar e tempo, talvez a característica mais surpreendente desses desenvolvimentos seja a constante referência a uma aliança entre parceiros desiguais. É claro que, ao contrário da aliança entre os cristãos e seu Deus, a aliança entre os senhores e seus vassalos não era religiosa, mas também não era inteiramente secular, pois os senhores eram teoricamente dotados de uma missão cristã e seus vassalos os obedeciam, entre outras coisas, porque tinham feito um juramento. Além disso, durante esse período, os senhores muitas vezes se reinventaram não apenas como cristãos, mas também como líderes religiosos responsáveis pelo bem-estar secular e espiritual de seus súditos.

A ideia de que os senhores haviam adquirido seus poderes através de algum tipo de aliança ou intercâmbio entre eles e seus vassalos foi extremamente importante. Mesmo que parcial (ou totalmente) fictício, mesmo que abusivo, mesmo que não seja verdadeiramente livre, este mito fundador de consentimento, acordo e troca como base do poder político acabaria se tornando central na história europeia. Ele apareceria em infindáveis reiterações e formas ao longo dos séculos e se converteria na justificativa sobre a qual monarquias e, finalmente, Estados, seriam formados ou destruídos. A visão contratualista dos entes políticos proveria tanto uma justificativa para o governo quanto um meio pelo qual se poderia criticar as autoridades e exigir que se comportassem de certas maneiras.

Embora as relações entre senhores e vassalos tenham reestruturado as formas como os europeus concebiam o poder e interagiam com o sistema normativo, agora cada vez mais nas mãos dos senhores, a Querela das Investiduras pode ser identificada como um momento crucial no desenvolvimento de uma nova visão do direito europeu. Como primeira tentativa de restabelecer uma clara distinção entre as esferas secular e religiosa, também apresentou o que alguns conceituaram como uma verdadeira revolução – permitindo que a Igreja se libertasse do controle feudal e estabelecesse um sistema legal independente. Este sistema, que viria a regular tanto os assuntos internos da Igreja quanto a vida de todos os cristãos, se tornaria o primeiro sistema jurídico na Europa a depender principalmente de soluções legislativas criadas por uma única voz autorizada, a do papa. A Querela das Investiduras foi também instrumental para impulsionar a próxima grande mudança no direito europeu: o renascimento do direito romano nas universidades italianas nos séculos XII e XIII.

TERCEIRA PARTE

A BAIXA IDADE MÉDIA

CAPÍTULO V

O NASCIMENTO DO
IUS COMMUNE EUROPEU

O século XII é considerado um momento fundamental na história europeia. O fim do feudalismo (onde ele existiu) e o crescente poder das monarquias foram acompanhados por uma prosperidade econômica e uma explosão demográfica. Com o aumento da produção e o surgimento de novas rotas e centros comerciais, a rede urbana ampliou-se muito e a imigração se intensificou. Novas cidades foram estabelecidas e os centros despovoados foram revitalizados. À medida que os poderes monárquicos se expandiram, o mesmo ocorreu com os séquitos reais, e à medida que as cidades cresciam em tamanho e importância, crescia também sua administração.

Os historiadores há muito consideram este período um verdadeiro "Renascimento". Eles sugerem que ele foi acompanhado por uma espetacular expansão na produção artística, científica e intelectual que também afetou profundamente o direito europeu. O ponto de partida era um sistema muito fragmentado que variava de acordo com o lugar, o grupo e o assunto. O ponto de chegada foi o nascimento de uma nova constelação que era potencialmente comum a todos os cristãos romanizados e que depois seria identificada como seu *ius commune*, literalmente, seu "direito comum".[30]

Como vimos, por volta do ano 1000, o direito estava fragmentado, geograficamente confinado e dependente do direito local, romano, germânico e canônico, assim como da legislação feudal. Estes vários regimes normativos se influenciavam mutuamente, mas as regras poderiam diferir drasticamente de uma aldeia para outra.

As novas circunstâncias do século XII levaram à busca de uma nova ordem normativa. Em contraste com o direito baseado na regulação local, que era diferente de um lugar para outro, as comunidades recém surgidas que não tinham tradições jurídicas anteriores, a intensificação das relações entre as comunidades e com parceiros comerciais não europeus, além da intensificação da imigração exigiram um novo tipo de direito que pudesse superar tais diferenças. A necessidade de reforma também foi sentida em outras esferas, como o direito público, que não estava suficientemente desenvolvido para apoiar as necessidades dos órgãos municipais emergentes e da administração real. Aqui, também, uma nova ordem jurídica tinha que ser inventada. Com a prosperidade econômica e a intensificação do apoio ao ensino, um segmento maior da sociedade poderia (e achou útil) dedicar-se a propósitos intelectuais.

Impulsionado pelas condições políticas, sociais, culturais e econômicas e respaldado pelas autoridades municipais e reais, bem como pela Igreja, todas buscando consolidar e aumentar seus poderes, um novo método para abordar a normatividade apareceu na Europa, mudando gradualmente, porém de forma profunda, seu panorama jurídico. Este método inovador foi introduzido no

---

[30] *Ius commune* era um termo originalmente usado para designar as partes do direito canônico que eram comuns a todos os cristãos. Entretanto, com o tempo passou a referir-se à combinação dos direitos romano, feudal e canônico que controlou o direito europeu dos séculos XII a XIX (se não além).

CAPÍTULO V – O NASCIMENTO DO *IUS COMMUNE* EUROPEU

norte da Itália, mas rapidamente se difundiu para outros lugares, onde permaneceu em vigor até o século XIX, talvez mais além. Como e por que isso aconteceu e como por consequência o direito europeu mudou é o tema deste capítulo.

5.1 O estudo do direito na Europa

A revolução jurídica que ocorreu na Europa nos séculos XII e XIII foi moldada por três elementos interligados: a descoberta e a reconstrução de textos romanos antigos (principalmente o *Corpus Iuris Civilis*), a adoção de um novo método para analisá-los (Escolástica) e a invenção de um novo ambiente para aplicá-lo (centros de ensino, que se transformaram em universidades). Os historiadores há muito debatem a ordem de precedência. O novo método levou à formação de novos ambientes intelectuais, ou os novos ambientes favoreceram a formação de novos métodos? Tudo foi iniciado pela descoberta dos textos antigos, ou os textos foram procurados porque agora importavam de novas maneiras?

Qualquer que tenham sido as exatas genealogia e causalidade, os estudiosos concordam que a combinação de novas fontes, nova metodologia e novo ambiente intelectual produziram uma transformação profunda. Esta transformação foi não apenas intelectual, mas também social e política. Ela foi impulsionada pela crescente proeminência de reis que procuravam justificar a ampliação de seus poderes, por novas corporações e agentes municipais que desejavam fazer o mesmo, por desejos papais de supremacia; e pela intensificação do comércio e do ensino. Com novos recursos econômicos para apoiar os indivíduos dedicados aos estudos acadêmicos, a nova ordem normativa europeia não só ajudou as pretensões de reis, papas, funcionários municipais e citadinos, mas também produziu novos profissionais: os intelectuais, que ganhavam a vida ensinando, aconselhando e escrevendo livros.

5.2 Reconstruindo textos antigos

Os estudiosos europeus sabiam há séculos da existência das compilações de direito romano do século VI ordenadas pelo Imperador Justiniano.[31] Fragmentos dessas compilações circulavam em diferentes partes do Continente, mas nenhuma das cópias disponíveis era considerada confiável ou completa. Uma versão abreviada do *Código* (legislação imperial) estava acessível, assim como partes das *Instituições* (o manual para estudantes), mas não o *Digesto* (os volumes contendo opiniões jurídicas).

No final do século XI, uma cópia do *Digesto* chegou a Bolonha, no norte da Itália. Há muitos relatos sobre como e por que ela se materializou e quem foi o responsável por isso. Atualmente, no entanto, a opinião geral é a de que, quem quer que tenha sido a pessoa, a chamada "descoberta" do *Digesto* esteve provavelmente ligada à Querela das Investiduras – a luta entre o imperador germânico Henrique IV e o papa Gregório VII com relação aos poderes dos imperadores para eleger bispos (ver Capítulo IV). Como durante este conflito ambos os lados, desejando justificar suas posições, apelavam ao direito romano, ambos buscaram ativamente novos fragmentos desse direito que apoiassem suas pretensões. Assim, é possível que a "redescoberta" do *Digesto* durante este período de conflito não tenha envolvido nenhuma recuperação verdadeira, mas que, ao contrário, pudesse ser explicado como uma manobra estratégica por aqueles que tinham conhecimento de sua existência, mas que agora pretendiam aproveitar-se dele para novos fins.

Após a "redescoberta" do *Digesto*, vários indivíduos começaram a reconstruir as compilações jurídicas empreendidas por Justiniano.[32] Este esforço incluía a coleta de diferentes fragmentos

---

[31] Ver o Capítulo I.

[32] Esta tarefa de reconstrução do *Corpus* tem sido geralmente associada a uma pessoa (Irnério), uma cidade (Bolonha) e um período (a segunda metade do século XI). Esta imagem, no entanto, está um tanto equivocada, pois sabemos

que eram conhecidos, assim como a busca de outros novos. Uma vez acumulado material suficiente, as diferentes partes foram reunidas no que se acreditava ter sido a disposição original. Isto feito, os estudiosos confiaram que pela primeira vez em séculos eles tinham acesso a uma cópia correta e completa do *corpus* justinianeu, que acreditavam representar de forma acurada o direito romano.

5.3 Método

Satisfeitos com o texto que haviam reconstruído, os estudiosos começaram a estudá-lo. A metodologia que empregaram foi inovadora. Identificada como Escolástica, ela baseava-se no pressuposto (tomado como uma certeza) de que os textos romanos estavam imbuídos de uma harmonia oculta. A obrigação dos leitores era demonstrar que assim o era, oferecendo uma interpretação que sincronizasse as diferentes partes e permitisse a reconstrução de uma mensagem coerente.

A maioria dos estudiosos que seguiam o método escolástico começava com uma análise filológica dos textos, sua terminologia, ordem e fraseado. Colocando suas observações na forma de um diálogo, eles formulavam perguntas e debatiam as respostas. Este pensamento e exposição dialéticos estavam orientados principalmente para comparar as passagens umas com as outras. Trabalhando sob o pressuposto de que as várias partes não eram contraditórias, os estudiosos empregavam argumentos lógicos para demonstrar isso. Uma de suas técnicas favoritas era a *distinctio*. Analisando dois fragmentos que pareciam semelhantes, mas que apontavam para soluções diferentes, estes estudiosos demonstravam que, embora os fragmentos parecessem idênticos, na realidade eles eram profundamente distintos. Por serem diferentes, as soluções oferecidas

---

que mais de uma única pessoa em um único local estava envolvida. Alguns estudiosos até expressaram dúvidas se o próprio Irnério fazia parte desta empreitada, ou apenas seus alunos.

podiam ser diversas sem que houvesse uma contradição. Assim, o que parecia, à primeira vista, uma contradição era, em vez disso, parte de um sistema coerente no qual todas as diferentes peças apontavam para a mesma razão fundamental.

Ao seguir este método, os estudiosos esperavam revelar os critérios, que orientavam os juristas romanos e as técnicas que organizavam seu raciocínio. Seu objetivo não era descobrir as soluções particulares adotadas pelos juristas romanos, mas, pelo contrário, extrair a regra (*regula*) que explicava sua consistência. Ao reunir o que eles aprendiam com exemplos e casos concretos, estes estudiosos esperavam compreender o que consideravam ser o núcleo duro, a essência básica, do direito romano.

A adoção do método escolástico converteu o *Digesto*, que era relativamente desconhecido e pouco utilizado na Europa até este momento, em uma fonte do direito romano particularmente atrativa. Ao reproduzir as opiniões de diferentes juristas, o *Digesto* incluía um número excepcional de desacordos e contradições. Era, portanto, uma excelente fonte que permitia aos intelectuais fazerem distinções e elaborar terminologias, conceitos e critérios.

Como a análise escolástica utilizava a exegese textual que prestava detida atenção aos termos específicos empregados nos textos romanos, bem como sua ordem e seu significado, era essencial que os estudiosos se certificassem que os documentos examinados eram versões exatas do material original. Se não fossem, então sua discussão sobre eles estava baseada em provas falsas e não levaria à verdade definitiva. Assim como a descoberta e a reconstrução de textos antigos levou a seu estudo, este exame acarretou um esforço adicional para garantir a exatidão dos textos. A reconstrução textual e a exegese textual, em suma, se apoiavam mutuamente.

Do século XII ao século XVI (considerado o período de formação desta nova ciência jurídica europeia), os estudiosos (agora chamados de juristas) debateram os princípios, a terminologia e as estruturas do direito romano. Embora tentassem explicar

CAPÍTULO V – O NASCIMENTO DO *IUS COMMUNE* EUROPEU

textos antigos, seu esforço não restabeleceu o antigo direito de Roma, mas o reinventou. Os juristas medievais criaram novas maneiras de avaliar, analisar e relacionar as questões jurídicas. Suas interpretações talvez estivessem ancoradas em um passado romano prestigioso, mas, na realidade, elas eram completamente novas, como seria vigorosamente argumentado nos séculos XV e XVI (ver Capítulo VII).

5.4 Ambiente intelectual

As pessoas, envolvidas nestes debates, ensinavam ou estudavam principalmente nos vários centros de estudo e universidades que surgiram na Europa na Baixa Idade Média. Se as universidades faziam parte de uma tradição mais antiga ou eram um fenômeno completamente novo, ainda é matéria de debate. No final da Antiguidade, havia escolas em que se ensinavam aos estudantes gramática, dialética (a arte do raciocínio), retórica (a arte da exposição), aritmética (o estudo dos números), geometria (o estudo das figuras), astronomia e música, geralmente com o objetivo de prepará-los para uma tarefa profissional específica. Desde o começo do século I ec, se não antes, Roma também possuía escolas onde os estudantes de direito se reuniam. Estas começaram como reuniões informais, mas, no início do século V, já estavam suficientemente institucionalizadas para que os imperadores pudessem limitar o estudo do direito exclusivamente a elas.

No século VI, começaram a aparecer escolas monásticas em toda a Europa. Primeiro surgindo espontaneamente e depois encorajadas por papas e imperadores, estas escolas ensinavam poesia, astronomia e matemática, mas se centravam principalmente na compreensão das Escrituras Sagradas. Em alguns lugares, é possível que a retórica e o direito romano também tenham sido estudados. No final do século VIII e durante o século IX, às escolas monásticas juntaram-se escolas episcopais ou de catedrais, que cobriam matérias semelhantes, mas estavam localizadas principalmente nos grandes centros urbanos que começavam a surgir por toda a Europa.

Os centros de estudo e as universidades dos séculos XII e XIII eram, portanto, tanto antigos quanto novos. Aparecendo em várias cidades europeias onde o crescimento demográfico, a prosperidade econômica e o renascimento urbano eram particularmente fortes, eles atraíam multidões que vinham para ouvir as aulas que os mestres davam. A reunião de um grande número de mestres em certos locais, bem como as regulamentações urbanas que a favoreciam, deram um papel destacado a vários desses novos locais de ensino. Paris, Bolonha, Toulouse e Oxford tornaram-se famosos entre estudantes e professores por causa da excelência do ensino, mas também por causa da abrangência do que se ensinava. Denominados de *studium generale* – lugares onde era possível estudar (quase) tudo, incluindo teologia, medicina e direito –, estes centros se transformaram em "universidades" depois de serem reconhecidos juridicamente como corporações.

Uma das características mais importantes dos novos centros de ensino era que eles eram verdadeiramente pan-europeus. Professores e estudantes vinham de toda a Europa e circulavam de uma universidade para outra. O idioma de ensino era o latim, e a maioria das universidades utilizavam um currículo e método semelhantes. Os papas e os imperadores, que se constituíram em figuras globais, costumaram favorecer a fundação destes centros, embora seu entusiasmo às vezes encontrasse a oposição das autoridades locais, que se ressentiram da chegada de muitos professores e estudantes estrangeiros que geralmente eram pobres, desconhecidos e – aos olhos de muitos – não particularmente produtivos. Os novos centros de ensino também eram criticados ocasionalmente pelos bispos locais que antes controlavam toda a educação em suas dioceses e concediam licenças para ensinar. Apesar desta oposição (muitas vezes acalorada), as universidades prosperaram. Em meados do século XV, cerca de sessenta cidades na atual Itália, França, Espanha, Portugal, Inglaterra, Escócia, República Checa,

CAPÍTULO V – O NASCIMENTO DO *IUS COMMUNE* EUROPEU

Áustria, Alemanha, Bélgica, Croácia, Hungria e Polônia possuíam uma universidade.

As universidades foram estufas para a criação de um grupo de estudiosos que compartilharam não apenas um estilo de vida e uma profissão, mas também ideias e formas de pensar. Elas produziram o "intelectual", uma nova figura sociológica cuja principal ocupação era estudar ou ensinar. Com o nascimento dos Estados e com o crescimento dos poderes municipais, muitos intelectuais viriam a ocupar importantes cargos públicos. A partir de então, estudar na universidade abriria novas oportunidades profissionais aos indivíduos que podiam investir tempo e dinheiro em sua preparação intelectual. O estudo também se tornaria um mecanismo que possibilitaria o avanço da classe média (para usar um anacronismo). Ele permitiria o surgimento de um novo tipo de nobreza cujo prestígio já não estava mais ligado à experiência militar ou à linhagem de sangue, mas se baseava em realizações intelectuais.[33]

Entre estes novos intelectuais, alguns viriam a ser identificados como juristas, indivíduos dedicados ao estudo do direito. Reconhecidos como especialistas nesta área específica, nos séculos XII, XIII e XIV os juristas que estudavam em universidades tornaram-se conselheiros particularmente cobiçados. Eles eram reconhecidos como profissionais que podiam aconselhar sobre assuntos jurídicos, intervir em nome das partes e ajudar na administração de cidades e monarquias. Dependendo do tempo e do lugar, sua mediação acabaria se tornando um pré-requisito em todas as interações jurídicas.

---

[33] Refiro-me aqui ao que mais tarde seria conhecido como *noblesse de robe*, a nobreza de quem vestia as roupas (*robes*), associada ao diploma de estudos em direito, para distingui-los da *noblesse d'épée* (espada), que se baseava na descendência e (teoricamente) nas conquistas militares.

5.5 Como o novo sistema funcionava

A combinação de novas fontes, metodologia e ambiente criou um novo sistema jurídico. Até meados do século XIII, as discussões nas universidades se centravam principalmente na leitura e compreensão dos textos antigos. Embora estas discussões fossem na maioria das vezes orais, temos fragmentos escritos de como eram feitas. Estes fragmentos contêm principalmente *glosas*. Uma glosa era uma breve anotação entre as linhas ou à margem de um texto que explicava sua terminologia, conteúdo, princípios e pontos principais; fazia perguntas e comparava este segmento com uma palavra, frase ou parágrafo que aparecia em outro lugar. Fiéis ao método escolástico, os autores das glosas (conhecidos como glosadores) tentavam harmonizar os diferentes fragmentos, demonstrando que o que parecia ser uma contradição ou falta de coerência não o era de fato. A glosa explicava o texto, mas também era utilizada como um índice para facilitar referências cruzadas. Mais importante ainda, ela permitiu aos juristas medievais desenvolver uma terminologia especializada, inventar novas categorias e sugerir novas formas de pensar sobre o direito.

Uma pequena glosa atribuída a Rogério, um jurista que ensinou em Bolonha no século XII, exemplificava este método.[34] Analisando as *Instituições* (o manual do século VI para estudantes de direito), Rogério observou que elas definiam "justiça" como "o desejo constante e perpétuo de dar a cada homem seu devido direito". Perguntando-se por que as *Instituições* mencionaram o "desejo" em vez de exigir uma implementação de fato, Rogério concluiu que isto não era um descuido, mas uma escolha proposital. Era para explicar aos estudantes de direito

---

[34] ROGERIOUS. "Questions on the Institutes". *In*: KIRSHNER, Julius; MORRISON, Karl F. *University of Chicago Readings in Western Civilization*: Medieval Europe. vol. 4. Chicago: University of Chicago Press, 1986, pp. 215-218. Segundo alguns, este texto não era uma glosa propriamente dita, mas sim uma *quaestio*, ou seja, uma forma distinta de literatura jurídica que procurava responder a uma pergunta específica.

CAPÍTULO V – O NASCIMENTO DO *IUS COMMUNE* EUROPEU

que mesmo que o objetivo de realizar justiça não fosse alcançado, a intenção de fazê-lo era suficiente para qualificar a ação como justa. Ao adotar esta explicação, Rogério estabeleceu a importância da "intenção" nas interações jurídicas. Ele sugeriu que o que você fez e o que resultou de sua ação era importante, mas não menos essencial era o estado de espírito (intenção) que acompanhava seu ato.

Em seguida Rogério observou que, de acordo com as *Instituições*, a justiça continha três mandados centrais: viver de forma justa, não lesar os outros e dar a cada um o que é seu (garantir que cada pessoa recebesse o tratamento que merecia). Perguntando por que havia três mandados em vez de um único e como cada um se diferenciava, Rogério concluiu que o primeiro preceito ("viver de forma justa") se referia a crimes contra si mesmo (pecados). O segundo e o terceiro preceitos ("não lesar os outros" e "dar a cada um o que é seu") tratavam, ao contrário, de crimes contra outras pessoas. Ele explicou que, como os crimes contra outros indivíduos eram mais frequentes e mais severos, eles eram proibidos duas vezes. No entanto, sua duplicação não diminuía o fato de que na realidade havia duas maneiras pelas quais alguém poderia ferir outras pessoas. "Não lesar os outros" (o primeiro dos dois preceitos) apontava para a "omissão", enquanto "dar a cada um o que é seu" (o segundo dos dois preceitos) apontava para a "comissão".

Ao estudar apenas alguns poucos enunciados das *Instituições* e ao observar as repetições, bem como a escolha das palavras, Rogério fundamentou, assim, algumas das categorias mais básicas que ainda hoje empregamos. Ele demonstrou a importância da intenção e esclareceu a distinção entre realizar um ato ilícito e deixar de fazer o que é certo (comissão e omissão). Nenhuma destas observações era de fato necessária para compreender o texto romano, mas sua análise deu a Rogério a oportunidade de conceber uma nova forma de categorizar os fenômenos jurídicos.

A partir do final do século XII, alguns estudiosos começaram a reunir questões jurídicas e publicá-las. Estes documentos, que refletiam o engajamento intelectual com a prática de fato em vez da teoria, geralmente se centravam em casos reais ou hipotéticos que os juristas tinham que resolver, e apresentavam pontos para consideração e discussão. Também eram comuns coleções de glosas em grandes coletâneas conhecidas como *apparatus*, algumas das quais continham até 100.000 fragmentos. Outros tipos de publicações eram as *summae*, que discutiam os conteúdos de um livro inteiro, como as *Instituições* (o manual do estudante), e o *commentum* ou *lectura*, que reproduziam aulas dadas por um professor de direito.

Desde o século XIV, os estudiosos começaram a demonstrar um maior grau de liberdade, concentrando sua atenção menos nos textos em si e mais na doutrina que procuravam desenvolver. Seu principal objetivo era a aplicabilidade prática dos princípios jurídicos que podiam ser extraídos dos textos romanos, e eles estavam menos preocupados do que os juristas anteriores em serem fiéis à fonte original. De maneira característica, os estudiosos do século XIV com frequência baseavam suas análises não nos textos romanos em si, mas nas glosas dos juristas anteriores.

Durante este período, os estudiosos também começaram a dar *consilia*. Um pouco semelhante à antiga atividade jurídica romana, os *consilia* eram opiniões escritas sobre questões de direito. Eram de autoria de juristas a pedido das partes interessadas que haviam buscado seu conselho sobre como planejar suas atividades ou como resolver determinadas situações. Demonstrando a originalidade dos juristas medievais, estas respostas aplicavam de forma criativa os debates teóricos desenvolvidos nas universidades às situações cotidianas. Lidando com questões jurídicas, seja hipoteticamente ou *post factum*, os juristas frequentemente atuaram como peritos contratados, cujo papel era encontrar a solução que melhor se adequasse a seus clientes. No entanto, suas respostas se tornaram uma importante fonte de direito. Bem argumentadas e bem formuladas, muitas destas opiniões jurídicas eram seguidas como se fossem declarações com autoridade sobre o que o direito ordenava.

CAPÍTULO V – O NASCIMENTO DO *IUS COMMUNE* EUROPEU

Uma figura particularmente notável durante este período foi Bártolo de Sassoferrato (1313-1357). Um jurista, professor e juiz extremamente prolífico, Bártolo publicou tratados sobre uma grande variedade de temas, escreveu comentários e se dedicou a dar conselhos. Ele escreveu sobre algumas das questões mais importantes de seu tempo, tais como o poder dos imperadores germânicos sobre certas partes da Itália, os conflitos entre diferentes jurisdições, a cidadania e os dotes. Representativos de sua obra foram seus tratados sobre as consequências jurídicas das mudanças no curso dos rios para os direitos de propriedade e para a jurisdição. Embora os rios fossem divisores úteis, Bártolo argumentava que as mudanças naturais em seu curso eram constantes. Portanto, era essencial que os juristas refletissem sobre como essas mudanças afetavam os direitos. Ele concluiu que os rios podiam acrescentar ou remover terras e que isto tinha consequências para os proprietários das margens dos rios, cujos direitos de propriedade podiam ser ampliados ou diminuídos como resultado. Bártolo também estabeleceu que se estas alterações no curso dos rios fossem suficientemente lentas para produzir novos costumes e novas formas de se relacionar com a paisagem modificada, a jurisdição territorial das comunidades ribeirinhas também poderia ser ampliada ou reduzida.

Esta era uma conclusão revolucionária porque, ao contrário dos direitos de propriedade, que a maioria dos juristas concordavam que poderiam sofrer mudanças constantes, antes da época de Bártolo a jurisdição territorial era considerada permanente e inalterável. Em sua resposta, Bártolo não apenas inventou uma nova regra (a jurisdição pode mudar), mas também criou uma nova visão do que era a jurisdição territorial. Esta visão, que considerava a jurisdição territorial não como algo naturalmente dado, mas sim como dependente de como os indivíduos e as comunidades se relacionavam com o espaço, permitiu-lhe dar uma resposta eficaz aos desafios que seus contemporâneos enfrentaram, entre eles o crescimento das cidades e dos Estados e a constante redefinição de seus limites. A ideia proposta por Bártolo de que tanto os direitos de propriedade quanto a jurisdição territorial eram criados e poderiam ser modificados pela atividade humana foi tão poderosa e tão conveniente que rapidamente se tornou reconhecida como a norma estabelecida.

5.6 Direito canônico

Há muito tempo os estudiosos têm debatido se as discussões nas universidades começaram por estudar textos romanos ou textos de direito canônico ou se ambas as coisas coincidiram. Questões de cronologia à parte, é certo que a mesma metodologia (escolástica) e as mesmas preocupações expressas em relação ao direito romano também foram aplicadas ao estudo do direito canônico. Também aqui, a primeira tarefa que os estudiosos enfrentaram foi a reconstrução do *corpus* deste direito, que estava disperso em uma variedade de fontes e coleções, algumas mais gerais e autorizadas do que outras (ver Capítulo III).

No século XII, Graciano propôs uma compilação bem sucedida. Graciano (que talvez também tenha usado o trabalho de estudiosos anteriores) reuniu, examinou, selecionou e sistematizou as diferentes fontes do direito canônico (a Bíblia, a legislação e as decisões dos concílios da Igreja, as decisões papais e os escritos dos pais da Igreja e dos primeiros santos).[35] Organizando este material de maneira lógica em três partes, ele enumerou as fontes, descreveu a hierarquia eclesiástica e listou as regras que disciplinavam as atividades dessa hierarquia. Também foram incluídas instruções sobre os procedimentos judiciais, a propriedade da Igreja, as ordens religiosas, o casamento, os pecados, o arrependimento e

---

[35] Sabemos muito pouco sobre Graciano e sua obra. Os historiadores atualmente debatem se ele foi o autor de toda a compilação ou apenas de parte dela. Todos concordam, contudo, que mesmo que ele fosse o autor, ele não fez todo o trabalho sozinho, e que também se baseou muito nas compilações propostas por juristas anteriores.

CAPÍTULO V – O NASCIMENTO DO *IUS COMMUNE* EUROPEU

a penitência. Assuntos de doutrina religiosa e de direito estavam misturados ao longo da obra, mas estes últimos predominavam.

Esta coletânea (*Concordia Discordantium Canonum*, literalmente "a harmonia dos cânones discordantes", mais tarde conhecida como *Decretum*) não era oficial. No entanto, era considerada tão confiável que acabou sendo seguida como se tivesse sido formalmente aprovada. Seguiram-se outras compilações de direito canônico, a mais importante entre elas as *Decretales* do século XIII (também chamadas de *Liber Extra* porque incluíam o que ficou de fora dos cinco livros do *Decretum*) e o *Liber Sextus* e as *Clementinae* do século XIV. No início do século XVI, estas compilações em seu conjunto receberam o nome de *Corpus Iuris Canonici*, para distingui-las, mas torná-las paralelas, ao *Corpus Iuris Civilis* de Justiniano.[36]

Da mesma forma que com o estudo do direito romano, depois que os estudiosos estavam convencidos de que haviam recuperado uma versão autêntica de direito da Igreja, eles iniciaram séculos de análise, exegese e estudo. Graciano foi o primeiro a fazer isso, acrescentando à sua compilação breves anotações (*dicta*) que abordavam e explicavam contradições aparentes com o objetivo de harmonizar o todo. Outros estudiosos logo o seguiram. Aplicando o método escolástico e dialogando constantemente com seus colegas que estudavam direito romano, os juristas de direito canônico terminaram por glosar, comentar e escrever tratados sobre direito canônico. Eles desenvolveram vocabulários, extraíram princípios e sistematizaram o pensamento jurídico da Igreja. Como resultado destas semelhanças no método e nos lugares de criação, ao longo do tempo o direito canônico e o direito romano tenderam a se fundir a tal ponto que às vezes era difícil distingui-los entre si.

Característico deste amálgama foi o desenvolvimento dos procedimentos judiciais romano-canônicos (*ordo iudiciarius*) nos

---

[36] O *Corpus Iuris Canonici* foi a compilação de direito canônico que, em grande parte, foi seguida até 1917.

séculos XII e XIII.[37] Este procedimento, um meio de substituir os ordálios depois que foram desautorizados pela Igreja, inspirado na *cognitio* romana, foi primeiramente adotado por papas e tribunais eclesiásticos e logo assumido por jurisdições seculares, entre elas os tribunais reais, feudais e municipais. Desenvolvido devido ao ímpeto eclesiástico, ele foi impulsionado por juristas romanistas e canonistas que lecionavam nas diversas universidades europeias. Fortemente inspirado pelo *Corpus Iuris Civilis* de Justiniano, também foi muito afetado pelo direito canônico, principalmente através de sua contínua regulação e elaboração por meio das decretais do papa.

5.7 Direito feudal

Ao lado do direito romano e canônico, os estudiosos também voltaram sua atenção para as instituições feudais. A partir do século XII, eles sugeriram que já no século VIII havia existido um "direito feudal" na Europa. Este direito regia as relações entre os senhores e seus vassalos, assim como entre os vários senhores. Ele identificava os senhores e seus deveres e definia como os indivíduos se tornavam vassalos e o que eles deviam a seus senhores. O direito feudal também tratou da jurisdição dos senhores sobre seus vassalos, dos tribunais feudais e das disputas entre os vários senhores sobre os mesmos indivíduos ou terras. Ele se concentrava em questões típicas do feudalismo, tais como o acesso e o uso da terra, bem como a herança.

A genealogia de como este campo de pesquisa surgiu é bastante semelhante ao que sabemos do direito romano e canônico, e é provável que tenha surgido no mesmo período. Já no século XI, alguns estudiosos haviam começado a discutir o direito feudal, mas o interesse jurídico por esse direito só começou seriamente com a publicação, em meados do século XII, de um texto autorizado, *Libri*

---

[37] Ver Capítulo III.

CAPÍTULO V – O NASCIMENTO DO *IUS COMMUNE* EUROPEU

Feudorum. Este texto, compilado na atual Itália, reunia decisões dos chamados tribunais feudais, assim como costumes, legislação e escritos jurídicos feudais. No século XIII, a literatura sobre o feudalismo havia se expandido tão consideravelmente que agora havia especialistas (feudistas) dedicados a escrever comentários sobre esse direito.

A literatura erudita sobre o feudalismo introduziu o estudo do direito feudal nas universidades. O resultado foi a progressiva romanização do direito feudal, que era discutido, analisado e entendido utilizando-se a terminologia, as categorias e as formas de raciocínio do direito romano. A fusão entre os dois campos foi tão completa que, na prática, eles se mesclaram. Uma indicação disso foi que no século XIII, por exemplo, vários estudiosos anexaram partes dos *Libri Feudorum* às suas cópias do *Corpus Iuris Civilis* e as glosavam juntas. Outra foi a influência do direito romano nas discussões sobre o direito feudal – por exemplo, permitindo aos juristas feudais aplicar a ideia romana de *dominium* para explicar as relações entre os senhores e os vassalos. Eles sugeriram que os senhores tinham *dominium directum* da terra (permitindo-lhes dirigir o que aconteceria nela, cobrar as dívidas e exercer autoridade) e os vassalos tinham *dominium utile* (dando-lhes o direito de usar a terra).

Por que os juristas do século XII se interessaram pelo feudalismo para voltar sua atenção a ele, é uma das questões menos estudadas. Como descrito no Capítulo IV, quando os estudiosos começaram a pensar sobre o feudalismo, ele já estava em decadência. Em diferentes partes da Europa e em intensidades variadas restavam vestígios do que ele havia sido, mas os poderes dos senhores, assim como o número de indivíduos não livres, diminuíram gradualmente à medida que as monarquias, a economia e as cidades cresciam. Os historiadores que argumentam que nossa visão do feudalismo é distorcida vão sugerir que a razão pela qual os estudiosos do século XII se interessaram por ele era relativamente simples: eles reinventaram o passado feudal para seus próprios propósitos, razão pela qual não deveríamos confiar em suas interpretações. Voltar sua visão para o feudalismo permitiu aos juristas do século XII desenvolver doutrinas que tratavam das relações entre os senhores, os reis e seus súditos, do significado e extensão da jurisdição e dos direitos de terra, tudo isso muito importante naquela época, precisamente porque o feudalismo estava morrendo. Ele também permitiu aos juristas conceber a autoridade pública como o resultado de um pacto entre governantes e governados que incluía obrigações mútuas. De acordo com esta teoria, os súditos podiam se rebelar legitimamente contra os monarcas que, por não respeitarem o pacto, se tornavam tiranos. No feudalismo, em resumo, estes juristas identificaram elementos que poderiam servir não apenas para explicar o passado, mas também para estruturar e comandar suas próprias sociedades dos séculos XII e XIII.

5.8 *Ius commune*

O estudo do direito romano, canônico e feudal em centros de estudo e universidades medievais por juristas que reconstruíram textos e depois aplicaram-lhes o novo método escolástico revolucionou a normatividade europeia. Ele criou formas inovadoras de pensar, analisar e discutir o ordenamento jurídico. É claro que os juristas continuaram discordando uns dos outros, mas o faziam utilizando terminologias, conceitos, argumentos e técnicas comuns.

O complexo sistema de conhecimento, organização e interpretação que resultou disso incluía soluções para problemas jurídicos específicos, tais como quem tinha o direito de usar a terra ou quem era cidadão de cada comunidade. Mas acima de tudo ele propunha uma nova visão segundo a qual, apesar das amplas variações nas respostas concretas propostas em diferentes partes da Europa, o pensamento jurídico não era particular a um lugar, a uma sociedade ou a uma época. Em vez disso, ele se baseava na razão. Isto implicava que o novo método jurídico poderia ter uma vocação universal e incorporar, como veio a ser conhecido, um *ius commune* – um direito potencialmente comum a todos. A

CAPÍTULO V – O NASCIMENTO DO *IUS COMMUNE* EUROPEU

partir de então, seguir a orientação do *ius commune* passou a ser identificado como *rectum* ou *directum*; ou seja, a forma correta de fazer as coisas.[38]

Compreendendo séculos de opiniões jurídicas, esta nova constelação jurídica, agora referida como *ius commune*, era claramente diferente do direito romano clássico, ou seja, do direito que regulava a vida na Roma antiga (tanto republicana quanto imperial). Supostamente inspirado por esse direito antigo, o *ius commune* era, no entanto, inteiramente novo quanto ao alcance, método, intenção e soluções. Contudo, ele compartilhava com Roma a ideia de que os juristas estavam na linha de frente da criação jurídica e que a jurisprudência (a ciência do direito) era a fonte normativa mais importante.

5.9 A difusão do *ius commune*

A nova ciência jurídica se difundiu por todo o Continente, sendo replicada nas universidades e impulsionada pelo constante movimento de intelectuais de uma cidade para outra e seu serviço a governos municipais, reais e imperiais, bem como pelas autoridades eclesiásticas, e finalmente pela relativa abundância e ampla circulação de material impresso. Alguns territórios europeus foram afetados mais cedo do que outros, alguns foram afetados de forma mais intensa, mas no século XVI, no mais tardar, alguma versão do *ius commune* estava presente em quase todos os lugares.[39]

---

[38] *Directum* foi o antecedente do *direito* português, *diritto* italiano, do *droit* francês e do *derecho* espanhol. Ele também deu origem à ideia de direção correta (em contraposição à direção errada) ou simplesmente de ser correto.

[39] Os historiadores geralmente contam entre os países europeus atuais que foram afetados pelo *ius commune* a Itália, França, Espanha, Portugal, Alemanha, Bélgica, Holanda, Suíça, Islândia, Eslováquia, República Checa, Hungria, Áustria, Romênia, Polônia, Dinamarca, Noruega e Suécia. A maioria também inclui a Inglaterra, pelo menos até certo ponto (ver Capítulo VI).

Este processo de difusão foi inicialmente apoiado por governantes seculares e autoridades municipais que acreditavam que a nova ciência solidificaria seus poderes e justificaria suas crescentes demandas por superioridade. Seguindo esta estratégia, no século XIII o rei Afonso X de Castela incorporou oficialmente o novo método jurídico ao direito castelhano. Ele ordenou a seus conselheiros que compilassem suas doutrinas junto aos direitos canônico e local, produzindo uma coleção agora conhecida como as *Siete Partidas*, por estar composta de sete partes. Considerada revolucionária quando foi promulgada devido a sua dependência de discussões jurídicas acadêmicas, foi somente no século XV (depois que o *ius commune* penetrou em Castela por outros canais, principalmente com a fundação de universidades e a circulação de juristas) que as *Siete Partidas* se tornaram centrais para o sistema jurídico castelhano. Nessa época, contudo, os reis castelhanos começaram a olhar com cautela para o *ius commune* e não estavam mais tão entusiasmados com sua penetração, que não podiam controlar. Como os antigos imperadores romanos haviam tentado fazer com seus próprios juristas, os sucessivos monarcas castelhanos tentaram limitar os efeitos do *ius commune*. Eles estabeleceram uma hierarquia de fontes jurídicas, segundo a qual as leis reais estariam no topo, seguidas pelos costumes (*fueros*), e só então as *Siete Partidas*.[40] Eles também decidiram que novas doutrinas do *ius commune* não poderiam ser adotadas sem seu consentimento. Estes esforços, no entanto, foram em grande parte infrutíferos. Nesse período, o método jurídico proposto pelo *ius commune* era considerado o mais lógico para lidar com questões jurídicas. Admissível ou não, reconhecido ou não pelos reis, naquela época ele já se havia tornado um repositório de soluções que nenhum jurista ou advogado poderia se dar ao luxo de ignorar.

---

[40] Isto foi o que o *Ordenamiento de Alcalá* (1348) e o *Leyes de Toro* (1505) tentaram fazer.

CAPÍTULO V – O NASCIMENTO DO *IUS COMMUNE* EUROPEU

5.10 A nova ciência jurídica e o direito preexistente

Até muito recentemente, os historiadores tendiam a pensar no *ius commune* como um direito material que incluía principalmente soluções concretas para problemas específicos. Como resultado, muitos sugeriram que ele se opunha aos direitos local, municipal, real ou canônico preexistentes, os quais procurava substituir. De acordo com esta narrativa, após a expansão do *ius commune* por toda a Europa, as autoridades, os juristas e as outras pessoas tiveram que escolher entre seguir o *ius commune* ou permanecer fiéis às suas tradições jurídicas, pois obedecer a ambos era impossível. Esta interpretação, que dominou o campo por muitos anos, foi em grande medida descartada. Em vez disso, propõe-se agora que o novo método desenvolvido nas universidades não substituiu necessariamente o sistema jurídico anterior, mas se sobrepôs a ele, sugerindo novas maneiras de organizar, explicar e sistematizar a ordem normativa preexistente.

De acordo com esta interpretação, os direitos preexistentes e o *ius commune* coexistiram pacificamente. Isto pôde acontecer porque o direito nativo local, a legislação (onde ela existia) e as variantes nativas do direito canônico e feudal incluíam um *ius proprium* (um direito próprio de uma comunidade ou de um lugar específicos). A tarefa que os juristas que foram treinados no *ius commune* empreendiam não era eliminar o *ius proprium*, mas sim sincronizar as regras locais (que continuavam a variar radicalmente de um lugar para outro), reinterpretando-as de maneiras que não fossem contraditórias com o novo *ius commune*. Os juristas conseguiram isso argumentando que o *ius proprium* dava soluções concretas a problemas específicos, mas tanto os problemas como as soluções deveriam ser analisados, interpretados e decididos de acordo com os métodos desenvolvidos pelo *ius commune*. Além disso, nos casos em que o direito local não oferecia resposta, na sua qualidade de "lei geral" (*lex omnium generalis*) o *ius commune* poderia intervir, sugerindo soluções. O *ius commune*, em resumo, forneceria os termos, os conceitos, os procedimentos e as técnicas de análise que os juristas empregariam ao debater os direitos local, germânico, canônico, municipal, feudal ou real. Enquanto isso, o *ius proprium* seria entendido como a expressão local de um *ius commune*, a manifestação particular e local de uma técnica superior e compartilhada.

Como os reis europeus e as autoridades municipais recorriam aos juristas para que os ajudassem a regular seus reinos e cidades, com o tempo a influência do *ius commune* tornou-se tão difundida que modificou consideravelmente o *ius proprium*. Os juristas não somente ofereciam conselhos e propunham legislação, mas também compilaram, reuniram e organizaram o direito existente. Enquanto documentavam instituições, processos e regulamentos, eles as reformularam de acordo com seus critérios e compreensão. Eles incorporaram, sincronizaram e sistematizaram a ordem normativa a tal ponto que ao final deste processo ela não era mais reconhecível. Por essa época, em vez de explicar textos antigos, o que os juristas do *ius commune* mais faziam era intervir na ordem jurídica. Respondendo perguntas, aconselhando e supervisionando, além de registrar certas práticas, eles transformaram de maneira radical o direito preexistente.

Um exemplo de como os juristas realizaram o que foi exposto acima pode ser encontrado nas discussões jurídicas sobre naturalização. As leis locais de várias comunas italianas permitiam a naturalização sob certas condições. O direito romano também tinha instruções a respeito da transformação de estrangeiros em cidadãos. Ao estudar ambos, os juristas do *ius commune* inventaram uma teoria que explicava o que era a naturalização e o que ela exigia. Esta teoria sustentava que a adesão dos indivíduos às comunidades estava normalmente vinculada ao nascimento e à descendência. Era, portanto, por natureza que certas pessoas pertenciam a uma comunidade. Para que a naturalização acontecesse, os estrangeiros precisavam mudar sua natureza. Esta mudança poderia ocorrer se houvesse decorrido tempo suficiente desde que o estrangeiro tivesse

CAPÍTULO V – O NASCIMENTO DO *IUS COMMUNE* EUROPEU

chegado à localidade e se ele pudesse demonstrar que esta residência prolongada o havia influenciado. A partir destas premissas, os juristas enumeraram as condições para a naturalização e o tipo de provas que eram exigidas, além de como estas poderiam ser substituídas por presunções legais. Eles também concluíram que as diferentes práticas seguidas pelas diversas comunidades italianas eram apenas manifestações locais desta regra comum.

Observando como eles operaram, alguns historiadores concluíram que, referindo-se a categorias e textos romanos, o que esses juristas mais faziam era codificar, sistematizar e abstrair princípios a partir do que eles observavam do que acontecia ao seu redor. Para voltar ao nosso exemplo, as formas como cada comuna italiana tratava a naturalização eram diferentes. Algumas comunas queriam que os estrangeiros se casassem no lugar, outras exigiam que eles pagassem um valor mínimo de impostos, ou os obrigavam a adquirir bens de raiz, mas estas diferenças, sustentavam os juristas, eram sem consequências porque todas as condições estavam direcionadas ao mesmo fim. Todas procuravam estabelecer o mesmo, ou seja, que a pessoa que requeria naturalização houvesse mudado sua natureza e já não fosse mais um estrangeiro autêntico.

Assim, os historiadores concluíram que, em vez de explicar o direito romano antigo, o que os juristas medievais fizeram foi desenvolver métodos para sincronizar e integrar os vários regimes jurídicos que coexistiam na Europa e as muitas fontes das quais eles tinham surgido. Sua principal tarefa não era interpretar documentos antigos, mas fazer o direito romano, germânico, local, feudal e canônico, como eram praticados em diferentes partes do Continente, coexistir em um sistema compartilhado, um verdadeiro *ius commune*.

5.11 Os resultados

As novas técnicas criadas pelos juristas não permaneceram uma abstração, nem penetraram apenas nos mais altos escalões da sociedade. Em vez disso, elas penetraram e afetaram a vida cotidiana, inclusive de aldeias remotas. Na Baixa Idade Média, os camponeses de pequenos vilarejos ao longo da fronteira hispano-portuguesa frequentemente lutaram pelo seu direito de usar a terra. Embora sua descrição do porquê a terra fosse sua não empregasse a terminologia correta (posse), no entanto, ela reproduzia fielmente a doutrina jurídica relativa aos direitos da terra. Ela sugeria, por exemplo, que a titulação dependia de se ter utilizado o terreno por um longo período de tempo sem encontrar oposição. Também indicava que o silêncio dos rivais poderia ser entendido como consentimento. Esta conclusão, que se referia a uma presunção jurídica (em circunstâncias normais, o silêncio equivalia ao consentimento) também era acompanhada pelo entendimento de que uma resposta violenta contra os vizinhos invasores significava o contrário, ou seja, manifestava discordância.

Os camponeses iletrados que se engajaram nestes debates não haviam estudado direito, nem suas reivindicações eram preparadas por advogados. Entretanto, o que diziam e faziam era surpreendentemente idêntico ao que argumentavam os juristas do *ius commune*. Sem o saber, eles basearam-se em abstrações oferecidas por esses juristas que estudaram uma grande variedade de usos e costumes.

É difícil dizer como os camponeses chegaram a este conhecimento. Eles mesmos não davam uma resposta clara. Quando perguntados por que acreditavam que certas regras se aplicavam a eles, replicavam que as normas invocadas eram naturais, universais e que, como resultado, não precisavam de nenhuma prova ou explicação. Aparentemente, neste período, as conclusões do *ius commune* eram de fato consideradas tão lógicas e razoáveis e eram tão amplamente aceitas que os contemporâneos assumiram que eram comuns a toda a humanidade, sendo imutáveis e verdadeiras.

O estudo do direito que começou no século XII revolucionou, assim, a normatividade europeia. Não tendo meios formais para se impor, ele se espalhou através das fronteiras e das instituições com

CAPÍTULO V – O NASCIMENTO DO *IUS COMMUNE* EUROPEU

ou sem a aprovação das autoridades. Levado de lugar em lugar por juristas convencidos de sua superioridade, ele permitiu-lhes repensar a ordem normativa existente, reformulando-a por completo. Ao final deste processo, não havia nenhum lugar que o *ius commune* não tocasse, nenhuma área que não afetasse.

CAPÍTULO VI

O NASCIMENTO DO *COMMON LAW* INGLÊS

A Inglaterra fez parte do Império Romano até o século V, e os cidadãos romanos e romanizados, assim como os nativos celtas e os convertidos ao cristianismo faziam parte de sua comunidade. O direito romano foi introduzido na ilha e afetou em diversos graus tanto os cidadãos romanos quanto os nativos romanizados. O que aconteceu em seguida ainda é matéria de debate. De acordo com a maioria dos estudiosos, com a retirada das tropas romanas, o direito romano e o cristianismo praticamente deixaram de existir na Inglaterra. Segundo outros estudiosos, bolsões de ambos persistiram, mais particularmente entre os nativos celtas e nas regiões ocidentais.

Mas independentemente do que ocorreu no século V, a maioria dos historiadores concorda que no final do século VI os direitos romano e canônico foram reintroduzidos na ilha pelos missionários cristãos. Igualmente presente estava certa versão do direito germânico, levado para a Inglaterra por sucessivos grupos germânicos que invadiram seu território. Como resultado destes acontecimentos, do século VII ao XI, a situação jurídica na Inglaterra não era radicalmente diferente daquela de outras partes da

Europa onde o direito nativo, germânico (incluindo o dinamarquês), canônico e romano coexistiam em maior ou menor grau.

As evidências deste período ilustram esta complexidade. No século VII, por exemplo, o direito romano era ensinado em uma escola na Cantuária. Durante a mesma época, foram escritos remédios anglo-saxões contra delitos diversos.[41] O objetivo era substituir as rixas de sangue pelo pagamento monetário, um movimento que indica, segundo alguns estudiosos, a crescente influência do cristianismo e talvez do direito romano (o debate ainda continua atualmente). Nos séculos VI, VII e VIII, as doações e os testamentos anglo-saxões muitas vezes citavam o *jus ecclesiasticum* (direito eclesiástico) como seu guia e inspiração, assim como os registros de manumissão de escravizados já o fazia no século VII. No século IX, a influência cristã sobre os remédios jurídicos era particularmente clara, com muitos deles fazendo referências diretas à Bíblia.[42] Também durante este período, algumas decisões do rei usavam termos originados no direito romano, e o mesmo ocorria nos acordos que incluíam juramentos. As cartas de terra anglo-saxônicas dos séculos VII e VIII imitavam as fórmulas usadas pela administração papal e copiavam a prática seguida na Itália, ou davam sinais de influência franca e celta. No século IX, o número de cartas escritas em língua vernácula (*Old English*) cresceu de forma espetacular, assim como o uso de fórmulas jurídicas de origem romana.

Se os direitos canônico e romano penetraram gradualmente na ilha, também o fizeram as instituições feudais. As leis anglo-saxônicas registradas por escrito após a Conquista Normanda (1066), supostamente para reproduzir a situação jurídica anterior à invasão, capturaram muitas dessas tendências. O *Quadripartitus* (ca. 1108–1118), uma coleção de tais normas de que só se

---

[41] As leis do rei Etelberto, promulgadas em 602-603 ec.
[42] As leis de Alfredo (871-899 ec).

CAPÍTULO VI – O NASCIMENTO DO *COMMON LAW* INGLÊS

conservam fragmentos, continha uma tradução latina das leis anglo-saxônicas, alguns documentos em latim, e dois tratados sobre *status*, alegações e furto que seguiam a estrutura do direito romano e eram influenciados pela moralidade cristã.

Apesar das notáveis semelhanças entre o ocorrido na Inglaterra e na Europa Continental, a maioria dos historiadores sugere que, a partir dos séculos XI e XII, a Inglaterra tomou um caminho diferente. Este caminho permitiria o desenvolvimento de um sistema jurídico distinto que, segundo a opinião da maioria, era muito diferente do *ius commune* que veio a dominar o resto da Europa. Como e por que isso aconteceu é o tema deste capítulo, no qual descrevo o desenvolvimento do *common law* inglês e pergunto se foi diferente do *ius commune* e, em caso afirmativo, de que maneira.

6.1 O direito sob os primeiros normandos

Após a invasão normanda (1066), nada indicava que a Inglaterra tomaria um caminho distinto.[43] Embora os primeiros reis normandos tenham se estabelecido como governantes coloniais, expropriando as propriedades dos nativos, esta convulsão política, social e econômica foi, no entanto, acompanhada de uma continuidade do ponto de vista jurídico. Inicialmente, os monarcas normandos pareciam determinados a que assim o fosse e passaram a registrar por escrito as leis que antecederam sua chegada, com o suposto objetivo de obstar qualquer possível contaminação da ordem normativa existente.[44]

---

[43] Embora a invasão normanda seja habitualmente referida como uma "invasão" ou uma "conquista", Guilherme, duque da Normandia, tinha uma pretensão jurídica ao trono inglês e se apresentou como o herdeiro legítimo do mesmo.

[44] As Leis de Henrique I (*Leges Henrici Primi*) e de Eduardo, o Confessor (*Leges Edwardi Confessoris*), que foram elaboradas por monarcas normandos, estavam supostamente destinadas a cumprir esta tarefa.

Em consonância com o que estava acontecendo em outros lugares, monarcas normandos como Guilherme, o Conquistador (r. 1066-1087) e Eduardo I (r. 1272-1307) empregaram homens de letras como assistentes e conselheiros. Entre esses especialistas estava Lanfranco (1005-1089), arcebispo da Cantuária. Lanfranco era um professor e canonista nascido na Itália que, como membro do Conselho do Rei, assessorava Guilherme, o Conquistador, também em assuntos seculares e contribuiu para a compilação das leis e costumes existentes.

Há também evidências de que o ensino do direito romano e canônico foi introduzido na Inglaterra em meados do século XII por um jurista de Bolonha. Este jurista, Vacário, lecionou direito em Oxford, um novo centro de ensino que, sem ter uma data clara de fundação, considera-se que começou a atrair estudantes por volta de 1096. Para ajudar seus alunos, Vacário compôs um manual (*Liber pauperum*) que incluía trechos do *Digesto* (a compilação romana de opiniões jurídicas do século VI) e do *Codex* (o livro que incluía a legislação imperial), junto com glosas. Cópias do *Corpus Iuris Civilis* romano logo se tornaram disponíveis na Ilha, e no final do século XII e início do XIII o estudo do direito romano se expandiu de Oxford para vários outros centros. Durante este período, o treinamento em direito canônico foi introduzido em universidades locais e escolas de catedrais, e muitos ingleses estudaram na Europa Continental, enquanto outros adquiriram avidamente livros de direito romano e canônico para suas bibliotecas.

Atualmente, também se acredita que o direito canônico era praticado nos tribunais eclesiásticos instituídos pelos normandos na década de 1070. Segundo este novo entendimento, foi somente após a Reforma Protestante do século XVI que uma nova doutrina surgiu na Inglaterra, exigindo que o direito canônico, percebido

CAPÍTULO VI – O NASCIMENTO DO *COMMON LAW* INGLÊS

agora como um direito estrangeiro, fosse recebido ou aprovado pelos reis antes que pudesse ser aplicado no reino.[45]

Assim, é justo concluir que a Inglaterra inicialmente seguiu aproximadamente o mesmo caminho que muitos outros países europeus, onde o direito romano e o direito canônico eram estudados e praticados, ainda que também tenham persistido disposições jurídicas locais. Se este foi o caso, quando, como e por que a Inglaterra tomou um caminho diferente?

6.2 A sobreposição da jurisdição real

Os historiadores geralmente começam o relato do particularismo inglês explicando que os reis normandos dependiam dos senhores feudais que os acompanharam até a ilha e garantiram o seu controle. Como a maioria dos outros monarcas contemporâneos, contudo, eles desejavam limitar os poderes desses senhores, obter acesso direto a seus vassalos e adquirir o domínio pleno do país. Para alcançar este objetivo, eles conceberam formas que lhes permitissem limitar gradualmente a intermediação dos senhores. O método que eles escolheram foi estender sua jurisdição por todo o reino. A partir de Henrique I (r. 1100–1135) e se intensificando substancialmente com o seu neto Henrique II (r. 1154–1189), os monarcas normandos começaram a instituir um sistema de tribunais reais, que deveriam se sobrepor a todas as jurisdições anteriormente existentes.

Como eles realizaram esta tarefa foi, magnificamente, descrito no final do século XIX. Apesar de muitos historiadores agora contestarem esta narrativa, acreditando tratar-se de uma lenda, é, no entanto, uma história que merece ser contada. De

---

[45] Mesmo no século XVI, entretanto, os planos para adotar um código independente que assegurasse a separação de um direito canônico inglês de um direito canônico europeu nunca se materializaram. O resultado foi a contínua validade de pelo menos partes do direito canônico geral na Inglaterra.

acordo com ela, inicialmente os reis normandos exigiam o direito de intervir em disputas e garantir sua resolução pacífica apenas quando eles estivessem fisicamente próximos às partes litigantes. Isto geralmente significava que sua jurisdição estava limitada a indivíduos que estavam presentes em sua corte. Em uma etapa posterior, os reis normandos começaram a se apropriar do poder de garantir a paz em dias especiais, como sua coroação ou as semanas de Natal, Páscoa e Pentecostes. Eventualmente eles passaram da proteção de datas para a proteção de territórios. Eles primeiro definiram a jurisdição de sua corte de uma forma abrangente que cobria um perímetro de até três milhas de onde eles estavam fisicamente localizados e então aplicaram proteções especiais às principais estradas e vias fluviais do reino, sob a escusa que elas conduziam à corte. Gradualmente a rede de estradas e vias fluviais sob jurisdição real foi ampliada para incluir quase todas as estradas e vias fluviais. Ao final do século XIII, juristas a serviço dos monarcas desenvolveram uma ficção segundo a qual o rei estava sempre presente em todos os lugares do reino. A partir de então, a proteção do monarca, que outrora se limitava a sua corte, incluía todo o reino e "a paz do rei havia crescido por completo de um privilégio ocasional para um direito comum".[46]

A imposição da jurisdição real por todo o reino, que foi primeiramente temporal (protegendo certas datas) e depois geográfica (protegendo certos locais), também foi realizada atribuindo certas matérias às mãos do rei. Aqui também o processo foi gradual. Os reis normandos justificavam sua crescente intervenção indicando que certas questões eram de particular interesse para eles e eram, portanto, merecedoras de sua atenção. Entre tais questões estavam disputas sobre o exercício das franquias régias ou a proteção de determinadas pessoas.

---

[46] POLLOCK, Frederick. *Oxford Lectures and Other Discourses*. Londres: Macmillan, 1890, p. 88.

CAPÍTULO VI – O NASCIMENTO DO *COMMON LAW* INGLÊS

Apesar desta extensão, os tribunais locais, municipais, feudais e eclesiásticos persistiram – mas agora havia uma rede de jurisdição real sobreposta a eles. Esta rede era extremamente fina: estima-se que até o final do século XVIII, raramente havia mais do que quinze juízes em todos os tribunais reais. Além disso, apesar de localizados no topo, os juízes reais não tinham funções de supervisão: sua jurisdição era inteiramente separada da dos tribunais eclesiásticos, locais e feudais. Incluir os tribunais reais no topo do sistema judicial existente, portanto, não criou uma pirâmide hierárquica. O que fez foi permitir aos litigantes a escolha entre levar seus conflitos aos tribunais locais, municipais, eclesiásticos ou feudais, ou solicitar o envolvimento do rei. A escolha, entretanto, era dada apenas aos homens livres (*freemen*, o que significava que não eram vassalos feudais ou vilãos). Os que não eram livres não tinham direito de apresentar alegações perante o rei e nenhuma capacidade para solicitar sua proteção.[47]

A rede crescente de jurisdição real levou a tensões ocasionais, mas nos séculos XIII e XIV quase qualquer homem livre (*freemen*) que devia lealdade, isto é, que estivesse submetido ao rei diretamente, poderia solicitar sua intervenção em uma multiplicidade de assuntos. Esta extensão se justificava invocando a responsabilidade da coroa em garantir a paz, que envolvia antes de tudo a capacidade de resolver conflitos.

6.3 Um sistema crescente de *writs*

O crescimento da jurisdição real exigiu o desenvolvimento de novos mecanismos jurídicos. Se, inicialmente, os reis podiam

---

[47] Os historiadores têm debatido o significado desta restrição e como ela era aplicada. Eles discordam em relação a se a maioria dos aldeões medievais eram livres, muitos sugerindo que não o eram. Outros descartam completamente esta questão, apontando que o *status* dos indivíduos que solicitavam a proteção do rei raramente era investigado.

ouvir os demandantes pessoalmente, eles logo tiveram que delegar essa faculdade a alguns de seus homens. Conforme o número de indivíduos envolvidos em ouvir os casos para o rei crescia, vários tribunais reais foram instituídos.[48] Como os funcionários e as instituições proliferavam, instrumentos adicionais foram criados para regular suas atividades. Juntos, todos estes acontecimentos, especialmente evidentes desde meados até o final do século XII, mas que continuaram depois, levaram ao surgimento do que nós hoje identificamos como o *common law* inglês.

Este desenvolvimento foi gradual. As primeiras intervenções reais foram mais administrativas que judiciais. Quando o rei ou seus funcionários recebiam relatos de infrações ou de uma ruptura da paz, eles enviavam a indivíduos de sua confiança uma ordem para reparar a situação. Este mandado, escrito em latim em um pequeno pergaminho e com o selo real, era conhecido como "*writ*".[49] Escrito na chancelaria real por servidores do rei, ele reproduzia a versão da parte ofendida e dava instruções sobre como reparar a situação. Por exemplo, um senhor poderia decidir que como seu arrendatário não lhe pagava os direitos feudais, ele deveria ser despejado. Se o arrendatário discordasse e acreditasse que não poderia encontrar remédio no tribunal do seu senhor, ele poderia levar a questão ao rei. Se o rei (ou seus funcionários) achassem que a matéria merecia sua atenção, eles poderiam emitir um *writ* que instruía ao destinatário, um homem de confiança do rei, que se assegurasse que o senhor não procedesse ao despejo do arrendatário. Os *writs* podiam instruir os destinatários em como lidar com o conflito ou podiam ordená-los a ouvir as partes e julgar suas pretensões.

---

[48] Entre estes tribunais estava o Tribunal de *Common Pleas*, que finalmente se localizou em Westminster, e o *King's Bench*, que acompanhava o rei em suas viagens.

[49] Os *writs* administrativos também foram utilizados pelos reis anglo-saxões, mas sua extensão e significado eram algo distintos.

CAPÍTULO VI – O NASCIMENTO DO *COMMON LAW* INGLÊS

Os *writs* incluíam uma instrução executiva peremptória destinada a garantir a paz. Eles eram considerados uma ferramenta eficiente que permitia ao rei, que era o encarregado de supervisionar o bem-estar do reino, intervir em casos selecionados. Porém, ainda que fornecessem uma solução eficiente e imediata aos problemas que precisavam de reparação, eles eram facilmente abusados. Emitidos *ex parte* a pedido da parte interessada, sua concessão pressupunha que a petição estava justificada. Entretanto, como aqueles que solicitavam a intervenção real às vezes representavam erroneamente o que tinha de fato ocorrido, no século XII ocorreu outra mudança. Os *writs* começaram a permitir que os supostos infratores escolhessem entre cumprir o mandado ou comparecer perante um delegado real para explicar porque não o cumpriam.

Este desenvolvimento, que permitia que os infratores defendessem a si mesmo, foi revolucionário. Ele transformou os *writs* de documentos administrativos em mandados para iniciar o litígio. Os *writs* agora enviavam as partes aos funcionários reais que ouviam seus casos e decidiam se o remédio jurídico incluído no mandado (*writ*) deveria ou não ser concedido. A necessidade de comparecer perante os funcionários reais, justificando porque o *writ* deveria ser aplicado ou não, deu surgimento no século XIII ao procedimento conhecido como apresentação de alegação (*pleading*). Provido de um *writ*, um ou uma demandante se apresentava perante um funcionário real para narrar os fatos que justificavam a concessão de um remédio. O demandado responderia negando alguns ou todos os fatos, admitindo-os mas dando-lhes outra interpretação, negando a relevância do *writ* ou introduzindo fatores adicionais (*excuses*) que explicassem porque, contudo, um remédio não deveria ser concedido. O demandante responderia então invocando um conjunto similar de respostas pré-estabelecidas.

Esta troca entre as partes era extremamente formal. Em vez de descrever os fatos do caso, ela consistia em um conjunto de posições e respostas pré-estabelecidas que o demandante e o demandado poderiam invocar. A troca continuava até que ficasse claro com o que as partes estavam de acordo e o que era objeto de disputa. Somente depois que se alcançasse esta clareza o caso ia para julgamento. Ao contrário das alegações (que se concentrava na formulação de uma pretensão), durante o julgamento as partes tinham que provar os fatos sobre os quais baseavam suas exigências. A prova poderia ser estabelecida de diversas maneiras, dependendo do tempo, do assunto e do lugar. As partes poderiam prestar um juramento, ser submetidas a um ordálio ou recorrer a um jurado. Depois que os fatos em julgamento fossem provados (ou não), o delegado real (agora funcionando propriamente como um juiz) determinava se o remédio incluído no *writ* deveria ser concedido (ou não).

6.4 Como os *writs* funcionavam

Nos séculos que se seguiram a esta mudança, os *writs* se transformaram em instrumentos que permitiam aos litigantes iniciarem um pleito perante os servidores reais. Emitidos pela chancelaria real, eles reproduziam a decisão (i) de que o caso estava dentro da jurisdição real e (ii) que ele justificava a intervenção do rei. O *writ* ordenava que os servidores reais, agora identificados como juízes, ouvissem o caso. Se os *writs* eram um meio de iniciar o litígio, sua negação marcava a impossibilidade de se dirigir aos tribunais reais. Nos casos em que a chancelaria decidia que não havia nenhuma razão ou causa para que o rei interviesse, ela se recusava a emitir um *writ*. A consequência imediata era que os tribunais reais não tinham nenhuma jurisdição sobre o assunto. Os litigantes que não conseguissem obter um *writ* eram, pois, impedidos de pleitear perante os tribunais reais, mas ainda poderiam encontrar reparação em tribunais locais, feudais ou eclesiásticos.

Inicialmente, os *writs* eram emitidos individualmente para a pessoa que solicitava assistência real e eles cobriam as circunstâncias específicas de seu caso. Eles eram *ad hoc* e particulares, eram entregues selados e em teoria poderiam ser utilizados apenas uma

CAPÍTULO VI – O NASCIMENTO DO *COMMON LAW* INGLÊS

vez. A obtenção de um *writ* exigia um investimento considerável de tempo, energia e fundos. Os litigantes tinham que convencer a chancelaria de que o seu caso merecia a atenção do rei, que durante este período inicial sempre se apresentava como uma concessão excepcional em vez de um direito adquirido.

Como os *writs* dependiam da vontade do rei de intervir, eles eram na maioria dos casos concedidos a indivíduos que os reis queriam proteger e abarcavam questões que os reis tinham mais vontade em controlar (principalmente aquelas que poderiam potencialmente restringir os poderes dos senhores) ou que tinham um maior risco para uma séria ruptura da paz. Eles eram o produto de decisões pouco sistemáticas que refletiam as condições e os interesses do monarca. Mas se os *writs* dependiam da vontade do rei de intervir, eles também estavam condicionados pela existência de uma parte interessada em obtê-los. Pragmáticos e práticos em vez de abstratos e teóricos, os *writs* existiam porque havia um conflito que precisava de resolução, uma parte que optava por levá-lo ao tribunal real e uma chancelaria que, representando o rei, decidia intervir. Assim, os *writs* proliferaram em matérias em que os indivíduos buscavam proteção real e o rei estava disposto a concedê-la. Isto significava que a criação de *writs* era motivada por interesses privados e não por considerações sobre o bem público, e era determinada pelas circunstâncias econômicas, políticas e sociais da época.

6.5 A institucionalização dos *writs*

Embora os *writs* tenham começado como soluções *ad hoc* e individuais para problemas particulares, com o tempo alguns deles se institucionalizaram. Em meados do século XII, e de forma mais evidente no século XIII, a chancelaria começou a manter um registro de quais *writs* haviam sido emitidos no passado, e ela expressava rotineiramente a vontade de continuar a fazer o mesmo. Como resultado destes desenvolvimentos, os *writs* já não eram mais soluções *ad hoc* dadas a demandantes particulares com base em cada caso concreto. Em vez disso, eles se tornaram uma fórmula fixa que os litigantes podiam obter se soubessem o que pedir. Para facilitar a identificação dos *writs* existentes, muitos receberam nomes, tais como *praecipe quod reddat* ("ordem para entregar"), que ordenava às autoridades locais a dar aos demandantes a terra que eles reivindicavam como sua, ou o *novel disseisin* ("desapossamento recente"), que fazia o mesmo em relação à posse. Na mesma época, surgiu também uma lista pública de *writs* que poderiam ser obtidos.

O aumento no número dos *writs* foi espetacular. Por volta de 1189 havia cerca de quarenta *writs*; ao final do século XIII, seu número era dez vezes maior. À medida que os *writs* se tornavam populares, a jurisdição real se estendia, e com isso, novos *writs* eram produzidos. Neste processo, a intervenção real, que foi originalmente vista como excepcional, passou a ser rotineira. Por essa etapa era possível imaginar que a jurisdição real se tornaria ilimitada, eventualmente fornecendo um remédio para quase todos os ilícitos.

O sucesso dos *writs* estava vinculado à capacidade do monarca de atrair as partes aos tribunais reais, que os litigantes preferiram em vez de ir aos tribunais feudais, locais ou eclesiásticos. Haviam muito poucas declarações explícitas sobre o porquê disso, mas a maioria dos historiadores acredita que se os litigantes preferiam a jurisdição real, era porque eles pensavam que ela era mais equitativa ou mais eficiente do que as decisões locais ou senhoriais. Uma das vantagens dos tribunais reais era sua capacidade de compelir os demandados e os jurados a comparecerem perante o tribunal quando convocados. Também era importante o fato de que as sentenças proferidas por esses tribunais eram registradas em rolos que eram armazenados com segurança na Torre de Londres e poderiam, em teoria, ser localizados quando necessário. Também é possível que os tribunais reais fossem vistos como instâncias em que, ao contrário do que acontecia em outros tribunais, ocorria um processo de resolução de disputa impessoal e baseado em regras.

CAPÍTULO VI – O NASCIMENTO DO *COMMON LAW* INGLÊS

O sistema de resolução de conflitos que surgiu como resultado de todos estes desdobramentos foi gradualmente identificado como *common law*. Este sistema era "comum" porque se sobrepunha às jurisdições local, municipal e feudal, abrangia potencialmente todo o reino, e estava aberto a todos aqueles livres submetidos ao rei.[50] O caráter comum a que fazia referência era político. Isto se opunha claramente ao *ius commune*, que, combinando o direito romano, canônico e feudal, era identificado como "comum" porque em teoria era compartilhado por todos os habitantes da Cristandade Latina. Estes habitantes estavam talvez divididos em uma multiplicidade de comunidades diversas, até mesmo rivais, mas eles aderiram – assim se argumentava – a uma única cultura, uma única religião e um único direito (comum).

6.6 *Writs*, remédios e o crescimento do *common law*

Em teoria, ao conceder *writs*, os reis (e seus servidores) forneciam o foro (o tribunal) e o procedimento (quais casos seriam vistos e por quem), mas não as normas substantivas que seriam aplicadas. No entanto, é claro que, na prática, ao dar acesso aos tribunais e conceder certos recursos em certos casos, mas não em outros, os reis modificavam consideravelmente a ordem normativa existente. Cada vez que suas chancelarias emitiam um *writ* permitindo que os litigantes buscassem um remédio específico, elas também reconheciam implicitamente a existência de um direito. E se permitir aos litigantes o acesso ao tribunal criava novos direitos, negar um *writ* era o mesmo que suprimir um direito ou uma obrigação. Estes direitos e obrigações teoricamente continuavam a existir, mas na prática eles não estavam mais disponíveis porque

---

[50] Nos séculos XII e XIII, os tribunais reais utilizavam principalmente o latim e, portanto, em vez de ser identificado como "direito comum" (*common law*), este sistema foi inicialmente designado como *communi iure* ou *commune regni ius*.

não havia nenhum *writ* permitindo que a parte interessada solicitasse sua obtenção.

Esta relação entre os remédios e os direitos se tornaria o traço mais proeminente do *common law*. Esta importante característica já estava presente no período de sua formação. Nos séculos XI, XIII e XIV, os *writs* reconheceram (e, portanto, criaram) direitos tão importantes como o direito de herdar terras (dado pelo *assize of mort d'ancestor*, um *writ* que permitia a um demandante processar uma pessoa por ter se apropriado de terras que o demandante herdara após a morte de seus parentes) ou o direito de não ser acusado de um crime a menos que houvesse um auto de processamento ou de acusação (estabelecida pelo *assize* de Clarendon, 1166). A vinculação dos remédios aos direitos tornou-se mais pronunciada com o passar do tempo. No início do período moderno ele ocupava um lugar tão central que muitos começaram a argumentar que o *common law* não era nada mais que um sistema de direitos, que eles identificavam como os "direitos dos ingleses" (ver capítulo VIII). Durante este período, *writs* antigos como o *habeas corpus* ("tenhas o corpo") recuperaram um destaque especial. Agora se sugeria que esse *writ*, que ordenava às autoridades que apresentassem fisicamente ao juiz o corpo da pessoa em custódia, constituía um remédio à detenção ilícita. Ademais, argumentava-se que, ao fornecer este remédio, o *habeas corpus* reconhecia indiretamente o direito de não ser encarcerado sem motivo justo.

Finalmente, a ideia de que os remédios criavam direitos seria tão importante que poderia levar a decisões que de outra forma seriam consideradas peculiares. Isto aconteceu, por exemplo, em 1704, quando a Câmara dos Lordes, atuando como uma instância de apelação, reverteu uma decisão da *Queen's Bench* que negava recurso a um indivíduo privado do direito de votar nas eleições parlamentares. A negação estava baseada na observação de senso comum de que o indivíduo não necessitava de nenhum remédio porque seu candidato preferido ganhou a eleição mesmo sem que ele votasse. A Câmara dos Lordes discordava porque "se

CAPÍTULO VI – O NASCIMENTO DO *COMMON LAW* INGLÊS

o demandante tem um direito, ele deve necessariamente ter um meio de reivindicá-lo e mantê-lo; e um remédio se ele for ferido". Era em vão, argumentaram os lordes, "imaginar um direito sem um remédio, porque a carência de direito e a carência de um recurso são recíprocas".[51] A conclusão dos lordes foi clara: apesar da incapacidade de votar não ter feito nenhuma diferença porque o candidato preferido pelo demandante ganhou a eleição de qualquer forma, o demandante deveria receber um remédio porque, segundo o *common law*, a falta de remédio implicava a falta de direito. Assim, se o tribunal não concedesse ao demandante um remédio, seria como se ele não reconhecesse seu direito de votar.

6.7 A centralidade do procedimento

Se o *common law* tinha a particularidade de insistir na relação entre remédios e direitos, também era especial em como concentrava a atenção não em garantir a justiça material (como faziam os tribunais continentais), mas em controlar a forma como funcionavam os tribunais. Por ter sido fundado como um sistema de instrumentos que permitia aos litigantes apresentarem alegações perante os servidores reais, o *common law* era extremamente atento às questões procedimentais. Ele não perguntava qual deveria ser o resultado adequado, mas sim se o procedimento correto seria seguido.

O *pleading* (apresentação de alegações) – modo como as partes traduziam seus acordos e desacordos em fórmulas jurídicas que poderiam ser utilizadas no tribunal – foi frequentemente considerado a questão mais importante. Esta tradução começava quando o demandante optava por invocar um *writ* específico, o demandado respondia a ele, e o demandante replicava. Como apresentar alegações era crucial para definir as questões em jogo, os

---

51 "Ashby vs. White and Others" em: SLADE, E. (Coord.). *Thomas and Bellots Leading Cases in Constitutional Law*. Londres: Sweet e Maxwell, 1934, p. 47.

especialistas em *common law* insistiam que era essencial verificar se ele foi feito corretamente. Na Baixa Idade Média, esta passou a ser a principal tarefa dos juízes reais que presidiam estas trocas entre as partes e asseguravam que as partes seguissem um roteiro aceitável. Como naquela época saber quais *writs* existiam e como utilizá-los (e respondê-los) tornou-se uma tarefa complicada, a maior parte da literatura jurídica se dedicava a descrever as complexas cerimônias e trocas de fórmulas que regiam o trabalho dos tribunais reais e aconselhava os praticantes sobre como canalizar os casos através deles. A preparação dos advogados seguia esta rota, centrando-se principalmente em ensinar aos candidatos a arte de apresentar alegações e o procedimento a ser seguido. Os anuários que informavam o que acontecia nos tribunais faziam o mesmo. Em vez de descrever as regras e os princípios ou narrar as decisões tomadas pelos juízes, eles reproduziam os diálogos entre as partes e o juiz, o que, como resultado do *pleading*, levou à adoção de uma questão jurídica comumente aceitável. A questão para eles foi como os casos foram realmente formulados e discutidos (ou seja, como os fatos do conflito foram transformados em argumentos jurídicos), identificando o que eram boas alegações e como elas poderiam ser apresentadas.

As regras procedimentais eram um elemento central do modo como funcionavam os tribunais do *common law*, mas também eram importantes para salvaguardar o prestígio da justiça real. Para que o sistema real funcionasse bem e competisse com sucesso com os tribunais locais, feudais ou eclesiásticos, era fundamental garantir sua reputação. Isto poderia ser feito, entre outras coisas, assegurando aos litigantes que o mesmo procedimento seria seguido sem fazer exceções por causa da identidade das partes ou da natureza do caso. Entre os instrumentos concebidos para fazê-lo estavam as muitas regras que agora consideramos fundamentais em um "devido processo legal" (*due process*). Essas regras foram elaboradas para garantir que os juízes fossem árbitros imparciais cuja tarefa principal seria dar as mesmas oportunidades (ou seja,

CAPÍTULO VI – O NASCIMENTO DO *COMMON LAW* INGLÊS

regras procedimentais) a ambas as partes, permitindo-lhes apresentar alegações em situação de igualdade.

Como a tarefa dos juízes do *common law* era principalmente supervisionar as trocas entre os litigantes no tribunal, e não verificar a realização da justiça, o *common law* quase não deixava nenhum espaço para apelações. Os "recursos de cassação" (*writs of error*) permitiam que um tribunal superior revisasse e corrigisse os procedimentos dos tribunais inferiores, mas estes se restringiam principalmente a erros procedimentais que eram evidentes nos autos e não se estendiam à contestação, por exemplo, da base factual ou jurídica da decisão. Em casos excepcionais, em vez de permitir que se apelasse, os tribunais do *common law* permitiram a revisão de um caso ordenando um novo julgamento.

Portanto, não é surpreendente que, mesmo no final do século XV, os juízes do *common law* muitas vezes se recusassem a se afastar do sistema tradicional de regras a fim de garantir a justiça material. O contraste com o resto da Europa não poderia ser maior. Os juízes do Continente eram encarregados de fazer justiça. Como eles chegavam a uma decisão justa não era particularmente importante. Embora os litigantes na maioria dos países tivessem que seguir um certo procedimento para que seus casos prosperassem, durante grande parte do período medieval e do início do período moderno, estes procedimentos eram baseados na "prática do tribunal". Em vez de prescrever uma fórmula estrita, elas poderiam ser abreviadas se o juiz a considerasse benéfica, ou prolongadas, se a justiça assim o exigisse. Os suspeitos de delitos, por exemplo, tinham direito a um julgamento, ou seja, o direito de não serem condenados sem que um tribunal examinasse seu caso, mas os juízes tinham uma enorme discricionariedade quanto ao que realmente aconteceria uma vez que o caso fosse levado ao seu conhecimento.[52] Até o século XVI e

---

[52] Os juristas do *ius commune* identificaram este direito ao processo como *servare ordinem iuris*.

até mesmo o século XVII, os juízes do Continente podiam proferir decisões "seguindo sua consciência" em vez do direito. Como resultado, enquanto o *common law* admitia em sua maioria apelações sobre questões procedimentais, os tribunais europeus não o faziam. Ali, as apelações eram sempre baseadas na alegação de que a decisão tinha sido injusta, e a questão de se um procedimento específico havia sido ou não seguido era considerada quase irrelevante.

6.8 Os profissionais do direito

Durante o período de formação do *common law*, os membros dos escalões mais altos da administração real, incluindo os juízes, frequentemente eram profissionais treinados que haviam estudado direito canônico ou direito romano em universidades ou escolas de catedrais. Ranulf de Glanvill (ca. 1112-1190) foi um importante e influente juiz durante o reinado de Henrique II. Dizia-se que tinha escrito o *Tractatus de legibus e consuetudinibus regni Angliae* (ca. 1187-1189), um manual que descrevia o trabalho dos tribunais reais ingleses. Concebido não somente para reproduzir a prática seguida por estes tribunais, mas também para dar-lhe coerência intelectual e autoridade, o manual foi composto em latim em vez de francês (o idioma dos tribunais), provavelmente para levá-lo à atenção dos estudiosos de toda a Europa e para que ele fosse ensinado nas escolas e universidades.

Henrique de Bracton (Bratton) tinha um perfil semelhante. O suposto autor de *De legibus et consuetudinibus Angliae* (ca. 1220s-1250s) – uma obra que a maioria dos estudiosos agora atribui a vários autores em vez de a um único indivíduo, e não necessariamente a Bracton – também era um servidor real com formação universitária. Embora sua participação na redação de *De legibus* seja atualmente questionada, está claro que quem quer que tenha escrito este texto era extremamente familiarizado com o direito romano. *De legibus* reunia as normas do *common law* enquanto se referia constantemente ao direito romano de maneiras

CAPÍTULO VI – O NASCIMENTO DO *COMMON LAW* INGLÊS

que ecoavam as discussões contemporâneas nas universidades. Entre outras coisas, ele apelava a categorias do *ius commune* e ao método escolástico para dar coerência aos registros ingleses. Isto foi feito estabelecendo-se semelhanças e distinções entre diferentes textos a fim de demonstrar que eles não se contradiziam entre si. *De legibus* também emulava a ordem e as divisões empregadas no *Corpus Iuris Civilis* justinianeu, e citava numerosas passagens do mesmo, bem como de textos de direito canônico.

Agora acredita-se que estes dois casos, particularmente notáveis, não foram únicos e que nos séculos XII e XIII os especialistas do *common law* procuraram e adotaram regularmente soluções de direito romano com muito mais frequência do que tínhamos imaginado no passado. Mas também está claro que, a partir do século XIV, os sucessivos monarcas ingleses começaram a designar para seus tribunais homens leigos e sem formação universitária. Em vez de preferir os juristas, como já havia sido o caso, a principal qualificação dos juízes reais agora era que eles fossem pessoas de confiança. Como naquela época era necessário um grande conhecimento prático para discernir, por exemplo, qual *writ* era apropriado para cada caso e como ele funcionava, com o tempo a maioria dos juízes reais eram escolhidos entre os advogados que trabalhavam na corte do rei.

No século XIV, não apenas os juízes reais precisavam de um determinado conjunto de competências, adquiridas em sua maior parte pelo trabalho nos tribunais; também as partes tinham que identificar o *writ* correto, compreender quais regras procedimentais e probatórias estavam associadas a ele, e saber como efetivamente apresentar alegações. Levar casos aos tribunais reais igualmente exigia o conhecimento de francês e latim, já que o primeiro continuava a ser o idioma utilizado pelos tribunais reais ingleses, e o segundo (alternando ocasionalmente com o francês) era sua língua escrita, até muito avançado o período moderno.

A necessidade de uma especialização crescente levou à aparição de peritos em direito. Estes incluíam uma variedade de profissionais tais como procuradores (que podiam representar uma parte ausente), *barristers* (advogados que se especializaram em apresentar alegações perante os tribunais), e *attorneys* (que aconselhavam os clientes). Os *barristers* com o tempo se organizaram em guildas e passaram a frequentar determinados lugares. Estes lugares, chamados de *Inns*, em sua maioria começaram como residências, mas logo transformaram-se também em espaços de socialização e treinamento, onde jovens aprendizes ouviam e observavam os mestres desempenharem diferentes tarefas. Havia quatro *Inns at Court* onde os *barristers* treinavam, e um *Inn of Chancery*, onde os aspirantes a *attorney* observavam como os *writs* e outros documentos eram redigidos. Nos séculos XIV e XV, a maioria dos *Inns* também ofereciam aos aprendizes sessões de julgamentos simulados, que se centravam no processo de obter provas e seguir procedimentos, lições em argumentação do direito (*moots*), e aulas (*readings*). As aulas exigiam que os estudantes analisassem textos escritos, em sua maioria estatutos (*statutes*). Estes textos eram frequentemente acompanhados de casos concretos, que pretendiam exemplificar seu significado e extensão. As lições em argumentação (*moots*) se concentravam na observação dos tribunais em ação e na realização de exercícios focados principalmente no procedimento, na seleção dos *writs* e na apresentação de alegações.

6.9 Como funcionava o *common law*

O modo particular pelo qual o *common law* funcionava pode ser exemplificado observando como ele desenvolveu a distinção entre os súditos ingleses e os estrangeiros. A maioria dos historiadores aponta para uma sentença fundamental na qual esta distinção foi estabelecida. Em uma decisão conhecida como "Calvin's Case", os juízes declararam em 1608 que o nascimento em um território sob lealdade ao monarca era a condição que tornava os indivíduos ingleses. Por que os juízes abordaram esta questão e como eles chegaram à sua decisão é uma história fascinante que ilumina os complexos procedimentos pelos quais o *common law* funciona.

CAPÍTULO VI – O NASCIMENTO DO *COMMON LAW* INGLÊS

Calvin (cujo verdadeiro nome era Robert Colville) era um escocês nascido após a ascensão do rei Jaime da Escócia ao trono inglês (1603). A questão que o tribunal tinha que responder era se, tendo nascido na Escócia após a união das coroas, Calvin poderia ser considerado um súdito inglês. A importância de responder a esta questão era que, se declarado inglês, Calvin teria direito a herdar terras na Inglaterra, mas se fosse um estrangeiro (um escocês), não. Os juízes responderam favoravelmente ao pleito porque eles argumentaram que Calvin nasceu sob lealdade a Jaime. Os juízes declaram que a lealdade era devida a uma pessoa física (Jaime), não a uma coroa ou a um reino (a coroa inglesa ou a Inglaterra). Como resultado, aqueles nascidos sob lealdade a Jaime em um reino estavam submetidos à sua jurisdição real em todos os lugares. Assim, um escocês nascido na Escócia sob lealdade a Jaime poderia ser considerado um súdito inglês na Inglaterra, desde que Jaime também reinasse lá.

Hoje sabemos que o Caso Calvin foi uma ação judicial forjada. Ele foi patrocinado por um grupo de indivíduos que queriam forçar uma decisão a respeito do *status* dos escoceses. Esta questão preocupou Jaime depois que ele ascendeu ao trono inglês. Ele nomeou uma comissão que concluiu que os escoceses deveriam ser tratados como súditos ingleses, e ele insistiu que assim o fosse do ponto de vista jurídico. No entanto, o Parlamento inglês recusou-se a aceitar esta solução. Como sob o *common law* os remédios criavam direitos, a única maneira de resolver a situação era apresentar um caso no qual, ao conceder um remédio, os juízes reconheceriam um direito, ou seja, o direito dos escoceses de serem tratados como súditos ingleses na Inglaterra. Para que isso acontecesse, os interessados em obter esse reconhecimento tinham que encontrar uma pessoa que necessitasse da concessão de um remédio.

A pessoa que encontraram foi uma criança nascida na Escócia após a união. Esta criança havia herdado propriedades na Inglaterra, mas seu direito a elas foi negado porque, segundo o *common law*, os estrangeiros não podiam herdar terras na Inglaterra. Esta criança, que alegava ser escocesa na Escócia, mas uma súdita inglesa na Inglaterra, tinha, portanto, um motivo para apresentar uma demanda contra aqueles que lhe recusaram sua herança legítima. Para que o tribunal lhe concedesse o remédio solicitado, ele teria que reconhecê-lo como um súdito inglês. Foi exatamente isto que aconteceu. O tribunal deu a Calvin um remédio que lhe permitia herdar na Inglaterra, reconhecendo-o, assim como um súdito inglês. A partir de então, os escoceses nascidos após a união seriam identificados como tal, sem a necessidade de que o Parlamento aceitasse esse resultado.

Este exemplo deixa claro que, mesmo em uma época tardia, como 1608 questões básicas como quem era um súdito inglês e quem era um estrangeiro poderia ser resolvido na Inglaterra não por meio de um decreto real ou uma norma parlamentar, mas recorrendo-se aos tribunais e solicitando-se um remédio. Mas o Caso Calvin também foi exemplar de outras formas. Os juízes, que o examinaram, vincularam o direito de herdar na Inglaterra ao *status* de súdito inglês. Segundo eles, somente súditos ingleses poderiam herdar terras na Inglaterra; os estrangeiros não poderiam. Mas esta regra também se desenvolveu por causa das características especiais do *common law*: sua insistência particular nas relações entre remédio e direito, bem como nos requisitos procedimentais que muitas vezes estavam vinculados ao *writ* específico que era empregado.

Hoje sabemos que a distinção entre aqueles que podiam e que não podiam herdar terras na Inglaterra provavelmente não tinha nada a ver com a estrangeirização e que, em princípio, o nascimento fora do reino não tornava as pessoas estrangeiras. Portanto, surge uma questão: por que e como surgiu a norma que vinculava a herança da terra à estrangeirização e a estrangeirização ao nascimento no exterior?

De acordo com os historiadores, a razão para isso talvez tenham sido os requisitos procedimentais. O *writ* do *common law* que regulava a sucessão determinava que, para herdar terras,

CAPÍTULO VI – O NASCIMENTO DO *COMMON LAW* INGLÊS

os demandantes tinham que provar sua genealogia fornecendo testemunhas locais. Nos casos de demandantes nascidos fora da jurisdição do tribunal, o rei poderia ordenar ao *sheriff* de sua comunidade natal que enviasse um grupo de homens locais como testemunhas. Entretanto, esta solução era impossível quando os demandantes tivessem nascido fora do reino. Como resultado, os nascidos fora do país tinham direito a herdar terras, mas devido à exigência procedimental específica vinculada ao *writ* que regulava a herança de terras, eles enfrentavam dificuldades reais para provar seu direito de fazê-lo. Inicialmente, se eles eram ou não ingleses era completamente irrelevante. No entanto, com o passar do tempo, devido à estreita conexão no *common law* entre remédio e direito, a dificuldade prática em provar a genealogia (e, portanto, assegurar um remédio) foi interpretada como incapacidade de herdar (a ausência de direito). Depois disso, como não havia nenhum remédio (os indivíduos nascidos no exterior não podiam provar sua genealogia e, portanto, seu direito de herdar), não havia nenhum direito. O círculo agora estava fechado: os indivíduos nascidos no exterior não tinham mais o direito de herdar terras na Inglaterra, e aqueles que não podiam herdar porque nasceram no exterior eram identificados como estrangeiros.

6.10 Contragolpe

A proliferação de *writs* e a crescente presença da jurisdição real nem sempre foram apreciadas pelos senhores e barões, que viam seus poderes e privilégios diminuírem. Os protestos contra este estado de coisas levaram a uma rebelião que terminou com a adoção da Magna Carta (1215).[53] Ao contrário do que geralmente se acredita, a Magna Carta procurava garantir principalmente os privilégios dos barões e dos homens livres sem sujeição senhorial (*freemen*), não os direitos de todos os ingleses. Seu propósito era

---

53 A Magna Carta será discutida com mais detalhes no Capítulo VIII.

garantir o controle feudal sobre a terra e a herança feudal, o que os desenvolvimentos jurídicos do final do século XII e início do XIII ameaçavam seriamente.

Como a Magna Carta não conseguiu resolver essas questões, o rei Henrique III (r. 1216-1272), sob nova pressão dos barões que voltaram a se rebelar, em 1258 ordenou a seus funcionários que parassem de criar novos *writs*. Em 1285, seu filho, o rei Eduardo I, fez uma promessa semelhante de que nenhum novo tribunal real seria estabelecido e nenhum estenderia sua jurisdição a novos assuntos.

Porque a pressão para ampliar a jurisdição real continuou e os litigantes perseveraram em solicitar a intervenção régia, no final do século XIV surgiu um novo sistema. Sua criação foi justificada pelo argumento de que, embora não fosse possível estabelecer novos *writs* de *common law*, o monarca ainda tinha que atender a circunstâncias especiais que justificaram sua atenção. A consciência real, alegava-se, só poderia ser exonerada se o rei fizesse o que deveria fazer, ou seja, defender os fracos e realizar justiça. Para cumprir este dever, apresentado como uma obrigação moral, o rei instituiria novos procedimentos. Em casos excepcionais, porque a justiça assim o exigisse, ele permitiria que seu chanceler ouvisse os litigantes e lhes concedesse um remédio extraordinário se os *writs* de *common law* existentes não fornecessem nenhum.

Como resultado destes acontecimentos, os litigantes que podiam usar os *writs* já reconhecidos pela Chancelaria levavam seus casos aos tribunais reais ordinários (tribunais de *common law*). Aqueles que não conseguiam encontrar uma solução apropriada no registro de *writs* dirigiam-se à Chancelaria e solicitavam sua intervenção extraordinária.

Este desenvolvimento introduziu um novo sistema de resolução de conflitos. Este sistema era distinto do *common law* porque seu funcionamento, pelo menos inicialmente, era diferente. Enquanto naquele período (século XIV) os tribunais de *common*

CAPÍTULO VI – O NASCIMENTO DO *COMMON LAW* INGLÊS

law estavam comumente abertos a todos aqueles que podiam encontrar um *writ* apropriado no registro de *writs*, o novo sistema só dava remédios em casos excepcionais e não tinha uma lista predefinida de causas de ação.

Este novo sistema, surgido no século XIV, foi chamado de *equity*, e o tribunal que adjudicava estes remédios extraordinários foi identificado como o tribunal da Chancelaria (*Chancery Court*). Destinada a tratar de situações excepcionais, a *equity* foi intencionalmente concebida como um sistema flexível com regras fluidamente definidas. Ela dependia dos poderes discricionários do chanceler, que recebia autorização do rei para resolver casos difíceis nos quais o *common law* não fornecia nenhuma solução apropriada. Isto, entretanto, não significava que a *equity* fosse um sistema completamente arbitrário. Inicialmente, a maioria dos funcionários da Chancelaria era formada nas universidades e muitos deles eram eclesiásticos. Como resultado, eles frequentemente adotavam, direta ou implicitamente, os critérios, as doutrinas e os procedimentos do direito canônico e romano.

Nos séculos XIV e XV, a *equity* foi o sistema em que ocorreram os desenvolvimentos jurídicos mais interessantes. Preenchendo o vácuo deixado pela institucionalização do *common law*, a *equity* fomentou a criação de novos instrumentos. Entre eles estava a emissão de medidas cautelares restritivas (*injunctions*) – remédios que impediam que o demandado tomasse certas ações de outra forma permitidas. Os tribunais de *equity* também elaboraram meios para fazer respeitar suas decisões judiciais, por exemplo, através de sequestro, autorizando a parte interessada a apoderar-se das propriedades do oponente que se recusasse a obedecer a uma ordem judicial. Outro remédio importante criado pelo tribunal de Chancelaria foi a proibição de execução de contratos não razoáveis, mesmo que válidos. A *equity* também desenvolveu importantes novas áreas como o fideicomisso, as hipotecas, a tutela, a falência, a sociedade comercial e as corporações, e incluía doutrinas que definiam os erros honestos, bem como a fraude.

Apesar de sua maleabilidade original, com o tempo a *equity* também se tornou mais institucionalizada e mais rígida. Tal como aconteceu com os *writs* de *common law*, ela evoluiu para um sistema de soluções permanentes. Estas soluções se reúnem em listas de remédios (de *equity*) que as partes podiam invocar. No final do século XV, a *equity* evoluiu assim, claramente, para um segundo sistema de jurisdição real que funcionava paralelamente ao sistema mais antigo de *common law*, muitas vezes interagindo e influenciando-o e vice-versa. A partir de então, a *equity* e o *common law* começaram a se integrar. Isto aconteceu em parte, porque indivíduos treinados no *common law* se tornaram chanceleres; este foi o caso de Thomas More (1478-1535). Mas a integração da *equity* com o *common law* também foi o resultado de mudanças na própria Chancelaria. Naquela época, em vez de adotar decisões *ad hoc*, justificadas como excepcionais, porque se destinavam a aliviar a consciência real em situações particularmente difíceis, os chanceleres começaram a aplicar os mesmos princípios de justiça a todos os casos semelhantes. Esta tendência à repetição tornou-se a regra na segunda metade do século XVII, quando os princípios da *equity* foram formalmente sistematizados e classificados. A partir de então, a consciência real que a *equity* protegia passou a ser civil e política em vez de natural e interna.[54] Não mais voltada para o cumprimento de um senso subjetivo real de certo e errado, ela agora visava garantir uma justiça objetiva e fornecer soluções comparáveis a conflitos semelhantes.

---

[54] HENEAGE FINCH NOTTINGHAM (Conde de). *Lord Nottingham's Manual of Chancery Practice e Prolegomena of Chancery and Equity*, ed. D. E. C. Yale (Homes Beach, FL: Wm. W. Gaunt, 1965, citado em: KLINCK, Dennis R. "Lord Nottingham and the Conscience of Equity". *Journal of the History of Ideas*, vol. 67, nº 1, 2006, p. 125.

CAPÍTULO VI – O NASCIMENTO DO *COMMON LAW* INGLÊS

6.11 Legislação real

Coincidindo com a institucionalização do *common law* e a formação da *equity*, os monarcas ingleses começaram a legislar. Já desde o reinado de Henrique II e durante toda a Idade Média e o início do período moderno, sucessivos reis intervieram na ordem jurídica, promulgando importantes estatutos referentes a diversos assuntos. No *Assize of Clarendon* (1166), Henrique II modificou o procedimento criminal, ordenando que todas as acusações criminais deveriam ser feitas por um júri de doze homens (*presentment*). O *Assize* também estabeleceu que a jurisdição criminal estaria em mãos reais, assim como a execução de criminosos condenados.

Igualmente famosos foram os estatutos de Eduardo I, que tornaram obrigatório o julgamento pelo júri em casos criminais, ampliaram o escopo das ações de perdas e danos (*actions for damages*) e modificaram vários aspectos dos regimes de terra. Vários editos de Henrique VIII, tais como o *Statute of Uses* (1536), que regulamentava a propriedade e a tributação, e o *Statute of Wills* (1540), que permitia aos proprietários determinarem quem herdaria suas terras, foram importantes para o direito de propriedade. O *Statute of Frauds* (1677) condicionou a validade de certas transações legais em bens imóveis a que elas fossem registradas por escrito e os documentos devidamente assinados.

A partir do final do século XIII e durante o século XIV, o Parlamento, que havia iniciado como um conselho consultivo e um tribunal, começou a adquirir poderes adicionais. Entre eles estava a audiência e apresentação de petições que procuravam abordar questões de natureza jurídica, econômica, política ou administrativa. A resposta do rei a essas petições era considerada um ato legislativo, mais particularmente quando incluía instruções sobre sua aplicabilidade no futuro. Em meados do século XIV, uma quantidade considerável de legislação real foi promulgada desta forma. Embora iniciada pelo Parlamento e muitas vezes concedida quase automaticamente, o poder de promulgar permaneceu exclusivamente nas mãos do rei.

Os historiadores há muito debatem a importância das promulgações reais. Alguns sugerem que, como os tribunais reais normalmente assumiam que a legislação real não poderia contradizer o direito existente, eles tomaram grande liberdade em interpretá-la, ocasionalmente até mesmo fazendo exceções a ela, ampliando suas instruções, ou, ao contrário, ignorando-as completamente. Estes observadores também concluem que o *common law* era superior à legislação real, porque a legislação basicamente repetia as normas existentes em vez de alterá-las, e os estatutos não eram muito numerosos se comparados com a quantidade e importância de outras fontes jurídicas. Como resultado, mesmo que o direito legislado fosse importante, ele era responsável apenas por uma pequena fração do desenvolvimento do direito, e funcionava, principalmente, em áreas específicas do direito, como direito criminal ou propriedade imobiliária, mas não em outras.

Outros estudiosos apontam que já no século XIII os juízes discutiam habitualmente o que prescreviam os estatutos. Eles sugerem que os advogados treinados nos *Inn of Court* foram ensinados a comentar a legislação real e que os livros de estatutos foram copiados para seu uso. Alguns até argumentam que o estudo dos estatutos era a peça central na educação dos advogados. Se a legislação era um componente tão marginal do sistema jurídico, como isso poderia ser explicado? É possível que nossa imagem do *common law* primitivo tenha sido muito influenciada pelos desenvolvimentos do século XVII que procuravam tirar a centralidade do rei e tornar o direito inglês costumeiro?

6.12 A Inglaterra foi um caso excepcional?

O sistema que agora reconhecemos como *common law* consistiu, assim, em um conjunto de remédios e procedimentos para a resolução de disputas que se desenvolveu como resultado da crescente predominância da jurisdição real. Ele se baseava na crença de que os tribunais reais seriam mais justos ou mais eficientes do

CAPÍTULO VI – O NASCIMENTO DO *COMMON LAW* INGLÊS

que os tribunais feudais ou locais, e foi possibilitado pelo sucesso dos monarcas ingleses em centralizar a administração da justiça e afirmar sua superioridade tanto em relação aos senhores quanto em relação às comunidades locais. Embora seu triunfo tenha sido gradual, até o século XVII (ou mais tarde) os tribunais de *common law*, contudo, competiam com os tribunais locais, feudais e eclesiásticos, que continuavam a existir, bem como com o tribunal da Chancelaria, que desenvolveu um sistema próprio (*equity*). A situação na Europa Continental era radicalmente diferente?

Os historiadores que concluíram que a Inglaterra era excepcional tinham a tendência de se concentrar na impermeabilidade de seu sistema jurídico à influência do direito romano. Eles argumentam que, apesar de se espalhar pela Europa, o *ius commune* não conseguiu penetrar na Inglaterra, pelo menos não na medida em que influenciou outros países europeus. Eles sugerem que assim o foi, porque, ao contrário de outros monarcas europeus, os normandos que controlavam a Inglaterra não tinham motivos para permitir, muito menos incentivar, a penetração deste novo método jurídico em seu reino. De acordo com estas narrativas, o *ius commune* não era necessário na Inglaterra porque, quando se tornou disponível, os ingleses já tinham um sistema jurídico novo, moderno, centralizado e eficiente que, ao contrário dos que operavam em outros lugares da Europa, não precisava de nenhuma melhoria. Assim, enquanto as autoridades e os habitantes de outros territórios europeus buscavam inspiração e aperfeiçoamento no *ius commune*, nada disso aconteceu na Inglaterra.

Esta narrativa predominou em grande parte do meio acadêmico por muitos séculos, mas tem sido criticada desde então por historiadores que apontam que durante a Idade Média nenhum sistema inglês moderno, centralizado ou eficiente jamais existiu. Durante este período, a ordem normativa inglesa foi dividida entre tribunais reais, feudais e locais, e continha regras que se originaram no direito romano, canônico, germânico, feudal e local. Os tribunais reais que julgavam de acordo com o *common law* contavam apenas com um pequeno número de juízes, e até o século XVIII o número de casos que viam era relativamente pequeno se comparado à quantidade e importância dos casos julgados por outros tribunais.

Além disso, nas últimas duas ou três décadas, os historiadores também enfatizaram que o *common law* foi desenvolvido por uma dinastia francesa que utilizava os serviços e conselhos de juristas de direito romano e canônico a fim de garantir a supremacia da jurisdição real. Estes juristas, cujo trabalho foi essencial no período de formação do *common law*, empregavam a terminologia, os conceitos e a metodologia do *ius commune*. Em algumas áreas, tais como tutela e difamação, o *common law* estava muito influenciado pelo trabalho dos tribunais eclesiásticos, e até mesmo tardiamente no século XV permitia aos juristas de direito romano apresentarem alegações. Também é possível que os juízes do *common law* tenham continuado a considerar o direito romano como um importante ponto de referência, mesmo nos séculos XVIII e XIX, sobretudo quando buscavam novas ideias ou desejavam criar ou esclarecer categorias. No que lhes dizia respeito, o direito romano não era vinculativo, mas incluía um saber coletivo que valia a pena considerar, até mesmo adotar. Durante o mesmo período, é possível que os advogados e juízes tenham usado o direito romano como um meio para compreender melhor o *common law* de maneiras não muito diferentes de como os juristas do Continente o empregavam para solidificar e apoiar seu próprio *ius proprium*.

Também está claro que, ao promover os tribunais reais e desenvolver procedimentos que sancionaram suas atividades, os monarcas ingleses procuravam alcançar o que a maioria de seus pares europeus também desejava, isto é, a afirmação da superioridade real em relação (principalmente) aos senhores feudais. A forma como eles justificavam a ampliação da jurisdição real, apelando para sua obrigação de garantir a paz, não era radicalmente diferente do que acontecia em outros lugares da Europa, onde outros monarcas também se referiram ao seu dever de assegurar a concordância. No entanto, enquanto os monarcas normandos

CAPÍTULO VI – O NASCIMENTO DO *COMMON LAW* INGLÊS

criaram seus próprios tribunais, outros monarcas usavam o *ius commune* para o mesmo fim. Eles acreditavam que devido à sua combinação de direito romano e canônico, ele era suficientemente universal para ajudá-los a resolver conflitos entre comunidades cujas leis eram radicalmente distintas e não era preciso criar um direito comum real. A penetração do *ius commune* nos territórios que agora chamamos de Alemanha, por exemplo, é atualmente interpretada como o resultado da urgente necessidade sentida pelos imperadores não só de incrementar os seus poderes mas também de coordenar e pacificar as comunidades germânicas rivais.

Se tudo isso for verdade, então a Inglaterra divergiu da Europa apenas de maneira gradual. A divergência pode ter se tornado particularmente perceptível nos séculos XIV e XV, que foi quando os monarcas ingleses finalmente conseguiram ampliar eficientemente sua jurisdição real por todo o reino. Também foi determinante o fato de que naquela etapa a maioria dos monarcas havia deixado de indicar clérigos e juristas para seus tribunais e, em vez disso, selecionava homens leigos que não eram mais treinados em direito romano ou canônico. Com a ausência de pessoal formado na universidade e a preferência pela formação prática adquirida, principalmente, por meio de apresentação de alegações perante o tribunal do rei, o *common law* (embora não a *equity*) se separou gradualmente do resto da Europa.

Somando-se à distância que, progressivamente, abria-se entre a Inglaterra e o Continente estava a crescente proeminência na Inglaterra dos séculos XIII e XIV de jurados leigos. Os júris começaram como Assembleias de homens locais que respondiam coletivamente sob juramento a perguntas feitas por servidores do rei. Utilizados nos séculos XI e XII, principalmente como um meio de coletar informações locais, no século XIII, sua utilização se expandiu muito. Durante este período, os júris foram introduzidos na Inglaterra tanto em litígios civis quanto criminais como um meio para indagar fatos quando outros mecanismos, tais como prestar juramento, o julgamento por batalha ou a ordália se tornaram indisponíveis ou foram considerados não confiáveis. Inicialmente testemunhando sobre saberes que já possuíam como membros da sociedade local, até o século XV os jurados também podiam considerar outros tipos de informações que fossem levados ao seu conhecimento.

Embora os júris também existissem no Continente e suas tarefas fossem semelhantes – dar testemunho coletivo das circunstâncias locais – depois que o Continente passou a adotar o processo inquisitorial no século XIII, identificar os fatos relevantes e decidir o caso passou a ser tarefa dos juízes e não dos júris. Com o tempo, estes caminhos distintos conduziram os sistemas inglês e continental a direções diferentes. Na Europa Continental, os juízes seriam encarregados da implementação da justiça e, em casos criminais, decidiriam se investigariam, se levariam o suspeito a julgamento, se as provas eram suficientes, e qual seria uma resolução justa. Na Inglaterra, os juízes supervisionariam o procedimento, mas os jurados decidiriam se deveriam processar, qual era o fato em julgamento, e se uma condenação deveria ser feita. Embora menos notório, nos casos civis se dava a mesma distinção entre um juiz encarregado de garantir a justiça (o Continente) e um juiz que supervisionava o procedimento (principalmente a apresentação de alegações) e delegava a tomada de decisão nos júris (Inglaterra).

Estas diferenças, entretanto, não implicavam que o sistema que surgiu na Inglaterra fosse completamente novo. Muitos historiadores apontam, por exemplo, para as notáveis semelhanças entre o *common law* e o direito romano antigo. Eles sugerem que em ambos os lugares a resolução de conflitos e os tribunais estavam no centro do sistema jurídico. Em ambos os lugares, os julgamentos eram conceitualmente divididos entre uma primeira etapa, na qual a questão debatida entre as partes era definida (perante um pretor em Roma, e durante a apresentação de alegações perante um juiz na Inglaterra), e uma segunda etapa, na qual os não profissionais (o *iudex* em Roma, os jurados na Inglaterra) avaliavam os fatos da questão e proferiam seu julgamento. Em ambos os lugares, ao conceder

CAPÍTULO VI – O NASCIMENTO DO *COMMON LAW* INGLÊS

remédios, os pretores em Roma e os servidores do rei na Inglaterra, criaram-se direitos. Esses remédios – que assumiram a forma de *writs* na Inglaterra e de fórmulas em Roma – foram inicialmente soluções *ad hoc* para problemas particulares, mas, com o tempo, os pretores e os servidores tendiam a repeti-las. A repetição acabou levando à criação de uma lista fechada de remédios, que em Roma encontrou expressão em éditos elaborados por pretores e na Inglaterra em um registro público de *writs*. Após a fossilização de fórmulas e *writs*, a criação jurídica foi canalizada por outros meios: jurisprudência e legislação em Roma, legislação e *equity* na Inglaterra.[55]

Como resultado, apesar do que normalmente se assume, o *ius commune* e o *common law* talvez não fossem gêmeos, mas certamente eram irmãos. Como disse um historiador, levando em conta os "princípios básicos, as ideias de organização, as técnicas de argumentação e os hábitos de pensamento", pode-se "chamar o *common law* simplesmente de uma variante, reconhecidamente uma variante excêntrica, da multidão de sistemas jurídicos que finalmente derivaram do *ius commune*".[56] Dito de outra forma, os monarcas normandos podem ter tido sucesso em promover sua própria jurisdição de forma nunca antes feita, mas o sistema jurídico que instituíram era herdeiro de um passado europeu e encontrava-se comprometido com seu presente europeu. Como será argumentado no Capítulo VIII, se a Inglaterra se distanciou consideravelmente do resto da Europa, isto pode ter acontecido não durante a Idade Média, mas sim durante os séculos XVI e XVII, quando o *common law* foi reinventado por juristas que procuraram refrear as ambições reais.

---

[55] Havia, é claro, importantes diferenças entre a Roma antiga e a Inglaterra. Talvez a mais importante estruturalmente fosse que enquanto a Inglaterra medieval permitia a coexistência de múltiplos tribunais (reais, feudais, locais) aos quais os súditos podiam levar seus conflitos e onde cada um utilizava seu sistema jurídico muito distinto, Roma não o fazia. Além disso, na Inglaterra, os advogados e os juristas nunca adquiriram a importância que tiveram em Roma.

[56] DONAHUE, Charles. "Ius Commune, Canon law, and Common Law in England". *Tulane Law Review*, vol. 66, n° 6, 1992, p. 1748.

QUARTA PARTE

A ERA MODERNA

CAPÍTULO VII
CRISE E REAFIRMAÇÃO DO *IUS COMMUNE*

A premissa do *ius commune* era a existência de uma única comunidade, cristã e romana, identificada como cristandade latina. Nos séculos XII e XIII, quando surgiu o *ius commune*, esta comunidade era católica, ou seja, sustentava a ficção de que seus princípios incluíam o que sempre foi acreditado, em todos os lugares, por todos.[57] Herdeiros do Império Romano, e defendendo suas tradições, os membros desta comunidade compartilhavam a submissão a uma única autoridade central (o papa), uma herança romana e germânica comum e, com o surgimento do *ius commune*, também um único sistema jurídico abrangente que harmonizava até certo ponto as enormes diferenças entre as ordens normativas de diferentes lugares. Apesar das divisões internas e do localismo extremo, que muitas vezes levaram os cristãos europeus a enfrentarem-se

---

[57] Atribui-se a São Vicente de Lérins (século V) a criação desta ficção. Este era o significado original do catolicismo antes da Reforma Protestante, quando este termo passou a ser associado à parte da Igreja que permaneceu sob a autoridade papal, a fim de distingui-la da outra parte que não o fez.

duramente, no que diz respeito aos contemporâneos, todos eles viviam em uma única *ecumene* – um mundo habitado comum.

Essas convicções sofreram pressões nos séculos XV e XVI. As divisões políticas na Europa se fortaleceram à medida que os monarcas gradualmente afirmaram sua supremacia em relação aos senhores locais e aos poderes universais, como o papa e os imperadores germânicos. Esses monarcas se esforçaram para controlar territórios que agora definiam como reinos e lutavam para se estabelecer como soberanos – isto é, superiores – não apenas em relação a outras autoridades, mas também em relação ao direito. Estes processos tornaram-se particularmente intensos no século XVI com a chegada da Reforma Protestante e a secessão da Igreja Católica de uma grande variedade de denominações reformadas. Com a fragmentação política e religiosa, era natural que a ideia de um direito comum europeu/cristão também fosse atacada.

7.1 Humanismo jurídico e a contextualização do direito romano

Apesar dos conflitos políticos e religiosos na Europa justificarem a crescente descrença em uma herança compartilhada de uma comunidade que antes se pensava estar unida cultural, religiosa e (até certo ponto) política e juridicamente, os primeiros sinais de fissura foram intelectuais, e encontraram expressão em uma corrente de pensamento que hoje identificamos como Humanismo.

Um produto da Renascença, o Humanismo foi um movimento intelectual, político e artístico que começou na Itália no século XIV e logo se espalhou pela maior parte da Europa. A Renascença glorificava a Antiguidade, mas também procurava colocar o homem no centro de sua atenção. Aqueles estudiosos, que mudaram de foco do direito, da medicina e da teologia para dedicaram-se ao estudo das artes (gramática, lógica, aritmética, geometria, música, astronomia e retórica), ficaram conhecidos como humanistas. Alguns dentre

CAPÍTULO VII – CRISE E REAFIRMAÇÃO DO *IUS COMMUNE*

eles voltaram-se aos estudos filológicos e se dedicaram às línguas vernáculas da Europa. Outros se interessaram pela história e pela cultura material. Eles desenvolveram um gosto pelo antiquarianismo e pesquisaram como as técnicas, preferências e significados mudaram com o tempo e de acordo com o local. Os humanistas insistiam que a experiência humana sempre foi circunscrita ao período e ao local em que foi vivida, e sua compreensão nunca poderia estar desconectada do onde, do quando e do como.

Estas crenças, que questionavam tanto a unidade quanto a permanência da cultura, colocaram os humanistas em uma posição perfeita para enfatizar diferenças e contrastes existentes na Europa. Elas os encorajaram a apreciar as práticas particulares que observaram ao seu redor e a insistir não nas tradições comuns, mas, ao contrário, em suas diferenças.

Aplicadas ao estudo do direito, estas crenças levaram os humanistas a criticar os juristas vinculados ao *ius commune* por desconsiderar o contexto e não empregar nenhuma perspectiva histórica. Os humanistas argumentaram que os juristas treinados em universidades abusaram do direito romano, utilizando-o para resolver conflitos atuais, mas não tentavam compreendê-lo adequadamente. Criticando este tratamento, os humanistas insistiam que o direito sempre foi um produto das circunstâncias particulares da sociedade que o criou. Para entender o que ele instruía, era vital historicizar o direito (estudar as mudanças ao longo do tempo), bem como contextualizá-lo.

Enquanto criticavam os juristas por não considerarem como a sociedade e a linguagem mudaram desde a época romana, os humanistas também os censuravam por entenderem errado a natureza das fontes jurídicas que analisavam. Os juristas do *ius commune* estavam interessados sobretudo em harmonizar os diferentes elementos do direito romano. Sua metodologia, o escolasticismo, baseava-se na suposição de que essas fontes eram coerentes e sem contradição. Embora este método tenha se mostrado útil para o desenvolvimento do *ius commune*, os humanistas insistiram que, no entanto, estava muito equivocado. O *Corpus Iuris Civilis* que os juristas do *ius commune* estudaram, e mais particularmente o *Digesto*, que incluía as opiniões dos juristas romanos, na verdade compreendiam uma ampla, quase acidental, variedade de fragmentos. Escritos por diferentes pessoas em diferentes épocas, estes fragmentos não eram consistentes. Em vez disso, cada um obedecia à lógica de seu tempo, seu lugar e seus autores; e os diferentes fragmentos muitas vezes se contradiziam.

Portanto, os humanistas argumentaram que as premissas metodológicas básicas dos juristas do *ius commune* eram insustentáveis. Para entender verdadeiramente o direito romano, os juristas precisariam historicizá-lo e contextualizá-lo. Eles teriam que levar em conta as diferenças entre Roma e sua sociedade e considerar o direito romano como um fenômeno histórico que passou por constantes mudanças e mutações. Isto exigiria que os juristas dividissem o direito romano em vários períodos, distinguissem os diferentes lugares nos quais os vários fragmentos foram produzidos e as identidades de seus autores. Os juristas também precisariam reconhecer a existência de várias escolas de pensamento e a presença de soluções contraditórias.

7.2 O surgimento de um método de direito francês

Os historiadores há muito debatem se as críticas dos humanistas tiveram impacto. Os que sugeriram que sim apontam para o surgimento de um novo método jurídico. Identificado como *mos gallicus* (a maneira francesa) para distingui-lo do método existente (agora batizado como o *mos italicus*, a maneira italiana), este novo método era praticado principalmente pelos juristas humanistas franceses.[58] Estes humanistas adotaram uma abordagem histórica

---

[58] Paradoxalmente, a escola começou na Itália e seu primeiro proponente (Andreas Alciatus) era italiano, mas muitos de seus adeptos (como Guillaume

CAPÍTULO VII – CRISE E REAFIRMAÇÃO DO *IUS COMMUNE*

e filológica do direito romano. De modo similar aos juristas do século XI, eles começaram por reconstruir os textos que desejavam estudar. Procurando eliminar as versões existentes dos muitos erros que, supostamente, continham, eles publicaram edições críticas e tentaram eliminar ou pelo menos desacreditar as cópias defeituosas. Alguns humanistas, inclusive, reorganizaram as compilações romanas que os juristas do século XI tinham composto, reordenando-as de acordo com a genealogia ao invés de por assunto.

Depois que os humanistas ficaram satisfeitos por terem reconstruído uma coletânea acurada de direito romano, eles passaram a estudar esses textos revisados. Ao aplicar uma nova abordagem, eles fizeram com que as contradições fossem significativas – porque acreditavam que continham desacordos, demonstravam o desenvolvimento e a mudança do direito ao longo do tempo, e mostravam as diferenças regionais. Apresentando seu trabalho como uma espécie de arqueologia, os humanistas trabalharam para redescobrir o que o direito romano ordenava em cada época. Eles escavaram sob séculos de exegese jurídica acumulada que, segundo eles, obscurecem mais que esclareceram o que era este direito. Contextualizando os textos romanos, determinando o significado original dos termos, perguntando-se como eles haviam mudado ao longo do tempo, e considerando cada fragmento separadamente, os humanistas se esforçaram assim, não em reconstruir uma mensagem coerente (como fizeram os juristas dos séculos XI e XII), mas em descobrir um mundo normativo vivo e em evolução.

Os juristas humanistas basearam-se em uma leitura atenta dos textos, mas também aplicaram seu conhecimento do passado à sua análise. Eles leram fontes não jurídicas e integraram em sua compreensão o estudo da cultura material e dos vestígios materiais. Os humanistas também consideraram os textos gregos anteriores ao

---

Budé, Jacques Cujas [Cujácio] e François Hotman) eram franceses e seus centros de criação mais importantes (Orleans e Bourges) estavam na França.

direito romano, bem como as fontes jurídicas bizantinas. Aplicando sua energia sobretudo ao direito romano, alguns estudaram o direito feudal e canônico. Seu trabalho acabou por retratar muito da doutrina medieval como um grande mal-entendido, porque os que a haviam elaborado ignoravam a cultura clássica, desconsideravam as mudanças ao longo do tempo e adotavam a falsa suposição de que o direito era sempre homogêneo e sábio.

7.3 Reforma Protestante

As proposições encampadas pelos juristas humanistas acabariam por encontrar suas implicações mais amplas com a chegada da Reforma Protestante. A narrativa convencional sugere que a Reforma começou em 1517, quando Martinho Lutero publicou suas noventa e cinco teses contra as indulgências (redução do tempo no purgatório em troca do pagamento de taxas). Lutero não foi o primeiro nem o último a criticar esta prática, mas suas reivindicações desencadearam fortes movimentos de reforma e de contrarreforma dentro do cristianismo. Independentemente da razão pela qual seu protesto particular se tornou poderoso o suficiente para dividir os cristãos em católicos e protestantes – uma questão que os historiadores ainda debatem –, do ponto de vista da história do direito, a Reforma foi um importante ponto de ruptura. Antes de tudo, ela fez com que as pessoas se perguntassem se realmente existia uma única comunidade de fé na Europa e se essa comunidade poderia ser administrada por um único *ius commune* compartilhado. Em meados do século XVI, a resposta era principalmente negativa. Seguindo esta conclusão, as novas denominações religiosas (agora chamadas de Protestantes) começaram a elaborar suas próprias leis. Não havia mais um direito canônico comum e, por implicação, não estava claro se o *ius commune* poderia sobreviver a esta crise.

A Reforma também teve implicações indiretas no que se refere a se o direito poderia guiar os cristãos e, se assim o fosse, qual seria este direito. As denominações reformadas, é claro, acreditavam em um Deus legislador, mas na maioria das igrejas reformadas a salvação tornou-se um assunto individual que não exigia mediação jurídica. Os juristas eram inimigos de Cristo em vez de seus ajudantes, e o direito não deveria fazer a mediação entre um crente e sua fé. Era tarefa das autoridades seculares, não eclesiásticas, elaborar sanções para dissuadir os pecadores e guiar os justos. De qualquer forma, a fé, como Martinho Lutero argumentou em seu famoso ensaio *Da Liberdade do Cristão* (1520), dependia da graça divina, não de uma obediência cega e mecânica aos preceitos jurídicos. Como as Escrituras Sagradas continham tudo o que os cristãos precisavam saber, tudo o que era necessário para obedecer à vontade de Deus era traduzir a Bíblia para a língua vernácula e garantir que cada família tivesse uma cópia.

A Reforma propôs, assim, interpretações que poderiam, potencialmente, afetar o mundo normativo. Ela negava a existência de uma única comunidade de fé na Europa e a possibilidade de que todos os cristãos compartilhassem um único cânone. Ela também descentralizou, completamente, o sistema normativo, argumentando que nem o direito nem os juristas eram necessários para guiar os cristãos à salvação. Politicamente, a Reforma provocou uma divisão entre católicos e protestantes e entre as diversas denominações protestantes. A ruptura levou a um século de guerras religiosas, que algumas vezes se centravam em discordâncias doutrinárias, mas também eram empreendidas com objetivos econômicos, políticos e sociais. Caracterizadas pela extrema violência, essas guerras, que dividiram famílias, cidades, regiões e reinos, diminuíram ainda mais a crença em uma *ecumene* cristã unificada.

7.4 O efeito combinado do Humanismo e da Reforma

A combinação do Humanismo e da Reforma foi extremamente subversiva. O *ius commune* dependia da unidade religiosa, agora dissolvida, e também estava vinculado ao prestígio de Roma. Ele era considerado uma fonte autorizada, porque era um instrumento útil para resolver as disputas e harmonizar os distintos direitos da Europa, mas também porque era respaldado pela Igreja e dizia-se que teve origem em um passado glorioso. Se o apoio da Igreja não importava mais porque muitos fiéis já não seguiam mais seus ensinamentos, e se os juristas medievais tinham se equivocado e seu método era uma distorção da verdade, então o *status* do *ius commune* também tinha que ser questionado.

Embora este potencial subversivo não fosse evidente em todos os lugares – a Alemanha protestante e os Países Baixos, por exemplo, continuaram a aderir e até a aumentar sua dependência do direito romano[59] – não é de se surpreender que em meados do século XVI uma corrente particularmente virulenta do Humanismo jurídico passasse a se associar à Reforma. Enquanto os reformadores da Igreja contestavam a autoridade do papa e defendiam um retorno a um cristianismo primitivo (e, portanto, segundo eles mais autêntico), os juristas humanistas argumentavam o mesmo com relação ao direito. Eles queriam se libertar da obra produzida por gerações de juristas para retornar a um assim chamado direito romano genuíno. Tanto os ministros reformados quanto os juristas humanistas insistiram que este retorno a um passado primitivo, porém autêntico, poderia ser alcançado por meio de uma melhor compreensão dos textos da Antiguidade que sobreviveram. Os comentários de João Calvino sobre a Bíblia (1540-1557) demonstravam este ponto. Calvino foi muito influenciado por seus anos como estudante de direito em universidades que aderiram ao *mos*

---

[59] O método holandês de direito (*usus modernus Pandectarum*) pode ter combinado o *mos gallicus* e o *mos italicus*. Este método foi principalmente um produto dos séculos XVII e XVIII e estava orientado para encontrar soluções práticas para situações cotidianas. Seus praticantes estavam dispostos a generalizar e estabelecer princípios, como fizeram os estudiosos italianos, mas preocupavam-se com a evolução histórica do direito e admitiam a onipresença de contradições entre diferentes soluções, como fizeram os juristas humanistas franceses.

gallicus. Foi como estudante de direito que ele primeiro formou sua visão das diferenças entre o presente e o passado, assim como concebeu suas ideias sobre como as Escrituras Sagradas deveriam ser lidas e, por conseguinte, interpretadas.

7.5 Reinvenção dos direitos locais

Enquanto muitos juristas humanistas desafiaram o cânone religioso e jurídico estabelecidos, alguns também estenderam suas críticas à esfera política. Eles reagiram principalmente contra a crescente afirmação do poder supremo dos reis e sua gradual reivindicação de soberania. Na França, o baluarte do *mos gallicus*, a oposição à ampliação da soberania real levou alguns juristas humanistas a voltarem sua atenção ao direito local. De acordo com eles, se era correto assumir que todas as leis eram produto da sociedade que as haviam criado, então a França deveria ter um direito autêntico e distinto tanto do direito em outros locais da Europa quanto do *ius commune*.

Seguindo estas convicções, os humanistas franceses passaram a imaginar o que era este direito francês particular. Eles compilaram as leis locais e tentaram entender seus elementos comuns e suas diferenças. A mensagem que pretendiam transmitir era tanto jurídica quanto política. Se havia um direito autêntico do país, ancorado nas tradições particulares da França, então esta ordem normativa era superior a todas as outras, incluindo os mandatos reais, e todos os habitantes do reino, incluindo o rei, deveriam obedecê-la.

Ao tentar afirmar a especificidade do direito francês, os humanistas também voltaram sua atenção para o direito feudal. Nele eles encontraram elementos que eram surpreendentemente úteis para o avanço de suas agendas política e religiosa. O mais importante entre eles era a ideia de que as relações entre senhores e vassalos dependiam de um pacto. Este pacto se estabelecia talvez entre duas partes radicalmente desiguais, mas, mesmo assim, incluía obrigações mútuas. Como a sujeição política estava baseada num pacto, era possível afirmar que os monarcas que não cumprissem sua parte do pacto eram tiranos; e seria legítimo opor-lhes resistência e substituí-los. Com o tempo, esta teoria acabaria se tornando uma filosofia radical que validaria tanto a resistência quanto a revolução. Entre outras coisas, ela justificaria, na Inglaterra do século XVII e na França do século XVIII, a execução de reis.

7.6 Os costumes da França

A obra do jurista humanista François Hotman (1524-1590), francês e protestante, foi emblemática destas correntes de pensamento. Hotman estudou na Universidade de Orleans e ensinou direito romano em Paris. Após um período de exílio em Genebra e Lausanne, ele retornou à França, onde continuou a lecionar o direito romano. Ao longo de sua carreira, Hotman teve a ideia de registrar por escrito as normas particulares da França. Identificando-as como "costumeiras", ele insistiu que elas tinham origem germânica e não romana.

Em um de seus ensaios mais famosos, intitulado *Anti-Triboniano* (1567), Hotman argumentou a favor da depuração do direito francês da influência tanto do direito canônico quanto do direito romano, que ele considerava elementos estrangeiros. Também defendendo uma reforma educacional, ele criticou o monopólio das universidades sobre a formação jurídica e sugeriu que, em vez de ensinar direito romano, os professores universitários deveriam dar aulas de direito francês. Hotman também acreditava firmemente que o propósito de descobrir o direito romano através do estudo do *Corpus Iuris Civilis* era ridícula. O *Corpus* foi promulgado tardiamente (no século VI) e na periferia (no Império Romano do Oriente). Não era, portanto, um bom indicativo de como o direito romano realmente era.

Em sua obra posterior, *Francogallia* (1573), Hotman desenvolveu ainda mais estas ideias. Esforçando-se para descobrir as origens das instituições francesas, ele concluiu que elas apontavam para

CAPÍTULO VII – CRISE E REAFIRMAÇÃO DO *IUS COMMUNE*

a existência de um pacto político que era particular àquele país. Argumentava que este pacto deslegitimava as reivindicações reais a favor do absolutismo. Em vez disso, ele garantia a continuação de várias liberdades que os súditos francos desfrutavam antes do estabelecimento da monarquia. Como o pacto entre reis e súditos estava ancorado no direito costumeiro, os monarcas não podiam violá-lo citando o direito romano, pois o único marco de referência legítimo na França era o direito local, ou seja, o direito francês.

7.7 Como os costumes obtiveram este *status*

Os juristas humanistas como Hotman não foram os primeiros estudiosos a compreender o poder potencial dos costumes. Como descrito no Capítulo I, após a extensão da cidadania romana (e, portanto, do direito romano) por todo o Império, os juristas romanos permitiram que os sistemas jurídicos nativos anteriores permanecessem, reclassificando-os e reconhecendo-os como "costumes locais". No entanto, foi com os juristas do *ius commune* que os costumes adquiriram uma nova proeminência. Já nos séculos XII e XIII estes juristas se empenharam em transformar as normas locais para que passassem de orais e flexíveis a escritas e formais. Com o tempo, nos séculos XIV, XV e XVI, campanhas para verificar, esclarecer, consolidar e inscrever as leis particulares das aldeias, cidades, regiões e reinos se difundiram por amplas partes da Europa. Em teoria, essas campanhas eram destinadas a registrar o direito que já existia. Na prática, elas modificaram-no de forma considerável.

Os processos que introduziram estas mudanças foram extremamente lentos. Na Alta Idade Média, as Assembleias de aldeia ou os *jurors* (testemunhas sob juramento) decidiam como os conflitos deveriam ser resolvidos. Embora a maioria dos historiadores concorde que suas decisões devem ter sido baseadas em um entendimento particular do que estava certo e do que estava errado, do que era possível e do que não era, as discussões raramente invocavam princípios ou regras abstratas. A partir das escassas evidências que temos, parece que a maioria das decisões ou eram adotadas após alguma negociação entre membros da comunidade ou eram impostas por indivíduos poderosos na busca de seus próprios interesses. Não há nenhuma indicação na documentação histórica de que elas tenham reproduzido decisões anteriores ou feito referência a normas preexistentes.

Embora este fosse o caráter original do direito local, a partir do século XIII, principalmente por meio do trabalho dos juristas do *ius commune*, este direito foi submetido a uma transformação profunda. Argumentando que as decisões locais dependiam dos "costumes", isto é, de práticas que já existiam na comunidade há tempo suficiente para se tornarem prescritivas, os juristas agora afirmavam que as Assembleias de aldeia ou os júris, que decidiam sobre como os conflitos deveriam ser resolvidos, não criavam o direito. Em vez disso, eles somente o descobriram e então aplicaram as normas que já existiam dentro da comunidade antes do conflito. De acordo com esta visão, o direito local não era o produto de soluções negociadas para problemas particulares que eram alcançadas quando necessário, mas era produzido a partir de uma série de normas (costumes) que haviam evoluído na comunidade ao longo do tempo.

Esta interpretação mudou a essência do que faziam as Assembleias de aldeia e os júris. Em vez de procurar adotar um compromisso prático que preservasse a paz como fora o caso na Alta Idade Média, estas Assembleias foram agora conceituadas como órgãos responsáveis por identificar e aplicar as normas preexistentes. Do século XIV em diante, em vez de perguntar qual deveria ser a solução correta para um caso particular, ou se a solução era justa ou consensual, os juristas que observavam ou aconselhavam as Assembleias de aldeia começaram a indagar o que seus costumes ordenavam. Eles questionaram se os jurados ou os membros da Assembleia estavam, suficientemente, familiarizados com as regras comunitárias e se sua percepção destas regras era correta e acertada. Para decidir sobre

CAPÍTULO VII – CRISE E REAFIRMAÇÃO DO *IUS COMMUNE*

tais questões, os juristas consideraram as declarações coletadas de diferentes pessoas e, contrastando umas com as outras, chegaram a uma conclusão sobre o que os costumes locais, "verdadeiramente", prescrevem. O que buscavam era um direito estável, antigo e permanente, que acreditavam ser parte do patrimônio comunal, até mesmo propriedade comunal. Este direito continha privilégios que pertenciam a todos os membros da comunidade.

Seguindo sua convicção de que o direito local representava costumes duradouros, mesmo imemoriais, os juristas começaram a formalizá-lo, utilizando-se de categorias cada vez mais abstratas e gerais. Eles sistematizaram uma ampla gama de soluções e argumentavam que estas sempre existiram precisamente da mesma maneira. O objetivo era chegar a um direito local que pudesse existir independentemente das circunstâncias do caso e do momento e que pudesse se ajustar a qualquer número de situações semelhantes. O caminho da abstração à centralização foi rápido, mas significativo. No final do século XIV e durante o século XV, a projeção geográfica de certas normas, agora identificadas como costumeiras, se estendeu de uma única localidade a regiões inteiras.

A influência dos juristas do *ius commune* sobre estes desenvolvimentos foi considerável, mas igualmente importante foi o surgimento de burocracias reais e a redefinição das relações entre os poderes local e central. À medida que unidades menores, como as aldeias, integravam-se a unidades maiores, como reinos, tornou-se um assunto de grande preocupação identificar de que se compunham essas unidades menores, e quais eram os privilégios de seus habitantes. Era, agora, necessário que os habitantes locais obtivessem o reconhecimento do que consideravam ser suas tradições e que os poderes centrais soubessem quais seriam as limitações sobre sua liberdade de ação. Como resultado destas exigências, foram elaboradas políticas para identificar e registrar a ordem normativa local, às vezes para conservá-la, às vezes para modificá-la. Também foram feitos esforços para facilitar o trabalho dos governos reais e regionais, padronizando os costumes e expandindo seu alcance, a fim de diminuir a complexidade de um sistema jurídico no qual cada aldeia tinha suas próprias práticas e normas.

Se tais políticas importavam, também importava a disponibilidade de juristas e de novas técnicas de registro, principalmente, a passagem da oralidade para as formas escritas. Mas se os costumes pareciam justificar a importância de um direito popular, criado sem a intervenção de juristas ou reis, eles também testemunharam, paradoxalmente, a poderosa presença do *ius commune*. Embora os historiadores alemães argumentarem que os territórios germânicos recorreram ao direito romano apenas nos séculos XV e XVI, um período que eles chamaram de "a Recepção", e explicaram esta recepção sugerindo que o direito costumeiro germânico era demasiado caótico e fragmentado para ser útil, é agora claro que muitos territórios germânicos foram, profundamente, influenciados pelo *ius commune* muito antes do século XVI. Nos séculos XIV e XV, os juristas do *ius commune* de fato colaboraram na formação e formalização do direito costumeiro germânico que os estudiosos não mais acreditam ter sido a expressão da sabedoria popular. Em vez de dois regimes em oposição, na Baixa Idade Média, na Alemanha e em outros lugares, o direito costumeiro e o *ius commune* se fundiram enquanto os juristas deste último trabalhavam para coletar e registrar, mas também mudar e modificar, o direito local. Este legado de colaboração se tornaria, novamente, crucial no século XIX, quando juristas alemães que codificaram suas leis recorriam ao direito romano a fim de desenvolver mecanismos, que lhes permitissem compreender e descrever o, assim chamado, direito costumeiro dos diversos Estados e territórios alemães (ver Capítulo XII).

7.8 As monarquias e a redação dos costumes

Embora a redação dos costumes fosse comum em toda a Europa, a tradição francesa, na qual Hotman surgiu, foi, particularmente, emblemática de tais processos. Já nos séculos XIII e XIV, vários juristas franceses elaboraram coletâneas do direito local. Escritas

CAPÍTULO VII – CRISE E REAFIRMAÇÃO DO *IUS COMMUNE*

em língua vernácula, embora estruturadas por referência ao *Corpus Iuris Civilis* romano, essas coleções eram, amplamente, seguidas. Nos séculos XV e XVI, as autoridades reais francesas começaram a fomentar estes processos de registro, iniciando campanhas para redigir o direito costumeiro. Organizadas regionalmente, estas campanhas exigiam uma reunião dos representantes dos três Estados (nobreza, clero e terceiro Estado) com os comissários reais e juristas. Estas Assembleias deveriam chegar a um acordo sobre quais eram os costumes locais e preparar textos escritos que os enumerassem e explicassem. Como resultado destas iniciativas, no final do século XVI grande parte do direito costumeiro francês havia sido posto por escrito.

A redação do direito costumeiro francês permitiu aos especialistas conceberem o país como um território dividido entre o *pays de droit écrit* (áreas do direito escrito), que, supostamente, seguia o direito romano, e o *pays de droit coutumier* (áreas do direito costumeiro), que não o fazia porque seu ordenamento jurídico, supostamente, era costumeiro. Entretanto, considerando como os costumes foram registrados, torna-se evidente que esta oposição entre costumeiro e romano, oral e escrito, era em grande parte retórica. Entre outras coisas, embora fora dito que os costumes da França tenham sido criados em um passado distante, os registros demonstram que tal não era o caso. As comissões encarregadas de identificar o direito costumeiro no século XVI deixaram amplas evidências de que seus membros antes de tudo negociavam entre si e com os locais. Em vez de se considerarem registradores encarregados de localizar e identificar as normas existentes, eles procuravam influenciar essas normas decidindo o que seria escrito e como. Ao final deste processo, não apenas os costumes foram inventados de novo – porque, entre outras coisas, eles foram muito influenciados pelo trabalho dos juristas de direito romano que os recolheram – mas também não eram mais orais.

Se não havia nenhuma razão para supor que algumas partes da França tivessem um direito oral antigo e autêntico enquanto outras não, era igualmente errado concluir que o direito costumeiro francês estivesse em oposição ao direito romano. Como ocorreu em outros lugares, os juristas franceses empregaram a terminologia, os critérios e as doutrinas do direito romano para registrar os costumes. Depois que estes foram codificados, passaram a estar sujeitos a comentários e interpretações acadêmicas por juristas profissionais, formados em universidades. Assim, mesmo que se pudesse imaginar um costume puro e não afetado pelo direito romano, o que seria extremamente difícil, tal costume não existiu na França, pelo menos não na Baixa Idade Média e no início da Era Moderna.

7.9 Uma última palavra sobre a utilidade política dos costumes

Hotman esperava que a redação dos costumes limitasse as pretensões reais por soberania, produzindo normas que o rei não poderia violar. Mas os reis franceses que encorajaram estes processos da escrita pretendiam alcançar o contrário. Ao reduzir os costumes a textos escritos, estes reis aspiravam controlar a ordem normativa local e modificá-la de fato. Os comissários reais que se dedicaram a esta tarefa compreenderam o que estava em jogo. Eles, constantemente, impunham sua opinião aos habitantes locais sobre como as normas deveriam ser identificadas e escritas, o que deveria ser acrescentado e o que deveria ser subtraído. Os comissários reais também favoreceram a unificação de vários regimes costumeiros e selecionaram aqueles costumes que deveriam ser aplicáveis em todo o reino. Os juristas reais esperavam que o registro dos costumes também interrompesse sua evolução, fixando-os de maneira conclusiva. Os costumes não mais mudariam, não mais seriam passíveis de serem negociados. E o mais importante de tudo, as normas locais que se converteram em direito real depois de serem registradas não mais dependeriam da comunidade. Em vez disso, elas obteriam sua validade e seriam legitimadas e obedecidas, porque o rei assim o quisera.

CAPÍTULO VII – CRISE E REAFIRMAÇÃO DO *IUS COMMUNE*

A longo prazo, em vez de ser um instrumento de preservação, a redação do direito costumeiro foi um meio para introduzir mudanças. Ele não provocou a manutenção de privilégios e liberdades comunais, como desejava Hotman, nem a permanência da oralidade, mas sim o início de uma nova era caracterizada pela crescente intervenção dos reis na ordem normativa. Depois de ter sido registrado, o direito local já não dependeria mais da comunidade. Em vez disso, ele seria imposto aos habitantes locais por pessoas de fora que lhes diriam o que seus próprios costumes ditavam. Paradoxalmente, o único ponto em que os humanistas e os reis convergiam era a esperança de que o direito costumeiro substituísse o *ius commune*. Para Hotman, isso seria um meio de voltar a um verdadeiro direito francês e resistir à intervenção real na ordem normativa. Para os reis, esta seria uma forma de aumentar seus poderes sob o pretexto de que eles conservavam o direito antigo em vez de criar um novo. Mas a esperança de que os costumes substituiriam o *ius commune* foi frustrada. Não apenas o *ius commune* sobreviveu à crise dos séculos XV e XVI, mas também a redação dos costumes manifestou sua presença hegemônica.

# CAPÍTULO VIII
CRISE E REINVENÇÃO DO *COMMON LAW*

No século XVI, a Inglaterra viveu um período particularmente conturbado de conflitos religiosos, políticos, sociais e econômicos. Um confronto com o papado levou à criação da Igreja Anglicana. Como o rei Henrique VIII não tinha descendentes homens que sobreviveram durante um período prolongado, o país sofreu várias crises de sucessão, com diferentes facções apoiando um adversário diferente. A discordância sobre a identidade do herdeiro legítimo implicava questionar não apenas quem era o sucessor autêntico, mas também quem tinha autoridade para decidir sobre tais questões. A Reforma, que dividiu os ingleses em católicos e protestantes, também produziu múltiplas denominações protestantes, e as lutas políticas muitas vezes se transformaram em rivalidades confessionais e vice-versa. No século XVII, estes problemas foram acompanhados de debates sobre as consequências jurídicas de uma união entre a Escócia e a Inglaterra (1603), principalmente sobre se a ascensão de um rei escocês ao trono inglês deveria trazer a unificação jurídica. Também era necessário decidir como reagir depois que o rei, após sua coroação, declarou que todas as leis antigas eram *ipso facto* nulas e sem efeito. O rei (James I) também determinou que os monarcas estavam acima e não abaixo do direito, e eram imputáveis apenas perante Deus. Em vez de receberem sua autoridade do povo, e em lugar de estarem ligados a esse povo por algum tipo de pacto pelo qual eles poderiam ser responsabilizados, eles eram divinamente eleitos.

Somado a este cenário complexo havia uma disputa crescente entre o monarca e o Parlamento. Como em 1611 o rei James dissolveu o Parlamento, nos anos seguintes a luta contra as pretensões de James foi canalizada, principalmente, através dos tribunais do *common law*. O *Chief Justice* Edward Coke, mas também muitos outros, acreditavam que porque os reis estavam sob o direito e não acima dele, eles, os juízes, podiam censurar suas atividades. A luta pelo poder que se seguiu continuou no reinado de Carlos I, filho de James. Ela levou à destituição de vários juízes proeminentes (incluindo Coke), ao impeachment de outros, e à abolição de certos tribunais. Também produziu tensões dentro do próprio sistema judicial, pois os tribunais do *common law* eram vistos como apoiadores do Parlamento, cujas alegações eles respaldavam, enquanto os juízes de *equity* eram identificados como estreitamente associados à monarquia. Ao contrário dos juízes do *common law*, os juízes de *equity* eram, em sua maioria, treinados em direito romano ou canônico. Eles dispensavam remédios extraordinários quando o *common law* era silente ou inadequado; por definição, eles exerciam uma jurisdição que permitia a extensão dos poderes reais além do âmbito do *common law*.[60] Essas características permitiam que muitos advogados e juízes do *common law* considerassem os juízes de *equity* como aliados das pretensões reais. Eles argumentavam que os juízes de *equity* seguiam um sistema jurídico estrangeiro (direito romano e canônico) que era perigoso, não apenas politicamente, mas também religiosa e culturalmente. A declaração de James I de 1616, de que sempre houvesse um conflito entre a *equity* e o *common law* aquela deveria prevalecer, não melhorou as já difíceis relações.

---

[60] Ver Capítulo VI.

CAPÍTULO VIII – CRISE E REINVENÇÃO DO *COMMON LAW*

Combinado com as revoltas escocesas e irlandesas e uma invasão estrangeira, este enredo produziu uma guerra civil, em que exércitos representando o rei Carlos I entraram em conflito com os que atuavam pelo Parlamento. Em 1648, após um período de extrema anarquia, o Parlamento, acusando o rei de quebrar seu pacto com o povo, o declarou culpado por alta traição e condenou-o à morte. O monarca foi executado em 1649, a monarquia e a Câmara dos Lordes foram abolidas, e uma república (a *Commonwealth* da Inglaterra) foi instituída sob a liderança do comandante militar do Parlamento, Oliver Cromwell. A monarquia foi restaurada em 1660 na pessoa do filho de Carlos, mas a relação entre o rei e seus súditos havia mudado para sempre.

Embora a guerra civil inglesa tenha terminado com a vitória do Parlamento, as questões que assombravam a vida política e religiosa antes de 1649 não foram resolvidas. Em 1688, em resposta ao temor de que um candidato católico herdasse a coroa, o Parlamento convidou o príncipe holandês de Orange, Guilherme, que era casado com Maria, a filha protestante do rei, para governar o país. Acusando o monarca de abusar de seus poderes, Guilherme partiu para a Inglaterra e confrontou militarmente o rei James II (filho de Carlos I). Derrotado no campo de batalha, James deixou o país. O Parlamento declarou a coroa vaga e pediu a Guilherme e Maria que a ocupassem. No entanto, o convite era condicional. Os termos sob os quais o reinado de Guilherme e Maria seria aceito foram detalhados pelo Parlamento. O documento de 1689 que ficou conhecido como a Declaração de Direitos (*Bill of Rights*), enumerava, entre outras coisas, restrições importantes sobre o que os reis poderiam fazer.

Os historiadores recorrem a este período para explicar a origem de uma nova modernidade que se dizia ter surgido na Inglaterra nos séculos XVI e XVII. Eles explicam as ideologias, estratégias, interesses, culturas e práticas que justificaram esta época agitada e seguem o rastro dos indivíduos e das redes que foram responsáveis por sua gênese. A seguir, pergunto quais estruturas jurídicas facilitaram estes desenvolvimentos e como o direito mudou em decorrência disso.

8.1 Insatisfação com o sistema jurídico

Como vimos, o surgimento do *common law* nos séculos XII e XIII foi um resultado direto do desenvolvimento de um sistema judicial vinculado ao rei. A expansão da jurisdição real em todo o reino exigiu a adoção de regras sobre quem poderia ter acesso aos tribunais reais, em que tipos de casos, e quais seriam os procedimentos. Estas regras foram incorporadas em ordens reais denominadas *writs*, que instruíam os funcionários reais a ouvir certos litigantes de determinadas maneiras. Embora, em teoria, os funcionários reais devessem implementar um direito preexistente, à medida que os *writs* se multiplicavam, eles se converteram em uma ferramenta importante para a criação do direito. A concessão de um remédio – a capacidade de apresentar uma demanda perante um tribunal – foi entendida como criadora de um direito e, inversamente, a incapacidade de encontrar um remédio foi entendida como a negação de um direito.

Crescendo exponencialmente durante os séculos XII e XIII, este sistema de jurisdição real que agora identificamos como o *common law* passou a ser questionada no século XIV. A oposição feroz dos barões e dos senhores feudais à contínua expansão dos poderes reais levou sucessivos monarcas a prometerem que deteriam a criação de novos *writs*. No entanto, os funcionários reais tiveram dificuldade em adaptar os remédios disponíveis às exigências de uma sociedade em constante evolução. A pressão para reformar o sistema levou os reis a autorizarem a Chancelaria a intervir em novos casos (para os quais os *writs* não existiam), dando remédios excepcionais, porque a justiça, assim, o exigia. A legislação real na forma de estatutos também interveio no sistema jurídico, criando novas regras e procedimentos.

A crescente complexidade destes arranjos jurídicos, feitos a partir de uma grande variedade de fontes normativas, levou, nos séculos XVI e XVII, alguns estudiosos a reclamar que o sistema jurídico era muito rígido. Outros sugeriram que ele era muito opaco. Os remédios e procedimentos existentes, eles argumentavam, não eram óbvios para os leigos e eram muitas vezes difíceis de entender, mesmo para os profissionais treinados. O uso do latim e do francês em vez do inglês vernacular e a adoção de um estilo particular de anotação nos tribunais (identificado como "*court hand*") tornava o trabalho dos juízes particularmente difícil de ser seguido. Muitas mudanças pontuais foram introduzidas sem sistematização. Tudo isso resultou em um sistema jurídico, que se caracterizava por uma grande incerteza e era extremamente caro, ineficiente e, muitas vezes, inacessível a ponto de ser disfuncional.

Os contemporâneos também se queixavam da coexistência de uma multiplicidade de jurisdições, tribunais e sistemas normativos consideravelmente diferentes na ilha. O *common law* e a *equity* eram os sistemas seguidos pelos tribunais reais, mas, paralelamente a eles, havia centenas de tribunais feudais, eclesiásticos e municipais, cada um obedecendo a regras, procedimentos e normas totalmente diferentes. Esta multinormatividade era considerada normal na Idade Média, quando o sistema de tribunais reais foi estabelecido pela primeira vez. Durante este período, a maioria dos advogados, juízes e intelectuais acreditava que ela era vantajosa, porque permitia flexibilidade e refletia, corretamente, a complexidade de uma sociedade em que os reis eram considerados superiores aos poderes urbanos e feudais que, no entanto, permaneciam (quase) intocáveis. Contudo, com a chegada da modernidade, a aceleração da atividade econômica e o aumento da imigração, muitos começaram a insistir em colocar alguma ordem no que agora era percebido como um sistema caótico. Eles sugeriram a necessidade de racionalizar o direito, sistematizar o conhecimento acumulado e esclarecer as hierarquias entre as normas e as jurisdições com o objetivo de garantir maior segurança jurídica e legibilidade.

8.2 Questionando a justiça real

Embora fossem relevantes, as críticas à opacidade, à dificuldade e à multinormatividade da situação jurídica, inicialmente, não atingiram o cerne do sistema do *common law*. A maioria dos juízes, advogados e intelectuais sugeriram que algum grau de reforma seria suficiente para tornar a situação mais tolerável. Contudo, nos séculos XVI e XVII, um elemento, potencialmente muito mais perigoso, foi adicionado às críticas contra o sistema judicial: ou seja, a crescente desaprovação da monarquia em meio a uma grave convulsão religiosa e política. Esta era uma séria ameaça ao *common law*, cuja expansão, durante os séculos XII, XIII e XIV, esteve diretamente vinculada ao prestígio da monarquia. Esta expansão foi baseada no pressuposto de que os litigantes encontrariam uma justiça mais justa, imparcial e eficiente nos tribunais reais do que em todas as outras instâncias judiciais e administrativas. Se a jurisdição real cresceu durante este período formativo, foi porque o rei estava disposto a se engajar na distribuição da justiça e porque seus vassalos o pediam que o fizesse. Quanto mais eles recorriam à jurisdição real, evitando assim os tribunais feudais e urbanos, mais rápido se criavam os *writs*, e maior era o alcance do *common law*.

Entretanto, nos séculos XVI e XVII, a sucessão real se converteu em tema de debate. A crescente discórdia sobre como identificar o legítimo pretendente à coroa foi acompanhada pelo desacordo sobre se o monarca reinante agia como deveria ou se ele havia abusado de seus poderes (uma pergunta feita a respeito tanto de Carlos I quanto de James II). Também foram discutidas outras questões essenciais, tais como se os reis estavam sujeitos ao direito ou se eram superiores a ele, e se eles poderiam mudá-lo ou se isso exigia o consentimento do Parlamento. Conflitos entre os juízes do *common law* e os da *equity* se somaram a estas tensões, pois colocavam os servidores reais em disputa uns com os outros, permitindo interpretações que, muitas vezes, eram totalmente contraditórias e que moviam grande parte do debate político para o âmbito dos tribunais. Deveria o *common law*, que

CAPÍTULO VIII – CRISE E REINVENÇÃO DO *COMMON LAW*

tinha seus próprios profissionais e regras que, em sua maioria, apoiavam o Parlamento, prevalecer sobre a *equity* – em sua maior parte controlada pelos juristas do direito romano e canônico que respaldavam o rei – ou deveria ocorrer o contrário? Poderia um rei insatisfeito com o sistema jurídico revisá-lo, ou mesmo substituí-lo? Tal manobra seria permissível ou completamente ilícita? Durante o século XVII, a conclusão de que o monarca era um tirano levou à execução de um rei (Carlos I) e à remoção de outro (James II).

Estes acontecimentos questionavam alguns dos pressupostos básicos relativos à superioridade da justiça real. Com a monarquia desacreditada, os juristas ingleses buscaram resgatar o *common law* de sua dependência tradicional da coroa, de modo que as críticas contra a monarquia não prejudicassem a reputação do sistema jurídico. Eles também procuraram subordinar a *equity* ao *common law*. Para obter tais resultados, eles se propuseram a reinventar o que era o *common law*, por que e como ele era importante.

8.3 Resposta jurídica à crise

Em resposta a essas pressões, nos séculos XVI e XVII, os juristas ingleses adotaram três medidas para reformar e salvaguardar o *common law*. Embora inicialmente estas medidas não fossem consensuais e os proponentes de suas diversas partes não concordassem sobre o que significavam, a longo prazo elas conseguiram ganhar aceitação e mudaram a visão dos contemporâneos (e das gerações posteriores) de maneira surpreendente.

O primeiro passo foi distanciar o *common law* do monarca, argumentando que este sistema, em vez de ser o produto da intervenção real, se baseava em um direito costumeiro anterior à Conquista Normanda. Embora descoberto pelos juízes reais, ao julgarem conflitos e embora submetido à autoridade real, este direito foi criado pela comunidade e refletia suas normas antigas. O segundo passo foi concluir que o *common law* era o único sistema importante que havia existido na ilha, sendo todas as outras jurisdições e tribunais – inclusive a *equity* – inferiores e sujeitas a ele. O terceiro passo afirmava que o *common law* incluía regras que sustentavam o poder real, mas também limitavam o que o rei poderia fazer. O acordo comunal para obedecer ao rei, segundo os juristas, era dado apenas enquanto ele respeitasse os privilégios e direitos costumeiros dos indivíduos e das comunidades.

Juntas, estas medidas, que serão explicadas com maiores detalhes abaixo, modificaram, consideravelmente, o significado e a essência do *common law*. Mesmo que exigissem uma extensa reescrita da história do direito inglês, seu sucesso foi tão espetacular que nos séculos XVIII e XIX sua reinterpretação já não mais era contestada. Àquela época, os juristas tanto da Inglaterra como estrangeiros se referiam ao *common law* como o único sistema jurídico importante na Inglaterra, e eles determinaram que ele reproduzia um direito costumeiro que incluía regras constitucionais.

Somente nas últimas décadas, os historiadores começaram a colocar em dúvida estas conclusões. Eles questionam se o *common law* era costumeiro, apontam para a importância das jurisdições locais, urbanas, feudais e eclesiásticas que operavam na Inglaterra junto com os tribunais reais e a ainda relativa independência da *equity*. Demonstram até que ponto as regras constitucionais defendidas pelos autores do século XVII se baseavam em uma leitura restritiva e muitas vezes equivocada (mas sempre interessada) do passado.

8.4 O primeiro passo: tornar o *common law* independente do rei

A consciência de que os acontecimentos políticos dos séculos XVI e XVII colocavam potencialmente em perigo a própria base do *common law* levou os juristas ingleses a proporem uma nova, engenhosa e, até certo ponto, autointeressada leitura da tradição jurídica inglesa. De acordo com as necessidades da época, seu objetivo era tornar o direito independente do monarca, colocar

CAPÍTULO VIII – CRISE E REINVENÇÃO DO *COMMON LAW*

restrições às atividades reais e situar os juízes do *common law* no centro do sistema político. Embora esta leitura incluísse uma história bastante fictícia que invertia por completo o entendimento mais básico do que era o direito, devido à sua enorme utilidade política e à sua sofisticação intelectual, logo se tornou o relato padrão sobre como o *common law* surgiu e o que ele incluía.

Esta nova narrativa, atribuída principalmente a Edward Coke (1552-1634), embora, sem dúvida, começasse antes e continuasse depois dele, e que era compartilhada por muitos de seus contemporâneos em um grau ou outro, sugeria que o *common law* não foi criado pelo rei através dos *writs*. Em vez disso, no cerne deste sistema havia um direito costumeiro que antecedeu a invasão normanda e a institucionalização dos tribunais e dos *writs* reais nos séculos XII e XIII. Este direito costumeiro, antigo a ponto de ser imemorial, ou seja, já não mais se recordava seu início, dominava a ilha antes da chegada dos normandos. De origem anglo-saxã (ou seja, germânico) em vez de romano, este direito costumeiro foi reconhecido pelos normandos, que em uma série de confirmações sucessivas prometeram aderir a ele. Como com todos os direitos costumeiros, em vez de ter sido imposto pelos monarcas, este fora criado pela comunidade; e em vez de ter sido desenvolvido nos tribunais reais, os juízes somente o descobriram e logo o faziam respeitar. O *common law*, em resumo, não era uma imposição normanda. Era, ao contrário, um autêntico direito autóctone.

Esta reinvenção do que era o *common law* permitiu a idealização de um sistema jurídico que não dependeria mais do rei. De acordo com esta narrativa, os monarcas ingleses e seus juízes tinham que obedecer a este direito não apenas porque era costumeiro, mas também porque eles tinham, constantemente, prometido que o fariam. De fato, as convulsões do século XVII foram uma demonstração do que acontecia quando os reis, inesperadamente, recusavam-se a continuar respeitando este direito antigo e costumeiro e, em vez disso, procuravam introduzir mudanças jurídicas.

Os reis que violavam os acordos costumeiros com seus súditos eram tiranos e mereciam ser depostos, até mesmo ser mortos.

O objetivo final desta nova reinterpretação não era apenas dissociar o direito da figura do rei, com o argumento de que ele não era responsável por sua criação, mas também situar os juízes do *common law* no centro do sistema jurídico. De acordo com este entendimento, estes juízes já não eram mais servidores reais, que dispensavam a justiça do monarca ao seguir suas instruções (os *writs*). Em vez disso, encarregavam-se de identificar as normas (costumes) preexistentes e de aplicá-las. Eles eram um bastião, tanto para garantir a sobrevivência do direito autêntico do país quanto para resistir à pressão real para mudá-lo (quando tal pressão existia). Os juízes do *common law* também eram membros de um órgão autônomo que talvez dependesse administrativamente do rei, mas que, juridicamente, obedecia apenas ao direito.

Para sustentar esta incrível transformação e criar esta ficção, Coke e outros juristas tiveram que modificar não apenas o caráter do *common law*, mas também sua compreensão da história. O argumento de que o *common law* era um direito costumeiro que antecede a chegada dos normandos exigia, entre outras coisas, a reescrita da história da Conquista Normanda. Em seu esforço para fazê-lo, estes juristas sugeriram que não houve uma verdadeira conquista, seja porque os normandos eram (ou assim podiam ser vistos) legítimos herdeiros do trono, ou porque nunca agiram como verdadeiros conquistadores. Em vez de abolir os direitos dos nativos, como era habitual nos casos de conquista, os normandos consentiram em se submeter à ordem normativa existente, agindo como herdeiros legítimos que, em vez de alterar, continuaram com o estado normal das coisas. Ao converter a Conquista Normanda em um "não acontecimento", estes juristas argumentaram que, do ponto de vista jurídico, ela não assinalava nenhum momento transformador. Juridicamente, era como se nunca tivesse acontecido, pois não havia modificado os princípios básicos do direito inglês.

CAPÍTULO VIII – CRISE E REINVENÇÃO DO *COMMON LAW*

De forma peculiar, esta reinterpretação repetia as afirmações já feitas pelos primeiros reis normandos, os quais, de fato, sugeriram que seu objetivo principal era garantir a continuidade da ordem jurídica. No entanto, ela ignorava a revolução jurídica ocorrida na Inglaterra nos séculos XII, XIII e XIV, ou seja, o nascimento do *common law*. Em seu lugar, ela sugeria que a instituição de tribunais reais e o desenvolvimento de um sistema de *writs* formavam uma continuidade com os tempos antigos, em vez de introduzir uma mudança profunda.

Se a negação da conquista apoiava a antiguidade, bem como a continuidade do *common law*, também era um argumento poderoso contra as ambições dos monarcas do século XVII. Ao ascender à coroa inglesa (1603), James I (James VI da Escócia) esperava unificar ambos os reinos impondo um novo regime jurídico ou pelo menos modificando, substancialmente, o regime existente. A resposta dos juristas ingleses que se opunham a tais medidas foi que nem mesmo os normandos se atreveram a fazer isso. Nem os muitos governantes e reis que tinham invadido a ilha sucessivamente, desde a época romana até a chegada dos normandos. Em vez disso, eles preservaram o direito existente.

A nova ficção, segundo a qual o *common law* não era um conjunto de *writs* e procedimentos judiciais seguidos por advogados, mas sim um direito costumeiro que antecede a chegada dos normandos, facilitou profundas transformações ideológicas. O *common law* não era mais "comum", porque fora instituído pelo rei e aplicava-se igualmente a todos os seus vassalos ou porque fora criado pelos juízes e advogados que trabalhavam nos tribunais comuns. Em vez disso, era "comum" porque se dizia que tinha origem na comunidade. Como todos os outros regimes costumeiros, o *common law* surgiu espontaneamente dos membros da comunidade. Típico deles e representando seu espírito, era, por excelência, profundamente diferente de todos os outros sistemas jurídicos em outros lugares. Representava não a vontade de um único indivíduo (o rei), mas a experiência e a sabedoria de muitas gerações e, segundo se dizia, correspondia, perfeitamente, às necessidades da sociedade. Este direito costumeiro era essencialmente oral, porque se baseava na maneira como os membros da comunidade se comportavam e no que eles acreditavam ser normativo.

Por ser originário da época anglo-saxônica em vez da normanda, este direito fazia parte de uma tradição germânica e não romana. Criado no início da Idade Média muito antes do renascimento do direito romano na Europa (nos séculos XI e XII), ele era (ou deveria ser) imune à influência do direito canônico e do direito romano, que agora eram apresentados como profundamente estrangeiros. Estas características explicavam a rejeição de Coke às sugestões para introduzir partes do direito romano na Inglaterra e a facilidade com que ele podia criticar o tribunal de Chancelaria, onde se reuniam os especialistas deste direito agora, supostamente, estrangeiro. A nova concepção do direito inglês como germânico permitiu apresentar o *common law* como um instrumento diferente do poder papal e capaz de resistir a ele, principalmente à usurpação da prerrogativa real por parte da Igreja.

Embora extremamente radicais, até mesmo revolucionárias, quando propostas pela primeira vez, essas ideias encontraram amplo apoio entre os juristas ingleses. Por exemplo, William Blackstone (1723-1780), autor dos *Commentaries on the Law of England* (1765-1769), o manual jurídico mais popular dos séculos XVIII e XIX, concordava com esta análise. Ele também tinha inteira confiança na hipótese de que o *common law* era essencialmente feito de costumes não escritos que se originaram na época anglo-saxônica, antes da chegada dos normandos no século XI. Estes costumes, segundo ele, eram "tão antigos quanto os britânicos primitivos" e continuavam "inalterados e não adulterados". Blackstone também acreditava que, apesar das conquistas, as invasões e a imigração de romanos, saxões, dinamarqueses e normandos, a Inglaterra nunca experimentou "qualquer troca formal de um sistema de leis por

CAPÍTULO VIII – CRISE E REINVENÇÃO DO COMMON LAW

outro".[61] A identidade de seus habitantes mudava constantemente, assim como seus governos, mas suas leis se conservavam inalteradas.

Os historiadores sugerem que, apesar da crença na oralidade do direito, paradoxalmente a reinterpretação do *common law* por Coke foi, particularmente, bem-sucedida, porque foi publicada e circulava por escrito. Coke utilizava a imprensa – principalmente publicando informes (*reports*) sobre processos judiciais selecionados – para difundir sua agenda de reformas. Dirigindo-se, deliberadamente, aos advogados e esperando contribuir tanto para seu conhecimento do direito quanto para sua identidade como grupo, Coke forneceu um conjunto de regras e explicou seu raciocínio a fim de propagar entre seus leitores a visão de que o *common law* era antigo e superior. Seus informes (*reports*) foram extremamente influentes entre os estudantes de direito e nos *Inns*, onde os advogados se reuniam para discutir questões jurídicas ao lado de estudantes de direito. Estes textos permitiram que Coke transformasse sua opinião pessoal em um parecer com autoridade do que era o *common law*. Através destas publicações ele se tornou uma autoridade a tal ponto que parecia que "o *common law* era o que Sir Edward Coke dizia ser".[62]

No século XVII, portanto, os juristas ingleses elaboraram uma teoria que lhes permitiu proteger o *common law* da convulsão política de então ou até mesmo usar essa agitação para reforçar sua importância. Liberando este direito da dependência do rei e de seus *writs*, estes juristas colocaram os tribunais no centro do sistema normativo, porque acreditavam que os juízes exerciam o poder de identificar o que o *common law* incluía. Assim, embora o direito fosse feito pela comunidade em um processo lento, espontâneo e pouco perceptível que levou séculos para ser concluído, os juízes,

---

[61] BLACKSTONE, William. *Commentaries on the Laws of England*. Oxford: Clarendon Press, 1765-1769, introdução, terceira seção, p. 65.
[62] KISHLANSKY, Mark *A Monarchy Transformed*: Britain, 1603-1714. Londres: Penguin, 1996, p. 37.

agora encarregados de implementá-lo, tornaram-se responsáveis não apenas pela descoberta desta autêntica normatividade costumeira, mas também por sua salvaguarda.

Esta reinterpretação do que o *common law* era também resolveu, potencialmente, outra questão espinhosa que assombrava a muitos na Inglaterra na época, a saber, o que aconteceria com o *common law* se o trono estivesse vacante. A resposta foi que, talvez, os tribunais exigissem um rei, mas o direito poderia existir independentemente dele e, de fato, assim tinha ocorrido por muitas gerações. Ao defender estes argumentos fictícios e ao difundi-los, os juristas dos séculos XVI e XVII disfarçaram uma mudança profunda sob uma máscara de continuidade, argumentando que em vez de inovar (como haviam feito), eles estavam simplesmente restaurando o que o rei tinha tomado injusta e ilegalmente.

8.5 Questionando o primeiro passo: o *common law* era costumeiro?

A maneira mais fácil de questionar se o *common law* era de fato costumeiro é examinar como ele surgiu ao longo do tempo. Este exame esclareceria o papel essencial desempenhado pelo monarca e seus servidores na criação de *writs* e remédios. Mas, além de questões de genealogia que claramente vinculavam o *common law* ao rei e não à comunidade, é claro que o direito costumeiro à maneira como os juristas ingleses o descreveram nos séculos XVI e XVII foi uma invenção dos séculos XII, XIII e XIV. Os juristas do *ius commune* que foram responsáveis por esta invenção (ver Capítulo VII) se esforçaram para sistematizar a ordem jurídica sugerindo que a ampla série de arranjos locais na Europa poderia ser considerada como "costumes". Eles retrataram este direito costumeiro como um direito que incluía princípios que foram repetidamente aplicados a uma variedade de casos por Assembleias comunais, as quais os descobriram em vez de criá-los. De acordo com esta narrativa, os hábitos, que surgiram espontaneamente entre

CAPÍTULO VIII – CRISE E REINVENÇÃO DO *COMMON LAW*

os membros da comunidade, tornaram-se costumes, quando um número suficiente de indivíduos começou a considerá-los normativos.

Nos séculos XIV, XV e XVI, os juristas do *ius commune* começaram a registrar o assim chamado direito costumeiro de suas comunidades com o objetivo de sistematizá-lo. Os juristas, por fim, sugeriram que a função mais importante do direito costumeiro era o fato de poder ser utilizado como instrumento de resistência à jurisdição real. Isso poderia ser feito, porque incluía regras constitucionais que restringiam o que os governos poderiam fazer.

Estas pretensões dos juristas continentais envolveram uma fabulosa recriação do que tinha sido o primitivo direito local medieval. Se este direito era dramaticamente diferente de como os juristas do *ius commune* o descreviam, ele também era radicalmente distinto de como os advogados ingleses dos séculos XVI e XVII o imaginavam. Em ambos os casos, o novo entendimento proposto foi motivado por um objetivo semelhante: controlar, até mesmo modificar, a ordem normativa. Ao recorrer aos costumes, o que os juristas (e, eventualmente, os governantes) procuravam alcançar não era confirmar o bom e velho direito, mas modificá-lo. Isto era verdade tanto na Inglaterra quanto no Continente e, de fato, esta interpretação que tornou o direito local "costumeiro" é provável que tenha surgido primeiro no Continente.

Há amplas evidências, por exemplo, de que os reis normandos que invadiram a Inglaterra seguiram estas estratégias que, sob o pretexto de continuidade, iniciaram um processo de mudança. Mais notáveis a este respeito foram as "Leis de Eduardo, o Confessor". Estas leis, que supostamente reproduziam por escrito o "direito do país" para preservá-lo, afirmam que, em 1070, os normandos decidiram redigir as normas existentes, pedindo a um grupo de jurados locais que declarassem o que elas incluíam. Os historiadores, entretanto, concluem que esta descrição de como essa legislação foi criada era completamente fictícia. Em vez de ser o resultado da participação pública, as Leis de Eduardo foram, provavelmente, de autoria de um único jurista contratado pelo rei no século XII. Apesar das afirmações em contrário, seu objetivo não era garantir a continuidade, mas registrar apenas aquelas leis que favoreciam os normandos. A descrição de Glanvill e Bracton do *common law* como costumeiro poderia ter respondido a motivações similares.[63] Como seus colegas que trabalhavam no Continente, cuja cultura jurídica eles compartilhavam, Glanvill e Bracton provavelmente percebiam o direito inglês como "costumeiro" não porque fosse criado pela comunidade – tanto Glanvill quanto Bracton atribuíam-no claramente ao rei – mas porque era compartilhado entre os conselheiros reais e os profissionais do direito. Os costumes que eles descreviam, em suma, eram os criados pelos tribunais, não pela comunidade.

É possível que a ideia de que o *common law* fosse costumeiro, no sentido de que era criado pela comunidade e antecedia a Conquista Normanda, surgiu na Inglaterra em meados do século XV. Ela pode ser remontada a autores específicos que sugeriram que a verdadeira *lex terrae* incluía os costumes do país.[64] Daí à conclusão no século XVII de que os ingleses "fizeram suas próprias leis a partir de sua sabedoria e de sua experiência" era talvez um curto, mas muito significativo passo que muda o sentido do que era o direito.[65]

---

[63] Glanvill foi considerado o autor do *Tractatus de legibus e consuetudinibus regni Angliae* (ca. 1187-1189) enquanto Bracton foi considerado o autor do *De legibus et consuetudinibus Angliae* (ca. 1220s-1250s). Ambos os livros são considerados os primeiros mais importantes ensaios que descrevem o *common law* (ver Capítulo VI).

[64] Entre tais autores estavam John Fortescue, Christopher St. German, Anthony Fitzherbert, e Robert Brooke.

[65] John David em seus *Iris Reports* (1613), como citado em CROMARTIE, Alan. "The Idea of Common Law as Custom". In: PERREU-SAUSSINE, Amanda; MURPHY, James Bernard. *The Nature of Customary Law*. Cambridge: Cambridge University Press, 2007, p. 214.

CAPÍTULO IX

O SEGUNDO PASSO: FAZER DO *COMMON LAW* O DIREITO DO PAÍS

Se o *common law* teve que mudar sua natureza para se adequar à narrativa de confirmações contínuas de um direito costumeiro, de igual importância para a teoria proposta pelos juristas do século XVII era a obrigação de fazer do *common law* o direito do país por excelência. Este passo exigia a classificação do direito canônico, local, urbano e feudal, até mesmo da *equity*, ou como inferiores ao *common law* ou suficientemente influenciados por ele para fazer parte de seu sistema. Ou propunha que o *common law* fosse autorizado a supervisionar outras jurisdições. Afinal, ele representava a justiça real, e o rei era superior a todos os outros poderes.

A partir daí, os juristas começaram a argumentar que os tribunais de *common law* eram os mais importantes do país e que o próprio *common law* era o sistema jurídico existente de maior relevância. Coke se referiu a este aspecto quando, tendo admitido a existência de mais de cem tribunais na Inglaterra, cada um respondendo a uma série diferente de regras e princípios, concluiu, no entanto, que o *common law* era o mais significativo, porque era "o direito do país" (*lex terrae*). Talvez quisesse dizer que era o único direito comum a todo o reino (e de fato assim o era), mas nos anos seguintes foi atribuído um novo significado a suas palavras – literalmente, que o *common law* era o único direito do país.

Juristas posteriores seguiram esta interpretação. No século XIX, Frederic William Maitland (1850-1906), um notável advogado, professor e historiador do direito, chegou ao ponto de concluir que, no final da Idade Média, a maioria dos tribunais feudais havia adotado os procedimentos dos tribunais reais, bem como tomado emprestadas soluções substantivas deles. De acordo com seu entendimento, naquela época os tribunais feudais eram apenas projeções locais de um *common law* geral. Chegando a uma conclusão um tanto semelhante, a *English Ecclesiastical Courts Commission* declarou, em 1883, que o trabalho da justiça eclesiástica era "guiado", mas não "determinado" pelo direito canônico pan-europeu. De acordo com esta versão, já no século XIV, reis e barões haviam submetido o direito canônico ao "direito da Inglaterra". Como resultado, desde aquele período, os costumes ingleses tinham agido como uma espécie de freio constitucional, assegurando que o direito canônico, agora identificado como um direito estrangeiro, não penetraria na ilha se suas instruções contradissessem o *common law*.

9.1 Questionando o segundo passo: o *common law* era superior?

O grau em que o *common law* era superior ou, pelo menos, influenciou enormemente todas as outras jurisdições na Inglaterra é hoje tema de debate. Alguns historiadores concluem, por exemplo, que a maioria dos camponeses ingleses não tinha nenhum entendimento, necessidade ou acesso aos tribunais reais, uma vez que eles dependiam, principalmente, das jurisdições feudais e de sua ordem normativa particular. Estes historiadores não veem nenhuma razão para supor que os tribunais feudais não fossem apenas meros "clones" locais dos tribunais de *common law*. Em vez disso, eles sugerem que estas instâncias senhoriais, destinadas a regular as relações entre os senhores e seus vassalos, e entre os vassalos entre si, estavam orientadas, principalmente, a manter outros poderes fora e, portanto, não tinham absolutamente nenhuma razão para emular a jurisdição real ou permitir que normas e padrões reais afetassem as decisões de seus juízes. Os regulamentos locais, muitas vezes, proibiam o uso de tribunais que não o feudal, embora alguns historiadores sugerirem que estas proibições são provas de que as pessoas estavam fazendo exatamente isso.

Os estudiosos também afirmam que, se ocasionalmente havia similaridade entre o que os tribunais feudais determinavam e o que o *common law* ordenava, poderia muito bem acontecer que, em vez de um imitar o outro, ambos respondessem a condições sociais, econômicas e políticas similares. Além disso, os juízes dos tribunais feudais procuravam identificar a solução mais conveniente e consensual para os problemas específicos que eram chamados a resolver. Suas decisões não eram motivadas por algum sistema de regras preexistente, nem mesmo por costumes, mas, em vez disso, dependiam do lugar, das partes e do momento. Havia centenas de tribunais feudais na Inglaterra, cada um diferente do outro. Se não havia uniformidade dentro de cada tribunal ou entre os muitos tribunais feudais, por que supor que todos eles faziam parte de um sistema de *common law*? Se havia alguma influência, ela ia dos tribunais feudais para os tribunais do *common law*. Afinal, cada vez que os tribunais reais faziam com que fossem respeitadas as normas feudais ou locais, a jurisdição real talvez ganhasse uma legitimidade adicional, mas o mesmo ocorria com os arranjos jurídicos locais. Estes casos, nos quais a declaração de testemunhas ou a apresentação de coleções de costumes (chamada de *custumals*) eram integrados à jurisprudência real, mostravam a persistência e a resistência de um sistema local de normas que ditava soluções diferentes, e não semelhantes, àquelas propostas pelos tribunais reais.

Como as normas locais mantiveram seu poder, durante o início do período moderno os habitantes locais, frequentemente, esforçaram-se para identificar quais eram estas regras; eles destruíram provas, como as coleções de costumes, ou tentavam reescrevê-las. Embora não fossem sempre bem-sucedidos, em muitas ocasiões eles conseguiam influenciar os arranjos jurídicos, que se dizia existirem desde tempos imemoriais, mas que poderiam ser inteiramente novos. Estas tentativas foram extremamente locais e produziram um sistema de normas radicalmente diverso, mas, para aqueles que defendiam essas normas, elas eram tão válidas, talvez até mais, do que o *common law*.

Da mesma forma, as pesquisas sobre tribunais eclesiásticos ingleses sugerem que até a Reforma estes tribunais seguiram o direito canônico geral. Depois que o monarca inglês rompeu com Roma e instituiu uma Igreja nacional na Inglaterra, o direito canônico se apresentou como um direito estrangeiro imposto aos ingleses pelo papa, mas continuou em vigor. A única mudança imediata e perceptível após a Reforma foi o estabelecimento de novos procedimentos de apelação que substituíram a tradicional petição ao papa por uma instância local. Nunca surgiu um direito eclesiástico inglês separado; nem a jurisdição da Igreja, que continuou distinta dos tribunais do *common law*, foi jamais abolida.

Quanto à *equity*, argumenta-se, atualmente, que ela começou a convergir com o *common law* no século XVI, mas que, no século XVII, enquanto estes debates se realizavam, ela ainda era considerada um sistema separado. De fato, era suficientemente independente para provocar a ira do Parlamento e dos tribunais do *common law* ou, ao contrário, para levar monarcas como James I a ordenar que a *equity* fosse superior ao *common law*, em vez de estar sujeita a ela.

O *common law*, em resumo, talvez tenha sido um componente importante, até mesmo essencial, do sistema jurídico inglês, mas pelo menos até o século XVII, ela nunca funcionou por si só. Não era superior a outras jurisdições, e não estava colocada hierarquicamente no topo do sistema judiciário. Os tribunais de *common law*, por exemplo, não podiam apreciar recursos de outras jurisdições. Além disso, há razões para acreditar que a influência entre os vários sistemas paralelos que existiam na Inglaterra deve ter circulado em todas as direções e não apenas (ou mesmo principalmente) do *common law* para outros tribunais, levando os historiadores a concluírem que o *common law* não absorveu nem afetou todas as outras jurisdições.

9.2 O terceiro passo: a Constituição antiga

Os juristas do século XVII argumentaram que um componente importante do chamado direito costumeiro inglês eram as normas que governavam a relação entre os indivíduos, a comunidade e o rei. De acordo com esta proposição, em uma longa sucessão de confirmações formais e rituais, os reis normandos prometeram respeitar o sistema jurídico anglo-saxão existente. Estas confirmações foram agora reinterpretadas de modo a incluir um pacto solene, ou uma "Constituição antiga (*ancient constitution*)". Este pacto incluía uma promessa real de obedecer às estruturas e leis existentes e um acordo comunal de lealdade e obediência ao monarca. Embora este argumento apoiasse a autoridade real de alguma forma – ele incluía o dever dos súditos de obedecer ao monarca, e legitimava as ordens reais – também limitava o que o rei poderia fazer. Se o monarca não cumprisse sua promessa, ele quebraria o pacto, tornar-se-ia um tirano e conferiria a seus vassalos o direito (até mesmo o dever) de se oporem a ele. E como essas disposições eram costumeiras, o rei não podia modificá-las.

O mito das confirmações contínuas, entretanto, não dizia muito sobre o conteúdo do suposto pacto. Para identificar o que ele incluía, os juristas do século XVII que acreditavam na oralidade do direito costumeiro procuraram, no entanto, provas documentais. Eles localizaram muitos textos históricos que, de acordo com eles, continham elementos centrais deste pacto. O mais emblemático entre eles foi a Magna Carta (1215). A partir do século XVII, a Magna

Carta viria a simbolizar a promessa da monarquia de fazer respeitar o direito existente e concordar em limitar seus poderes, fornecendo julgamento por pares, proibindo a prisão arbitrária e assegurando o consentimento do reino para a cobrança de novos impostos.

9.3 Questionando o terceiro passo: por que a Magna Carta?

A Magna Carta era uma carta de direitos (*charter*) feudal. Escrita em latim, ela continha um tratado de paz ou um compromisso entre o rei e seus barões ao final de uma rebelião civil. Principalmente centrada no desejo dos barões de remediar o que eles percebiam como sendo um abuso real, a Magna Carta não representava os interesses "do povo". Ao contrário, ela se referia a alguns dos aspectos mais importantes das relações feudais, como o direito à terra, à herança, à dívida e aos impostos. Promulgada numa situação colonial em que tanto o rei como os barões eram normandos e a maioria de seus súditos eram anglo-saxões, a última coisa em que a Carta estava interessada era em garantir os direitos dos subordinados. Em vez disso, ela visava a assegurar a colaboração contínua entre o monarca e seus barões e homens livres (*freemen*), que juntos conspiravam para manter a subjugação da população local.

Redigida como uma resposta real a uma série de demandas, a Magna Carta era longa e casuística. Ela não incluía nenhuma declaração de princípios e nenhuma enumeração de normas, costumeiras ou de outra natureza. Quando foi promulgada e, mesmo nos séculos seguintes, ninguém imaginou que ela tivesse significado constitucional ou que havia remédios disponíveis caso fosse violada. Em vez de possibilitar procedimentos judiciais, ela era considerada um documento político que primeiro os barões e em seguida o Parlamento podiam utilizar para pressionar o rei.

No entanto, no século XVII, uma série de autores identificaram a Magna Carta como a melhor prova do que a antiga

CAPÍTULO IX – O SEGUNDO PASSO: FAZER DO *COMMON LAW*...

Constituição da Inglaterra incluía. Ignorando a maior parte do documento e recusando-se a contextualizá-lo ou historicizá-lo, estes especialistas focaram sua atenção em apenas alguns parágrafos que melhor se adequavam às necessidades da época. Tais parágrafos incluíam o capítulo 39, que declarava que nenhum homem livre seria capturado ou preso, exceto pelo julgamento legítimo de seus pares ou pelas leis do país. Neste parágrafo, os juristas do início do período moderno encontraram a confirmação para a ideia de júri (julgamento pelos pares) e devido processo legal (julgamento de acordo com as leis do país). Eles afirmaram que estes direitos foram concedidos não apenas aos barões, mas a todos os ingleses, independentemente de sua condição. Alguns chegaram ao ponto de indicar que este capítulo constituía um precedente e uma justificativa para o *writ* de *habeas corpus* que protegia os indivíduos contra a prisão arbitrária. De igual importância foi o capítulo 12, que dizia que os impostos poderiam ser cobrados "somente pelo conselho comum de nosso reino".

Esta leitura não só foi altamente seletiva, como também introduziu na Magna Carta ideias que, em sua maioria, haviam se originado nos séculos XVI e XVII. Inicialmente, não se entendia que a Magna Carta incluísse a promessa de julgamentos por júri ou o *habeas corpus*, para mencionar apenas dois exemplos. Tampouco há motivos para acreditar nas interpretações do século XVII, que viram, na Magna Carta, um instrumento pelo qual o rei, diante do descontentamento da nobreza, prometia limitar seus poderes restabelecendo as leis do país e as liberdades de seus súditos.

Muitos historiadores se perguntaram por que e como a Magna Carta foi escolhida para carregar este enorme peso simbólico. Eles concluíram que ela ganhou importância no século XIV e que sua fama cresceu nos séculos XVI e XVII. Alguns sugeriram que, por ser um documento tão estranho e confuso, era muito fácil ler suas diferentes partes fora de contexto. Outros argumentaram que foi escolhida porque foi escrita no período de formação do *common law* e porque expressava o protesto dos barões contra o estabelecimento e a expansão da jurisdição real. Mas a maioria dos historiadores acredita que, para além destas considerações, a Magna Carta era simplesmente um documento perfeito para servir aos propósitos dos atores do século XVII. Ela era perfeita porque era mencionada, constantemente, nas negociações entre o rei e a nobreza e porque foi interpretada por diferentes leis do Parlamento e confirmada por sucessivos monarcas. Ela era maleável e sua interpretação mudava, constantemente, muito antes de ser adotada pelos juristas do século XVII e transformada em um símbolo das liberdades inglesas.

Independentemente do porquê de a Magna Carta ter se tornado tão central na narrativa das sucessivas confirmações de um pacto político, a mensagem final era clara: se a Inglaterra tinha uma Constituição antiga que era costumeira, o rei era obrigado a respeitá-la. Estas leis costumeiras, que moldavam as relações entre os reis e seus súditos, agora, protegiam a vida e as propriedades de todos os ingleses. Elas eram uma herança que a geração atual deveria desfrutar, preservar intacta e transmitir. Que a Magna Carta não incluía nenhum dos elementos que se liam nela, já não importava mais.

9.4 O Parlamento como guardião do direito costumeiro

A Inglaterra tinha, pois, um direito costumeiro, que era anterior à Conquista Normanda e que os monarcas ingleses, posteriormente, fizeram ser respeitado como parte de um pacto entre eles e seus súditos. Este pacto incluía muitas regras fundamentais para a Constituição política do reino. Mas quem deveria garantir que o pacto fosse respeitado e seguido?

No século XVII, o Parlamento inglês se apropriou desta tarefa. O direito costumeiro inglês, agora se argumentava, era gradualmente revelado pelos juízes que, à medida que resolviam os conflitos, também declaravam o que era o direito. Mas os juízes

CAPÍTULO IX – O SEGUNDO PASSO: FAZER DO *COMMON LAW*...

não podiam se precaver contra a violação deste direito, somente o Parlamento podia fazê-lo. Ele era o mais adequado para esta tarefa, porque era uma Assembleia que representava o reino. A partir de então, o Parlamento, que havia começado como uma reunião de cortesãos, que assumiam uma ampla gama de atividades, entre elas a de responder a petições, emitir ordens e decidir sobre os impostos, foi reformulado como um órgão legislativo. Agora, ele era encarregado de introduzir, articular e aprovar leis destinadas a garantir a primazia do sistema jurídico existente, teoricamente em colaboração com o rei. Também foi afirmada a ideia de que o rei não poderia mais legislar por conta própria, mas deveria fazê-lo em colaboração com o Parlamento.

A progressiva afirmação do Parlamento e sua reivindicação de poder foram evidentes, por exemplo, na transição da Petição de Direitos (*Petition of Rights*) (1628) à Declaração de Direitos (*Bill of Rights*) (1689). A primeira foi uma solicitação submetida a Carlos I em troca do consentimento do Parlamento acerca da tributação adicional. Formulada como uma petição, ela registrou o acordo real, que foi apresentado como uma graça. A petição citava várias autoridades, para demonstrar que certos direitos e liberdades que haviam sido exercidos no passado – tais como nenhuma tributação sem representação e nenhum julgamento sem júri ou devido processo legal – estavam sendo violados.

Em 1689 (a Declaração de Direitos), a dinâmica política havia mudado drasticamente. Em vez de ser uma concessão unilateral por parte do rei como a Petição de Direitos, a Declaração de Direitos foi uma proclamação solene do Parlamento apresentada a Guilherme e Maria quando de sua ascensão ao trono. A Declaração era uma espécie de ultimato que colocava o Parlamento no centro das discussões, afirmando que ele era uma Assembleia legítima, que representava legalmente o povo (uma questão que não estava de modo algum resolvida naquele momento). O documento censurava o rei que foi deposto (James II) por uma conduta que violava as verdadeiras, antigas e indubitáveis leis e liberdades do país, e consentia em aceitar os novos monarcas sob a condição de que eles prometessem não fazer o mesmo. As liberdades enumeradas incluíam a lista tradicional (júri, devido processo legal, tributação), mas também muitas regras que procuravam proteger o Parlamento contra a intervenção real. Como os novos monarcas concordaram, o Parlamento declarou-os rei e rainha da Inglaterra. Com a Declaração de Direitos, o Parlamento se apropriou não apenas da autoridade para garantir os direitos dos ingleses, mas também da capacidade para escolher os monarcas e coroá-los. A partir de então, as ações reais que violassem esses direitos seriam não só injustas, mas também ilegais.

Alguns juristas reagiram à crescente afirmação de poderes do Parlamento reafirmando o papel central dos juízes. Aderindo plenamente à ideia de que o *common law* era costumeiro, uma das ficções que adotaram foi que a legislação parlamentar não podia mudar o direito. O direito legislado aprovado pelo Parlamento, por conseguinte, só poderia "descobrir" o direito, em vez de criá-lo. Ele declarava o que era o direito; não o fazia. Esta ficção teve importantes consequências jurídicas. Ela implicava que todos os atos legislativos deveriam ser interpretados como pronunciamentos, destinados não a mudar o direito, mas somente a esclarecê-lo. Não obstante, os crescentes poderes do Parlamento nos séculos XVIII e XIX acabaram levando juristas famosos como Dicey em sua *Introduction to the Study of the Law of the Constitution* (1885) à conclusão de que o Parlamento era soberano e tinha o direito de fazer ou desfazer qualquer lei, sem que nenhuma pessoa ou órgão tivesse o direito de ignorar tais normas.[66]

Outro método para garantir a centralidade dos juízes foi a ideia de um precedente vinculante. A noção de que decisões

---

[66] Somente no século XX os juízes afirmaram claramente que a proeminência da legislação limitava suas atividades, porque não podiam aplicar ou desenvolver o *common law* em formas que estavam em contradição com o direito, conforme estabelecido nos estatutos (*acts* do Parlamento).

judiciais anteriores poderiam esclarecer o significado da lei ou justificar uma decisão futura estava presente na Inglaterra já nos séculos XIII e XIV e apoiava a publicação de relatórios e o estudo dos precedentes. No entanto, esta prática não era obrigatória, e os juízes podiam recusar-se a segui-la. Com o tempo, no entanto, a tendência de citar casos passados aumentou consideravelmente. Impulsionada pela imprensa, que permitiu uma maior divulgação da jurisprudência, um envolvimento mais intenso dos juízes na tomada de decisões e um crescente número de participantes nas *Inns of Court*, esta tendência levou juízes como Edward Coke a usar frequentemente os precedentes judiciais, sugerindo até mesmo que eles deveriam ter uma autoridade própria. Aderindo à ideia de que os especialistas deveriam confiar em sua própria arte, em sua opinião no famoso caso Calvin,[67] Coke decidiu que, para determinar o que a lei ditava, era preciso observar exemplos, precedentes e sentenças emitidas em casos semelhantes.

Contudo, foi somente no século XVIII que se introduziu o precedente vinculante tanto no *common law* quanto nos tribunais de *equity*, obrigando os juízes a seguir as decisões relevantes tomadas no passado. O precedente obrigatório, que era um meio de garantir que a identificação do direito costumeiro pelos juízes se acumulasse ao longo do tempo, também mudou a natureza da tomada de decisões judiciais. Em vez de serem soluções *ad hoc*, as sentenças foram agora conceitualizadas de modo diferente, como se fizessem parte de uma longa cadeia de decisões judiciais que, durante muitas gerações, declaravam e esclareciam a essência do *common law*. Esta transformação autorizou nossa concepção atual do *common law* como um direito jurisprudencial, ou seja, um sistema cujos princípios podem ser deduzidos através do estudo de casos.

---

[67] Ver Capítulo VI.

9.5 A Inglaterra foi um caso excepcional?

A reformulação das normas locais em um direito costumeiro, a insistência de que elas incluíam um pacto constitucional e as tentativas de usar ambos para limitar a autoridade real eram comuns tanto à Inglaterra quanto ao Continente. Também era comum o entendimento de que os costumes poderiam funcionar tanto para confirmar o poder real (como na França) quanto para miná-lo. No entanto, no século XVII, os juristas ingleses começaram a insistir que seu sistema era radicalmente diferente de (e superior a) todos os outros sistemas normativos europeus. Esta superioridade estava baseada na afirmação de que a Europa, supostamente, seguia o direito romano (*ius commune*), enquanto a Inglaterra tinha um genuíno direito costumeiro próprio que refletia o espírito de seu povo.

Este retrato omitia as contribuições dos juristas do *ius commune* para a criação e institucionalização do *common law* (ver Capítulo VI). Também ignorava o papel dos profissionais com formação universitária na construção do sistema jurídico inglês. É verdade que, no século XIV, a maioria dos juízes do *common law* não era mais composta por graduados em universidades, mas estes continuavam a ser admitidos nos *Inns* e eram empregados no Tribunal de Chancelaria, que utilizava a *equity*, e em tribunais eclesiásticos. Os humanistas ingleses, que aplicavam análises filológicas e contextuais ao direito, também eram profundamente influentes. De fato, os juristas e as ideias vindas do Continente eram de tal importância que grande parte da atividade dos atores dos séculos XVI e XVII descrita, neste capítulo, pode ser interpretada como uma resposta a esta influência ou pelo menos como um diálogo com ela. Os atores ingleses dos séculos XVI e XVII talvez tenham percebido gradualmente os sistemas inglês e continental como distintos, mas também estavam cientes de sua proximidade constante e de sua potencial permeabilidade.

Todavia, em que pese essas semelhanças marcantes e, apesar do uso contínuo de termos, expressões e doutrinas francesas e latinas na

Inglaterra, o mito da excepcionalidade inglesa se manteve forte. Ele sobrevive até hoje, apesar da pesquisa histórica que insiste em suas raízes comuns e que sugere que, se a Inglaterra tomou um caminho diferente, isto aconteceu, principalmente, no início da modernidade, não na época medieval, e foi o resultado não tanto do que o direito inglês realmente era, mas de como ele foi reinventado.

CAPÍTULO X

DO *IUS GENTIUM* AO DIREITO NATURAL: A UNIVERSALIZAÇÃO DO DIREITO EUROPEU I

Durante o início do período moderno, vários países europeus começaram a se envolver na expansão ultramarina. O primeiro entre eles foi Portugal, cujos marinheiros e comerciantes exploraram as costas ocidentais da África no século XIV. Em meados do século XV, os portugueses haviam se integrado a importantes redes de comércio de ouro e escravizados e instituído um lucrativo intercâmbio com os comerciantes locais. Pouco tempo depois, em 1487, Bartolomeu Dias contornou o Cabo da Boa Esperança; em 1492, uma expedição patrocinada pelos monarcas católicos espanhóis e liderada por Colombo chegou ao Caribe; em 1497, Vasco da Gama desembarcou em Calicute (Índia); e, em 1500, Pedro Álvares Cabral chegou ao atual Brasil. Estas primeiras expedições foram seguidas por novas viagens, levando ao fim à extensão da hegemonia europeia a partes da África, Ásia e Américas e inaugurando o que hoje identificamos como colonialismo moderno.

Esses acontecimentos produziram uma variedade enorme de resultados complexos. Eles transformaram, radicalmente, algumas partes da África, da Ásia e das Américas, mas também tiveram importantes consequências econômicas, políticas e culturais para a Europa. Neste capítulo, eu examino como eles moldaram o direito europeu. Argumento que os encontros frequentes e violentos com os não europeus, bem como a necessidade de dirimir rivalidades entre europeus no ultramar, levou à renovação do uso do direito romano, estimulou discussões a respeito do direito natural e fez com que o direito europeu assumisse características de universalidade.

10.1 Os antecedentes: o *ius gentium* romano e medieval

Como explicado no Capítulo I, o antigo direito romano reconhecia a existência de normas que eram comuns a todas as comunidades. Estas normas, reproduzidas no *ius gentium* (literalmente, o direito das nações, povos, gentes ou tribos), eram universalmente aplicáveis, porque, em vez de depender do lugar e do tempo, afirmava-se que eram baseadas na razão e na experiência humanas.

Os romanos recorreram ao *ius gentium* em suas relações com cidadãos não romanos. Já nos tempos antigos, a identificação entre o *ius gentium* e o direito natural era frequente. Esta identificação era baseada na suposição de que o que era comum a todas as comunidades, independentemente de suas circunstâncias históricas concretas, também era, de alguma forma, inato aos seres humanos e, portanto, parte de um direito natural. No entanto, para decidir o que o *ius gentium* incluía, em teoria, os juristas teriam que observar as sociedades ao seu redor para chegar a uma conclusão sobre quais normas eram compartilhadas por todas, comparando e contrastando seus arranjos jurídicos; na prática, os pretores romanos encarregados de implementar o *ius gentium* (*praetor peregrinus*) não faziam nada do gênero. Em vez disso, eles fizeram suposições sobre o que era racional e o que era razoável, concluindo que o racional e razoável deve ser comum a todas as comunidades.

CAPÍTULO X – DO *IUS GENTIUM* AO DIREITO NATURAL...

Como no século I aec, os juristas romanos tendiam a considerar seu próprio sistema jurídico (*ius civile*) como a encarnação da razão pura, atemporal, universal e permanente, eles começaram a identificar o *ius civile* com o *ius gentium* e ambos com o direito natural. Este passo justificou a imposição do direito romano a todos os residentes do Império. Afinal de contas, se o *ius civile* não era baseado na autoridade de um legislador ou nos escritos de uma casta profissional, mas era um modo racional e superior de conduzir os problemas, não havia nenhuma razão para que também não fosse aplicado – na verdade dado como privilégio – aos estrangeiros.

A assimilação do *ius gentium* com o *ius civile* e de ambos com o direito natural foi questionada após a conversão do Império Romano ao cristianismo, porque o centro do sistema normativo cristão não era a razão, mas um Deus que era, ao mesmo tempo, criador e legislador. Isto significava que o direito natural era, agora, concebido como um mandado divino. Este direito, um produto de Deus e uma parte da Criação, estava inscrito no coração de todas as pessoas, e todas as pessoas, fossem cristãs ou não, poderiam descobrir seus princípios questionando sua consciência.

Aparecendo já no século I aec e consagrada nos escritos de Santo Agostinho (354-430), esta visão do direito natural foi esposada por muitos estudiosos medievais. Pensadores cristãos como Tomás de Aquino (1225-1274) argumentaram que o bem e o mal não eram definidos pelas convenções humanas, nem eram produto arbitrário da razão humana. Em vez disso, estas distinções foram impressas no coração dos humanos por Deus, para que os humanos pudessem compreender os mandamentos divinos.

Embora o direito natural cristão fosse, por definição, permanente, razoável e justo, seus poderes derivavam não de sua bondade intrínseca, mas da autoridade de seu criador, Deus. Superior a todas as outras ordens normativas, o direito natural de Deus poderia ser usado para criticar as instituições humanas. Servindo como um padrão a partir do qual todos os sistemas jurídicos poderiam ser medidos, o direito natural poderia até justificar a oposição ao governo – sendo essa desobediência um dever religioso e, portanto, sagrado.

10.2 A expansão europeia: o início ibérico

Embora muitos Estados e intelectuais europeus tivessem que abordar a questão sobre qual direito deveria ser aplicado no ultramar, o primeiro país a enfrentar este dilema foi a Espanha. Sua primazia, neste aspecto, estava ligada ao desenvolvimento inicial do colonialismo, que permitiu aos espanhóis controlarem grandes populações de não europeus. Como resultado desta dominação, os monarcas, os funcionários, os intelectuais e os súditos espanhóis se perguntaram com que direito os espanhóis estendiam sua jurisdição no ultramar, que normas deveriam ser aplicadas a este empreendimento e o que elas ordenavam.

Tais questões, que se colocaram tão logo Colombo retornou de sua primeira viagem, tiveram importantes implicações morais e políticas, mas também significativas dimensões jurídicas. O que estava em jogo era identificar as regras que determinariam como os espanhóis iriam interagir tanto com os europeus quanto com os não europeus no ultramar. As normas europeias seriam estendidas para os territórios ultramarinos? Elas poderiam ser aplicadas às relações entre espanhóis e povos originários? Em caso negativo, que outras normas poderiam regular essas relações?

Inicialmente, os espanhóis trataram de justificar suas atividades, mediante a obtenção de uma licença papal, que foi expedida em 1493 na forma de uma bula. Intitulada *Inter Caetera*, ela declarava que os monarcas católicos da Espanha já se haviam ocupado da expansão do cristianismo na Península Ibérica, onde lutaram contra os muçulmanos.[68] Ela sugeria que, agora, eles estavam dispostos a

---

[68] Esta era uma referência indireta ao processo histórico conhecido como a "Reconquista". Ele sugeria que, do século XI ao XV, os reinos cristãos da

CAPÍTULO X – DO *IUS GENTIUM* AO DIREITO NATURAL...

fazer o mesmo nos territórios que haviam sido descobertos ou que seriam descobertos no ultramar. A bula de 1493 concluía dando aos espanhóis um monopólio que permitia apenas a eles a expansão para esses territórios, a fim de propagar o cristianismo. O monopólio excluía outros europeus de fazer o mesmo, estabelecendo um meridiano que iria dividir a Terra de polo a polo passando cerca de 100 léguas das ilhas dos Açores e Cabo Verde. Os territórios a oeste de tal meridiano seriam incluídos no monopólio, enquanto os territórios a leste estariam abertos a todos.

Assim que foi proposta, esta solução foi criticada tanto dentro como fora da Espanha. Cortesãos espanhóis, intelectuais, juristas e teólogos argumentaram contra a suposição de que o papa tinha autoridade fora da cristandade latina e sobre territórios e povos que nunca estiveram sob ocupação romana ou haviam sido afetados pelas atividades missionárias da Igreja. Outros discordaram da suposição de que a autoridade papal se estendia não apenas a questões espirituais, mas também a questões seculares, como a jurisdição sobre pessoas e terras. Um terceiro grupo lamentou que a bula pudesse limitar os privilégios espanhóis. Vincular a presença da Espanha nos territórios com o dever de conversão restringia as atividades dos espanhóis à conversão e, segundo alguns, se eles deixassem de buscá-la, seus direitos expirariam automaticamente.

Como a solução oferecida pela bula não foi totalmente satisfatória, no ano seguinte os monarcas espanhóis negociaram um tratado bilateral com Portugal, o único rival sério para a expansão naquele momento. Este tratado (o Tratado de Tordesilhas), assinado em 1494 e confirmado pelo papa em 1506, seguia, em grande parte,

---

Ibéria lutaram contra os ocupantes muçulmanos para reconstituir as estruturas políticas existentes antes da invasão da península pelos muçulmanos em 711. Esta leitura ideológica do passado, entretanto, foi desacreditada pela maioria dos historiadores, que já não apresentam os muçulmanos como invasores nem os cristãos como seguindo uma agenda religiosa voltada para a recuperação do território.

as disposições incluídas na bula papal, mas movia o meridiano que dividia a Terra de 100 para 370 léguas a oeste de Cabo Verde, o que, potencialmente, limitava os territórios sob monopólio espanhol e dava a Portugal uma maior zona de expansão.

Esta resposta também se mostrou insatisfatória. Como era um tratado entre duas unidades políticas europeias, não havia nenhuma razão para que fosse observado pelos outros europeus. Além disso, o tratado não indicava quais seriam as relações entre europeus e povos originários, e não explicava o porquê um acordo europeu teria validade sobre territórios além do continente.

Devido a esses receios, os juristas sugeriram que a melhor maneira de regular as relações entre os europeus e seus súditos do ultramar seria observando as normas que definiam as consequências jurídicas da conquista. Eles apelaram para a doutrina do direito romano de "guerra justa", que distinguia entre as guerras que eram justificadas (e, portanto, podiam acarretar certos resultados) e as que não o eram. Esta diferença era importante, porque, segundo o direito romano, somente uma guerra justificada poderia legitimar sanções contra os vencidos, como a apropriação de suas terras, a supressão de seus direitos e privilégios, e até mesmo a escravidão deles.

De acordo com os estudiosos contemporâneos, para que uma guerra fosse justificada, ela tinha que ser em autodefesa ou contra um inimigo em vias de atacar. Na Idade Média, esta teoria foi geralmente interpretada como uma legitimação da guerra contra um inimigo conhecido. Ela legalizou, por exemplo, muitas das guerras que os cristãos europeus empreenderam contra os muçulmanos, porque estes últimos eram considerados rivais de longa data que eram permanentemente hostis aos cristãos. No entanto, o emprego de uma guerra justa contra os povos indígenas dos territórios recém "descobertos" estava cercado de dificuldades. Além da questão, já levantada, de como um direito de base europeia como o direito romano poderia ser aplicado fora da Europa a não europeus, os críticos também perguntavam se as reações nativas à presença europeia mereciam iniciar uma guerra justa. Os povos originários, certamente, não eram tradicionalmente hostis aos cristãos, como no caso dos muçulmanos, e era difícil imaginar como a invasão de suas terras pelos espanhóis poderia ser retratada como um ataque defensivo e não ofensivo.

Para resolver estas questões e garantir que as hostilidades contra os povos originários pudessem ser retratadas como justas, os espanhóis conceberam um novo ritual jurídico com o objetivo de justificar suas ações. Chamado de *requerimiento*, ele incluía uma fórmula que deveria ser lida para os povos indígenas e, se necessário, traduzida a seu idioma antes do início da batalha. A fórmula incluía um breve resumo da história mundial. Ela começava com a criação do universo, continuava através de Adão e Eva, a proliferação dos homens e sua divisão em nações, a vinda de Cristo, a instituição do papado e a bula papal que dava aos espanhóis o monopólio da conversão dos povos originários. O *requerimiento* especificava que, para facilitar a conversão, os espanhóis também recebiam o direito de dominar as terras e os povos. O *requerimiento* terminava explicando aos povos originários seu dever de obediência, que incluía aceitar, com boa vontade e sem resistência, sua sujeição à Espanha. Também explicava o que aconteceria se eles, assim, não o fizessem. Se eles, "maliciosamente", recusassem o que a bula mandava e o que o *requerimiento* dispunha, os espanhóis estariam autorizados a entrar à força em seu país, fazer a guerra contra eles, submeter suas pessoas e tirar-lhes suas propriedades e sua liberdade.

O *requerimiento* pretendia transformar a resistência indígena à invasão de suas terras em um ato de desobediência jurídica que validaria o início de uma guerra justa. Diz-se que Bartolomé de las Casas (1484-1566), um frade dominicano que missionava nas Américas nos anos 1520 e 1530, comentou que, quando ouviu sobre o *requerimiento*, não sabia se ria ou se chorava. Contudo, por mais absurdo que o documento possa ter sido, temos ampla evidência de que muitos dos conquistadores levaram-no consigo e, de fato, leram-no aos povos indígenas antes do começo das hostilidades.

10.3 O renascimento do *ius gentium*

Enquanto a resposta inicial dos espanhóis aos aspectos jurídicos do colonialismo foi bastante limitada em alcance e imaginação, nos anos 1530 e 1540 surgiram novas teorias. Atribuídas a um frade dominicano que ensinava na Universidade de Salamanca, essas teorias acabaram revolucionando a forma como os europeus discutiam seus direitos e obrigações. O estudioso, Francisco de Vitória (ca. 1486-1546), pertencia a um movimento intelectual que hoje identificamos como a "Segunda Escolástica" ou a "Escola de Salamanca". Este movimento buscava dar à teologia moral o *status* de disciplina autônoma, sugerindo que o dever dos teólogos era propor soluções para as questões políticas e morais mais urgentes de seu tempo.

O ensaio mais conhecido que reproduz o pensamento de Vitória foi, provavelmente, escrito em 1539. Procurando responder formalmente à pergunta de se os filhos dos não fiéis poderiam ser batizados contra a vontade de seus pais, Vitória se propôs a explorar a ordem jurídica que sustentava a presença da Espanha nas Américas. Ele enumerou as sete justificativas tradicionais que haviam sido dadas para esta presença e descartou todas. Ele explicou que o rei espanhol (imperador Carlos V) não era o senhor do mundo inteiro e, portanto, não tinha jurisdição no Novo Mundo. Ele afirmou que o papa não era um senhor universal e nem tinha poder em assuntos civis. Uma bula papal, portanto, nada poderia dar aos espanhóis no ultramar e na esfera civil. Vitória concordou que, pelo direito, o descobrimento poderia ser uma boa base para a aquisição de direitos, mas ele imediatamente explicou que isso só poderia acontecer quando a terra descoberta estivesse verdadeiramente vazia, e as Américas não estavam. A recusa dos povos originários de se converterem ao cristianismo e seus pecados mortais eram outras duas razões que os contemporâneos invocavam para justificar o domínio espanhol, o que Vitória também rejeitou como ilegítimo. Uma escolha voluntária exercida pelos povos originários que concordassem em submeter-se à Espanha seria, juridicamente, suficiente, mas não havia evidência de que tal escolha tivesse ocorrido nas Américas. A sétima explicação que Vitória examinou foi a de que Deus deu aos espanhóis as Américas, como um presente especial. Não se podia discutir tal hipótese, argumentou Vitória, porque, em vez de basear-se no direito ou na razão, estava ancorada na fé. Ou se acreditava nela ou não.

Tendo descartado todas estas justificações tradicionais para a extensão da jurisdição espanhola às Américas, Vitória apresentou uma nova proposta. Seguindo os ensinamentos de Tomás de Aquino, ele sugeriu que, em sua condição de seres humanos, tanto os espanhóis quanto os povos originários do Novo Mundo formavam sociedades legitimamente organizadas e que ambos, portanto, estavam sob o jugo do direito natural. Este direito natural, que ele também chamou de direito das gentes (*ius gentium*), era universal. Ele poderia ser aplicado a todas as comunidades humanas, quer seus membros soubessem ou não de sua existência, consentissem ou não com ele, habitassem ou não a Europa, fossem ou não cristãos.

O direito natural, afirmava Vitória, reconhecia várias liberdades fundamentais. Acreditando na sociabilidade dos humanos, por um lado, e como um espanhol que gozava legalmente dessas liberdades, por outro, Vitória argumentava que todas as pessoas possuíam a liberdade de se comunicar, viajar, comerciar e morar onde quisessem. Esta liberdade permitia aos espanhóis chegarem, estabelecerem-se e fazerem comércio nas Américas. Além disso, também sustentava sua liberdade de dizer a verdade, o que, no que diz respeito à Vitória, incluía, acima de tudo, o dever de pregar os Evangelhos e levar a mensagem do Deus cristão aos povos originários. Estas eram as liberdades que os espanhóis exerciam, concluía Vitória, quando navegavam para as Américas, comerciavam com os povos originários, estabeleciam assentamentos fortificados e se dedicavam para converter a população local. Como os espanhóis estavam autorizados, pelo direito natural, a fazer tudo isso, se os povos originários se recusassem a permiti-lo ou reagissem com violência, eles infringiam o direito natural e poderiam ser legitimamente atacados. Vitória também explicava que o direito natural incluía outras disposições que autorizavam os espanhóis, por exemplo, a proteger os indígenas convertidos ao cristianismo, eleger um rei cristão para governá-los, defender os povos originários contra a tirania, e ajudar seus amigos e aliados.

No longo prazo, a análise de Vitória produziu os mesmos resultados que as explicações anteriores, ou seja, autorizou os espanhóis a travarem uma guerra justa contra os povos originários. No entanto, sua abordagem foi revolucionária. Ela introduziu a ideia de que um *ius gentium* natural regulava as relações entre os europeus e os povos originários. Impunha um sistema de direitos e deveres que não exigia a intervenção de uma autoridade superior, como o papa ou o imperador ou um acordo entre as partes interessadas. O direito das gentes que Vitória defendeu era derivado, diretamente, da natureza e aplicado, automática e igualmente, a todos os povos. Ele podia ser descoberto pela observação das sociedades humanas, mas (seguindo Aristóteles e Aquino), acima de tudo, havia sido inscrito no coração dos humanos por seu criador e fazia parte do entendimento racional com o qual Deus havia dotado os humanos.

10.4 O *ius gentium* colonial

O *ius gentium*, que os europeus do século XVI conceberam, não se baseava em evidências empíricas. Em vez disso, estava fundado em crenças, profundamente arraigadas, sobre o que era justo e o que era razoável. Assim, embora Vitória insistisse que o direito das gentes foi criado para todo o universo e era apropriado para todos os povos, como fizeram os juristas romanos antes dele, ele tendia a considerar que as normas de seu lugar e de seu tempo eram as mais lógicas e, portanto, universais.[69] Ele chegou a tais

---

[69] Esta não era a única conclusão possível. Michel de Montaigne (1533-1592), por exemplo, sugeriu que o que era natural para alguns poderia não ser natural para outros. Ele expressou estas opiniões em seu famoso ensaio *Dos*

inferências, mesmo em casos extremos, em que as normas, por ele defendidas raramente eram seguidas, mesmo na Europa. Um exemplo disso foi a insistência de Vitória de que o direito natural reconhecia a liberdade de imigração. Esta liberdade, que era um direito básico na Espanha desde o início do século XV, era um arranjo espanhol particular que quase nenhum outro país europeu seguia.[70] No entanto, porque fazia perfeito sentido para Vitória e porque fazia parte de sua experiência diária e se adaptava a suas crenças, ele não teve nenhuma dúvida em dar-lhe um lugar importante no emergente direito das gentes por ele concebido.

As ideias de Vitória permitiram uma maior aproximação entre o *ius gentium* e o direito natural e facilitaram a transformação de ambos em universais. Em vez do direito local ser aplicado aos estrangeiros como era o caso em Roma, Vitória concebeu o direito das gentes como um instrumento, que definia as relações entre as unidades políticas e entre seus membros. Este novo direito das gentes regulava entidades soberanas e não indivíduos. Precursor do direito internacional atual, ele se preocupou, principalmente, com as atividades dos poderes públicos e não dos indivíduos particulares. Sua justificativa última era que ele expressava normas que os europeus consideravam naturais e, portanto, universalmente válidas. Ou seja, em vez de reconhecer que estas normas estavam baseadas na tradição, no lugar, na religião ou no sistema legal, estas normas eram descontextualizadas e feitas para parecerem absolutas.

O caminho aberto por Vitória foi logo seguido por outros intelectuais. Seguindo o exemplo espanhol, os portugueses incorporaram estas discussões em seu direito, os holandeses e ingleses também o fizeram. Na Inglaterra, Alberico Gentili (1552-1608) referiu-se

---

Canibais (ca. 1577), que apareceu como capítulo 30 em seu livro de ensaios, disponível em várias edições e também online em: https://www.gutenberg.org/files/3600/3600-h/3600-h.htm.

70 HERZOG, Tamar. *Defining Nations*: Immigrants and Citizens in Early Modern Spain and Spanish America. New Haven: Yale University Press, 2003.

ao direito das gentes como um direito natural em seus ensaios *Do Direito da Guerra* (1588-1589). Na Holanda, Hugo Grócio (1583-1645) fez o mesmo para defender a liberdade dos mares (1609) e para estudar o direito da guerra e da paz (1625). A coroa britânica e os colonizadores britânicos também adotaram esta nova linguagem para se referir a suas relações com os povos originários e em suas relações com outras potências europeias. Com a penetração do *ius gentium* na Inglaterra, os juristas ingleses, ao cabo, reconheceram o direito das gentes como sendo parte do *common law*.

O sucesso destas novas ideias estava ligado à necessidade de se resolver questões concretas, mas também era motivado pela busca por normas que fossem consensuais entre os europeus que, agora, enfrentavam-se duramente não apenas no terreno político, mas também no religioso. A ruptura da unidade cristã, o número crescente de denominações reformadas e as guerras que se sucederam favoreceram a busca por uma nova normatividade que pudesse reger as relações não apenas entre os europeus e os povos originários, mas também entre os próprios rivais europeus.

Ao final deste processo, a maioria dos europeus concordou que o direito regulava as relações entre eles fora da Europa e com os não europeus. Eles também concordaram que este direito, que eles identificaram como direito das gentes ou como direito natural (ou ambos), incluía vários princípios inquestionáveis. Inicialmente, os europeus buscaram estes princípios nas Escrituras, na tradição ou no direito romano, mas, ao final, foram justificados apenas e tão somente com referência à razão. Eles concluíram que, como eram razoáveis, as regras que propunham eram suficientemente autoevidentes que não precisavam mais de validação externa.

10.5 O império da verdade autoevidente

Diz-se que o império da verdade autoevidente, que não exigia nenhuma prova, começou com Grócio. Ele citou o trabalho de autores anteriores, assim como muitos textos sagrados e romanos, mas também recorreu a conclusões de senso comum, baseadas em uma análise razoável das situações que examinou. Estas conclusões, ele argumentava, eram tão naturais que podiam ser compreendidas por todos, europeus e não europeus, juristas e não juristas. Em vez de terem sido sistematizadas a partir de leis e regulamentações existentes, incluído o direito romano, elas podiam ser deduzidas empregando-se a razão, apenas pela observação da sociedade e da natureza. Em vez de serem complexas, elas seriam simples e diretas.

Para explicar como surgiu a propriedade privada, Grócio argumentou, seguindo a Bíblia, que Deus deu o mundo à humanidade coletivamente, para que ela pudesse sobreviver e se reproduzir. Porém, como os humanos começaram a lutar, surgiu a necessidade de dividir entre eles esta herança comum. Isto levou ao surgimento da propriedade privada e à noção de que o que se tem, em sua posse, deve permanecer como seu. Da mesma forma, para defender a liberdade dos mares, Grócio primeiro definiu a propriedade como algo que as pessoas poderiam possuir e, depois, demonstrou que o mar, por não poder ser tomado e ocupado, nunca poderia ser apropriado. A conclusão a que chegou foi a de que as pretensões portuguesas de monopólio sobre as rotas marítimas da Europa para a Ásia eram absurdas e que, como resultado, os holandeses poderiam estabelecer seu próprio comércio na região.

O desejo de Grócio de citar autoridades e fontes, mas, ao mesmo tempo, adotar explicações lógicas e do senso comum que não tivessem sido declaradas, estava, provavelmente, vinculado às condições da época. A Reforma e a proliferação das denominações protestantes forçaram os europeus a buscarem uma linguagem comum não mais baseada em preceitos religiosos, mas que, em vez disso, fosse organizada em torno de experiências compartilhadas. A ausência de uma autoridade pan-europeia, como a que os papas e os imperadores uma vez tiveram, diminuiu a viabilidade de se depender da vontade soberana para resolver questões entre comunidades diferentes. A expansão europeia empurrou, ainda mais, os estudiosos para a secularização, devido à necessidade de encontrar um sistema normativo que pudesse ser compartilhado com os não europeus e os não cristãos. Mas se a Reforma, a afirmação dos Estados e a expansão ultramarina foram vitais para estes processos de reinvenção do direito natural, também o foi a chamada revolução científica do século XVII, que levou à elaboração de novas epistemologias que sugeriam que o verdadeiro conhecimento só poderia ser adquirido por meio da observação. Após ter primeiramente coletado dados factuais, os humanos poderiam, então, processá-los, esforçando-se para compreender, usando o seu raciocínio.

O exemplo mais extremo de como este novo método afetou estudiosos, incluindo juristas, foi o trabalho do filósofo francês René Descartes (1596-1650). Em suas *Meditações sobre a Filosofia Primeira* (1641), Descartes argumentou que, para chegar a conclusões verdadeiramente lógicas, os humanos tinham que esquecer tudo o que sabiam. Adotando o princípio da "dúvida sistemática", Descartes convidou os contemporâneos a examinarem, até mesmo, as suposições mais básicas, incluindo a postulação de que elas existiam. De acordo com Descartes, somente livrando-se das convenções que obscurecem a capacidade humana de raciocinar e libertando a mente, os humanos seriam capazes de garantir que seu conhecimento e compreensão do mundo se baseavam verdadeiramente nos fatos e na razão. Com base em uma verdade muito primária e verificada – a verdade de sua própria existência – Descartes começaria a reconstruir gradualmente todas as demais certezas.

Embora Descartes descrevesse, com todos os detalhes, o esforço que os humanos teriam de investir para superar seus próprios preconceitos, ele estava, no entanto, convencido de que se eles domesticassem seu corpo e seus sentidos, seriam capazes de atingir a verdadeira razão. Esta crença era compartilhada por muitos de seus contemporâneos, que estavam convencidos não apenas de que a razão pura existia, mas que ela era compartilhada por todos os humanos. Se exercida corretamente, ela levaria todos à mesma conclusão.

CAPÍTULO X – DO *IUS GENTIUM* AO DIREITO NATURAL...

No final do século XVII, estudiosos e juristas começaram a aplicar esta nova epistemologia à sua análise da sociedade. Desenvolvendo filosofias que, agora, identificamos como "iluministas", muitos argumentaram que, como os humanos, a sociedade precisava abandonar sua veneração pela tradição e, em vez disso, voltar à simplicidade e à natureza, ou seja, à razão pura. Somente depois que os intelectuais entendessem o que a natureza ditava, seria possível aos juristas traduzir estas descobertas em uma nova e perfeita ordem normativa que garantisse a felicidade.

Assim, se a busca da ordem na expansão ultramarina foi um motivo para perseguir verdades evidentes, outro objetivo foi o desejo de reformar a própria Europa. A fim de realizar esta tarefa, no final do século XVII, filósofos, políticos e juristas de todo o continente se propuseram a descobrir o que a natureza ditava. Eles formularam a hipótese de como os humanos se comportam, antes que a tradição e a história obscurecessem sua capacidade de raciocinar; e tentaram reconstruir o estado primitivo dos humanos antes que a sociedade fosse criada. Engendrando em suas mentes indivíduos abstratos que não possuíam passado, presente ou traços culturais, estes estudiosos imaginaram umas pessoas naturais que eram imutáveis, atemporais e universais. Estas pessoas, seres pré-sociais, subsistiam antes da família e da sociedade terem surgido. Porém, como eles eram racionais, sua decisão de estabelecer relações sociais deve ser explicada por referência ao avanço de seus próprios objetivos e à satisfação de suas necessidades básicas.

A maior parte dos estudiosos estavam de acordo com este exercício de imaginar um passado remoto, hipotético e pré-social, mas eles diferiram quanto aos termos acordados pelos humanos quando estes entraram na sociedade. Segundo Thomas Hobbes (1588-1679), porque o estado pré-social apresentava uma situação permanente de anarquia e guerra, os humanos consentiam em renunciar muitas de suas liberdades naturais em troca de segurança, quando eles passaram a viver em sociedade. De acordo com John Locke (1632-1704), como o estado pré-social era bastante confortável e ordenado, ao entrar na sociedade, os humanos aceitaram muito poucas concessões e preservaram a maior parte de seus direitos naturais intactos. Locke não acreditava que as pessoas entraram na sociedade por medo, como Hobbes sugeriu, mas que eles escolheram livremente a sociedade com o objetivo de salvaguardar e desenvolver, ainda mais, seus direitos. Como resultado desta análise, enquanto para Hobbes o contrato social incluía o dever de obedecer ao Estado, para Locke era um meio de proteger os direitos, bem como de defender o interesse individual.

Estes debates, extremamente sérios, mas com uma base completamente fictícia, foram utilizados principalmente por estudiosos dos séculos XVII e XVIII para escrutinar a sociedade de sua época. Em vez de serem ideologicamente neutros, eles eram profundamente políticos; justificaram ou questionaram as emergentes estruturas sociais, econômicas e políticas. Mas, independentemente da posição que tomaram, os estudiosos da época moderna já não invocavam mais o poder de Deus ou os mandamentos da tradição. Em seu lugar, eles se referiam apenas e tão somente à razão. No centro de sua narrativa estavam os humanos, que eles retrataram como indivíduos que agiam por interesse próprio. Estes indivíduos eram capazes de tomar decisões informadas, e suas decisões acabaram construindo a ordem social.

10.6 O caminho para a Revolução

O novo direito natural, que resultou dessas discussões, era racional e individualista. Partindo do pressuposto de que os humanos criaram a sociedade em uma tentativa deliberada e racional de fazer avançar seus interesses, este novo direito, mais particularmente à medida que se desenvolveu no século XVIII, colocou os humanos e suas necessidades no centro da ordem normativa. Não apenas a sociedade era produto dos indivíduos e de suas decisões, mas os indivíduos eram concebidos como pessoas com capacidade de governar a si mesmas e de determinar livremente seu futuro. Guiados pela razão, eles não mais precisavam justificar suas atividades por referência a autoridades externas. Em vez disso, cada indivíduo estava, em teoria, autorizado a empregar sua própria razão para decidir o que era certo e o que era errado. Era clara a conclusão de que nenhuma contribuição externa era necessária para chegar a uma inferência correta ou era necessária para legitimar o que tinha ocorrido ou iria ocorrer, por exemplo, na afirmação de que havia coisas como "verdades autoevidentes" ou "princípios incontestáveis".

Racional e individualista, o direito natural moderno também era radical. Ele permitia aos contemporâneos exprimirem uma série de reivindicações que eram justificadas por referência a direitos que se dizia serem naturais e inalienáveis. Agora, defendia-se que a sociedade foi instituída apenas para proteger esses direitos, e sua principal tarefa era resolver os conflitos entre os direitos concorrentes dos seus vários membros. A partir de então, a ordem normativa seria vista como um sistema exclusivamente destinado a harmonizar os direitos dos diferentes indivíduos, permitindo-lhes seu livre exercício desde que não interferissem com os direitos dos outros. Juntas, estas mensagens que colocavam razão, humanidade e direitos no centro do sistema político e jurídico produziram uma explosão. Por fim, elas acabaram levando a perturbações extremas que encontrariam expressão nas Revoluções americana e francesa (descritas nos Capítulos X e XI) e, segundo muitos, introduziriam um *Admirável Mundo Novo*, isso é, uma realidade nova, supostamente melhor.

Os debates coloniais, que começaram na Espanha, mas logo envolveram muitos outros países europeus, estivessem eles diretamente ou não envolvidos na expansão, não afetaram apenas as possessões ultramarinas, nem sua influência se restringiu às suas consequências sobre os povos indígenas. Em vez disso, as discussões sobre os direitos dos europeus no ultramar e em relação aos não europeus alteraram em grande medida a Europa e seu direito. Empurrando o *ius gentium* romano e medieval para o âmbito do direito natural e tornando ambos universais, essas discussões inspiraram a hipótese, posteriormente aceita como um fato certo, de que algumas coisas eram naturais, porque eram razoáveis, pelo menos aos olhos daqueles que as propunham.

QUINTA PARTE

MODERNIDADE

CAPÍTULO XI
INOVAÇÕES NA AMÉRICA DO NORTE

Em 1776, treze colônias britânicas na América do Norte declararam sua independência e passaram a formar novos governos republicanos, adotando Constituições que substituíram o regime colonial. Em 1787, representantes desses Estados recém-fundados propuseram uma Constituição Federal, em que se detalharam as estruturas básicas de seu governo comum. Em 1789, foram propostas doze emendas à Constituição Federal. Destas, as dez ratificadas por um número suficiente de Estados ficaram conhecidas como Declaração de Direitos (*Bill of Rights*) (1791).

Desde que estes acontecimentos tiveram lugar, os historiadores têm se perguntado como poderiam ser explicados. Eles estudaram as circunstâncias sociais, culturais, econômicas, intelectuais e políticas que contribuíram para seu advento, e examinaram suas consequências. A maioria salientou a importância de um desacordo constitucional que distanciou as elites na Grã-Bretanha das suas colônias. De acordo com esta interpretação, no centro do debate estava a questão de saber se o Parlamento inglês representava as colônias e se, portanto, sua aprovação dos impostos bastava para impor novos deveres sobre os súditos coloniais. Também foi debatido o *status* das Assembleias e dos governadores coloniais e sua autoridade para regular a vida local. Os súditos coloniais, acreditando que o comportamento do rei e do Parlamento violava seus antigos costumes e liberdades, entenderam que esta violação os autorizava a se rebelar.

Tendo chegado a esta conclusão, os colonos passaram a constituir-se como Estados autônomos, declarando sua independência e nomeando Assembleias Constituintes para elaborar novos pactos entre eles e seu governo. Como eles procederam e o que isso significou para o desenvolvimento do direito europeu são os assuntos deste capítulo, no qual eu pergunto quais antecedentes jurídicos abriram caminho a estes desenvolvimentos e como o que aconteceu afetou o direito europeu.

11.1 Os documentos fundacionais

A Declaração de Independência anunciou, em 1776, o direito das Treze Colônias de dissolver os laços políticos que as amarravam à Grã-Bretanha. Para justificar esta medida, a Declaração incluía um breve informe de como as sociedades humanas se formaram. Esta narrativa afirmava que todos os homens foram criados iguais e tinham certos direitos inalienáveis, entre eles o direito à vida, à liberdade e à busca da felicidade. Os governos originaram-se no consentimento dos governados e seu dever era voltado à proteção desses direitos. Se os governos falhassem em cumprir esta tarefa, aqueles que deram seu consentimento poderiam alterar ou extinguir sua aquiescência, instituindo um novo governo de acordo com o projeto a seu juízo mais provável para garantir a sua segurança e felicidade. A Declaração também enumerava os "danos e usurpações" infligidos pelo rei, mostrando que a Grã-Bretanha havia violado o pacto que ligava as colônias à metrópole. A Declaração terminava com a afirmação de que os responsáveis pelo movimento agiam em nome e com a autoridade do "bom povo destas colônias".

Após a Declaração (embora em alguns casos excepcionais mesmo antes dela), as diversas colônias elaboraram Constituições.

CAPÍTULO XI – INOVAÇÕES NA AMÉRICA DO NORTE

Algumas o fizeram por iniciativa própria; outras responderam ao chamado do Congresso Continental (a Assembleia de delegados representando as Treze Colônias) que instruiu as Assembleias locais a adotarem Constituições escritas em que declarassem sua colônia livre e independente. Isto foi considerado como um passo preliminar necessário antes que as colônias pudessem se associar umas às outras. A maioria das Constituições estaduais reproduzia os arranjos políticos existentes. Redefinindo estruturas tradicionais por meio de um vocabulário novo e ilustrado, essas Constituições, por suposto, eliminaram as referências ao rei e à dependência da Inglaterra, mas muitas conservaram grande parte do sistema jurídico e político local que, de acordo com as percepções contemporâneas, já funcionava bem. Oito Estados acrescentaram a suas Constituições uma declaração de princípios.[71] Estas declarações, geralmente identificadas como declarações de direitos (*Bills of Rights*), listaram tanto os princípios universais quanto os arranjos específicos que se originavam no *common law*. De acordo com aqueles que defendiam sua elaboração, tais declarações eram necessárias, porque "o povo" conferia a seus novos governos todos os poderes que não reservaram para si mesmo. Assim, pois, era essencial que as limitações impostas ao governo fossem explicitadas.

Após um debate prolongado e acalorado, os representantes dos Estados, recém-fundados, adotaram uma Constituição que definia instituições comuns e regras básicas sobre as relações entre os Estados-membros. Elaborada em 1787, a Constituição instituiu uma estrutura federal com um Poder Executivo (presidente), um Poder Legislativo bicameral (Congresso) e um Poder Judiciário. Em nome de "nós, o povo dos Estados Unidos", ela determinava que o Legislativo seria composto por um Senado e uma Câmara

---

[71] Os Estados que incorporaram uma Declaração de Direitos (*Bill of Rights*) a suas Constituições foram Virgínia, Pensilvânia, Maryland, Delaware, Carolina do Norte, Vermont, Massachusetts e New Hampshire. Outros Estados, embora não incluíssem uma Declaração de Direitos separada, mencionaram ou enumeram direitos em suas Constituições.

de Representantes, cujos membros receberiam salários e gozariam de certas imunidades. O Executivo seria composto por um presidente, cujos poderes estavam detalhados. A Constituição também instituiu uma Suprema Corte com juízes remunerados.

As primeiras dez emendas à Constituição federal, a Declaração de Direitos (*Bill of Rights*), listava os direitos protegidos que o governo não poderia violar. Estes incluíam liberdade de religião, de expressão, de reunião, e de petição, e o direito de formar milícias e ter e portar armas, a exigência de que o governo obtivesse o consentimento para o alojamento de soldados, proteção contra buscas e apreensões não razoáveis, várias proteções na área do direito penal (nenhuma acusação sem um grande júri, nenhuma dupla incriminação, nenhuma autoincriminação, garantia do devido processo legal, nenhuma punição cruel e inusual), e o direito a ser julgado por um júri nas esferas civil e penal. A Declaração de Direitos também continha duas emendas que abordavam princípios gerais. A primeira afirmava que os direitos incluídos na Declaração não eram exclusivos e que o povo podia conservar outros direitos, ainda que não enumerados (Nona Emenda). A segunda estabelecia que os poderes não especificamente delegados aos Estados Unidos ou, explicitamente proibidos aos Estados individuais, eram reservados aos Estados ou "o povo".

11.2 A criação de novas Comunidades Políticas

Muitos dos arranjos incluídos na Declaração de Independência, nas Constituições estaduais e na Constituição Federal, e nas várias declarações de direitos, eram inspirados pelas tradições jurídicas e políticas inglesas, mas outras eram completamente novas. A separação de poderes, por exemplo, havia sido proposta por muitos autores – talvez o mais famoso tenha sido Montesquieu (1689-1755) em seu *O Espírito das Leis* (1748) –, mas esta foi a primeira vez, em que foi formalmente implementada. A Constituição Federal também instituiu um novo tipo de Estado que apresentava uma

CAPÍTULO XI – INOVAÇÕES NA AMÉRICA DO NORTE

divisão de funções entre a esfera federal e os governos estaduais e dava aos cidadãos de cada Estado o direito de serem tratados como cidadãos em todos os outros Estados.

Embora estas inovações fossem importantes, o que foi particularmente revolucionário não foram os conteúdos das Constituições, mas a transformação do próprio direito. Como narrado no Capítulo VIII, os ingleses concebiam sua Constituição como sendo antiga. Segundo a narrativa que surgiu no século XVII, ela se baseava em um pacto de origem medieval. Tendo sobrevivido a inúmeras confirmações, este pacto fazia parte de um direito costumeiro que se dizia ser ancestral e oral. Uns poucos documentos emblemáticos como a Magna Carta ou a Declaração de Direitos (*Bill of Rights* inglesa) de 1689 confirmavam a existência desse pacto, mas estes documentos não o criaram, apenas reproduziam, de forma escrita, partes dele. A Constituição inglesa era extremamente casuística. Em vez de incluir uma enumeração de princípios, ou uma visão global do que a ordem social deveria ser, ela continha uma extensa série de disposições particulares e *ad hoc*.

Sob o sistema inglês, além disso, os direitos individuais eram protegidos pelos tribunais, que providenciavam recursos contra sua infração, mas não existia nenhuma restrição jurídica sobre o Parlamento. Dizia-se que o Parlamento era soberano e, em teoria, poderia promulgar alguma legislação que infringisse até o mais básico dos direitos. A expectativa era de que isto não ocorresse porque a Câmara dos Comuns representava o povo e deveria garantir seus direitos. Também se supunha que um sistema de freios e contrapesos asseguraria que o Parlamento (tanto a Câmara dos Comuns quanto a Câmara dos Lordes) comportaria-se adequadamente, mas não havia nada incluído no sistema constitucional inglês, além da própria contenção (ou as eleições seguintes) para assegurar que os direitos seriam respeitados.

As Treze Colônias adotaram um arranjo constitucional radicalmente diferente. Embora compartilhassem a crença em um pacto político antigo, elas procuraram por uma solução distinta. Misturando arranjos costumeiros com inovações que eram justificadas pela razão, elas adotaram uma série de elementos que constituiriam um novo pacto (Constituição) entre elas e seus governos. Em outras palavras, elas afirmaram seu poder absoluto de fazer e desfazer a sociedade e suas leis.

Alegando continuidade com a tradição inglesa – em seus documentos fundacionais, os colonos acusavam o monarca inglês de quebrar o pacto que eles desejavam preservar – na prática esses colonos viraram a tradição inglesa de cabeça para baixo. Eles fizeram várias inovações estruturais importantes. Primeiro, eles começaram por afirmar na Declaração de Independência seu direito de constituir um novo Estado que se basearia em um novo pacto social. Em seguida, eles definiram o novo pacto ao elaborar uma Constituição. Embora a Constituição contivesse alguns elementos familiares, ela não mais representava um acordo costumeiro que havia evoluído historicamente. Em vez disso, ela incluía um programa para o governo que foi concebido e planejado de acordo com o que os contemporâneos confiavam ser o mais eficiente. Incluindo princípios gerais, em vez de uma lista casuística de elementos, este novo pacto pretendia ser abrangente e enumerava todos os arranjos jurídicos mais importantes. Ao invés de confiar na tradição, ele representava uma profunda crença na razão humana e uma fé na capacidade do homem de repensar a ordem social de forma a melhorar a sorte da humanidade.

Em segundo lugar, os contemporâneos afirmavam que as medidas que tomaram não exigiam nenhuma outra justificação além do sofrimento pelo qual haviam passado. Não havia necessidade de documentos antigos, leis, doutrinas ou opiniões judiciais que provassem sua preexistência ou afirmassem seu valor. Em vez disso, as medidas tomadas foram apoiadas apenas por verdades "autoevidentes".[72] Os redatores da Declaração de Independência e

---

[72] As citações a seguir são da Declaração de Independência.

CAPÍTULO XI – INOVAÇÕES NA AMÉRICA DO NORTE

das Constituições estaduais e federal apelaram ao "Juiz Supremo do mundo" e afirmaram a "retidão de suas intenções" para apoiar suas afirmações de que sua visão estava correta. Não havia espaço para questionamentos. As Leis da Natureza lhes davam o direito, segundo eles, de criar seu próprio Estado e de adotar para sua administração as regras que melhor se adequassem a seus interesses. Identificando seus direitos tradicionais e costumeiros também como direitos naturais e, agindo em nome do povo, eles procuraram "formar uma união mais perfeita, estabelecer a justiça, assegurar a tranquilidade doméstica, prover a defesa comum, promover o bem-estar geral e assegurar as bênçãos da liberdade" para si mesmos e sua posteridade.[73] Nada mais precisava ser dito.

A terceira inovação, introduzida durante este período, foi a adoção da escrita. Os representantes dos novos Estados prepararam documentos fundacionais, que estabeleciam as regras para os mesmos e enumeravam sua autoridade e poderes, assim como os direitos que deveriam orientar ou limitar suas atividades. Esta mudança – o colocar por escrito – também foi revolucionária. Dizia-se que a antiga Constituição inglesa era oral. Ela estava dispersa em muitas fontes diferentes, algumas documentais, mas a maioria não. Quanto ao direito natural, não havia uma compilação oficialmente sancionada do que ele incluía, e nem nunca chegou a ser positivado em um ato legislativo. Na década de 1770, filósofos, teólogos, políticos, advogados e juristas, é claro, escreveram extensivamente sobre o que era o direito natural e o que ele incluía, mas nenhum desses escritos era prescritivo.

Quarto, os direitos que os norte-americanos proclamaram também eram novos; não eram mais privilégios ou liberdades concedidas por um monarca. Em vez disso, eles eram algo que cada pessoa possuía por direito de nascimento e porque a natureza, assim, ditava-o. Por exemplo, a Declaração de Direitos (1776) da

---

[73] Preâmbulo à Constituição dos Estados Unidos.

Virgínia e Pensilvânia, uma combinação de direitos do *common law* tradicionais e princípios abstratos baseados no direito natural, declarava que estes direitos deveriam orientar (e não ser o resultado de) a formação de novas estruturas. Ditas às vezes como se refletissem a verdade ("todos os homens nascem igualmente livres e independentes"), mas, às vezes, como se transmitissem uma aspiração ("as eleições devem ser livres"), as duas declarações afirmavam que os homens têm certos direitos naturais inerentes dos quais não podem ser privados, tais como a vida, a liberdade, a propriedade, a felicidade e a segurança; que todo poder vem do povo e que o governo é ou deve ser instituído para o bem comum, proteção e segurança do povo, nação ou comunidade e deve aderir à justiça, moderação, temperança, frugalidade e virtude. Ambas as declarações também instituíam uma certa liberdade de culto e expressão e defendiam o direito a um julgamento justo.

No entanto, a tarefa de reproduzir por escrito não apenas os direitos tradicionais, mas também o direito natural e os princípios autoevidentes, e depois transformá-los em um documento juridicamente vinculante, provou ser extremamente perigosa. Isto era, particularmente, evidente no que diz respeito à Declaração de Direitos. Originalmente concebida para servir como uma declaração de princípios, expressando sobretudo uma série de critérios frente aos quais se pudessem medir a legitimidade do governo e com os quais educar os cidadãos e lembrá-los do que precisava de proteção, demorou algum tempo até que a Declaração fosse compreendida como um documento que refletia obrigações jurídicas. Aplicada no século XIX ao governo federal e somente após a Segunda Guerra Mundial aos governos estaduais, muitas perguntas tiveram que ser respondidas. A enumeração dos direitos era um reconhecimento de que esses direitos já existiam (naturalmente), ou transformou esses direitos em compromissos juridicamente vinculantes? E o que ocorreu com os direitos que não estavam incluídos na lista? Eles deixaram de existir, ou sua força foi a mesma desde sempre, apesar de sua omissão neste documento fundacional? Se nada mudou

CAPÍTULO XI – INOVAÇÕES NA AMÉRICA DO NORTE

por causa da redação (porque os direitos naturais dependiam de uma norma externa superior que era anterior à Declaração de Direitos e que existia, independentemente, dela), qual era o objetivo da Declaração de Direitos? Se a Declaração de Direitos fez a diferença, como os direitos naturais, que não foram enumerados, não poderiam sofrer com sua exclusão? E quanto aos direitos que ainda não existiam, mas que poderiam vir a existir no futuro?

Embora a Nona Emenda se referisse a esta questão, ao afirmar que a enumeração não pretendia negar a existência de direitos fundamentais adicionais e não listados, os advogados e estudiosos têm, desde então, perguntado o que fazer com ela.[74] Seria esta emenda a prova de que a redação dos direitos era apenas um meio para facilitar sua defesa num período pós-independência, ou a inclusão de certos direitos e não de outros foi uma indicação de que eles eram de maior importância? Poderiam o Legislativo, o Executivo e o Judiciário acrescentar direitos à lista, utilizando esta emenda? Esses direitos adicionais deveriam fazer parte de uma tradição reconhecida de direitos naturais, ou poderiam ser completamente novos?

Devido a esta complexidade, os tribunais dos EUA quase sempre evitaram fazer uso da Nona Emenda. Em vez disso, eles tendem a justificar o reconhecimento de novos direitos lendo-os dentro de cláusulas existentes. Eles fizeram isso, por exemplo, com o direito à privacidade. A partir da década de 1920, a Suprema Corte dos EUA começou a inferir este direito de várias outras emendas, como a Primeira Emenda, que proíbe leis relacionadas a assuntos religiosos e garante a liberdade de expressão (isto foi compreendido como incluindo a privacidade de crença), ou a Quarta Emenda, que protege a "liberdade contra buscas e apreensões não razoáveis" (interpretada como uma defesa da privacidade da pessoa, de seus bens e de sua casa). Eles também

---

[74] "A enumeração de certos direitos na Constituição não deve ser interpretada no sentido de negar ou menosprezar outros conservados pelo povo".

procuraram fundamentar o direito à privacidade na Décima Quarta Emenda (acrescentada em 1868) em sua "cláusula da liberdade", que proibia os Estados de negar a qualquer pessoa o direito à vida, à liberdade ou à propriedade.

A quinta e talvez mais importante inovação, introduzida pelos representantes das Treze Colônias/Estados, foi a determinação de que os novos arranjos constitucionais pertenciam a uma ordem normativa superior, acima e além das leis ordinárias. De acordo com esta visão, eles não apenas representavam um marco para a governança, mas também limitavam o poder de fazer leis. Como a Constituição era, agora, parte de uma nova esfera superior de legalidade, nenhuma lei ou ação governamental poderia violá-la. Ao contrário da Inglaterra, onde a antiga Constituição era uma parte do *common law*, invocada principalmente para colocar controles sobre o rei, nos Estados Unidos, a Constituição seria a forma mais elevada de lei, mais elevada do que todas as outras fontes normativas, e também procuraria limitar a discricionariedade do Congresso. Enquanto, na Inglaterra, dizia-se que o Parlamento e o rei eram soberanos, nos Estados Unidos o Congresso e o Executivo não eram soberanos, porque estavam limitados pelo que a Constituição ditava. O objetivo não era apenas proteger "o povo" contra o governo (como na Inglaterra), mas também protegê-lo contra as decisões das maiorias que exerciam seu poder de outro modo legítimo de legislar em nível estadual e federal.

A reivindicação das Treze Colônias a um direito de constituir um novo Estado, baseado em um pacto ao mesmo tempo tradicional e novo, a pretensão de que esse direito de autodeterminação não precisasse de justificação, e a redação de documentos fundacionais com valor normativo superior a outras leis eram todos atos que, embora inovadores, podiam ser explicados observando-se quem os antigos colonos eram ou queriam ser. Estes atos também dependiam das crenças propagadas pelos intelectuais; eles se baseavam na familiaridade dos redatores com o direito; e eram o resultado da experiência colonial.

CAPÍTULO XI – INOVAÇÕES NA AMÉRICA DO NORTE

11.3 Antecedentes ingleses

Para explicar por que os colonos optaram por se rebelar e como eles estruturaram seu novo governo, a maioria dos historiadores aponta para a grande afinidade entre os acontecimentos na Inglaterra do século XVII e nas colônias do século XVIII. Diante de uma crise de legitimidade e do absolutismo real, os opositores ingleses do século XVII realizaram sua própria revolução. Durante esta revolução, eles afirmaram que, desde tempos imemoriais, a Inglaterra tinha uma Constituição antiga que definia um pacto de proteção e obediência entre o monarca e seus vassalos. Esta Constituição estabelecia controles sobre o rei, enquanto, ao mesmo tempo, garantia os direitos de seus súditos. Os autores ingleses do século XVII encontraram provas escritas deste pacto na Magna Carta e em outras promulgações. Os elementos mais notáveis desta Constituição antiga eram os direitos a nenhuma tributação sem representação, o devido processo legal e o julgamento pelo júri.

Os acontecimentos nas colônias seguiram um curso semelhante. Uma crise de legitimidade respaldada pelas conclusões de que o Parlamento e o monarca não tinham os poderes que pretendiam ter levaram os colonos a reivindicarem seus antigos direitos. Alegadamente para proteger esses direitos, eles romperam os laços com a Grã-Bretanha e instituíram um governo que seria limitado por uma Constituição. Os arranjos constitucionais que eles adotaram eram diferentes, assim como as ferramentas destinadas a protegê-los, mas o método era semelhante, pois em ambos os lugares a oposição adotou a convicção de que o rei não poderia governar por decreto ou prerrogativa, mas deveria obter consentimento para suas leis, que deveriam obedecer às regras fundamentais.

A maioria dos historiadores considerou esta estreita filiação entre os acontecimentos na Inglaterra e os acontecimentos nas colônias como natural, mesmo autoexplicativa, porque era normal que as colônias habitadas por imigrantes britânicos e governadas pelos britânicos utilizassem uma estrutura de *common law* tanto para se rebelar contra o antigo como para construir um novo Estado. Mas estas conclusões sobre a naturalidade das relações entre os acontecimentos ingleses e coloniais incluíam várias suposições, cuja veracidade não era evidente. A mais destacada entre elas foi a convicção de que o sistema jurídico que operava na América do Norte colonial era o *common law*. Esta convicção, que é frequentemente referida como a "teoria da transferência" (*Transfer Theory*, o *common law* tendo sido transferido da Inglaterra para as Américas), era a visão consensual, mas tem sido amplamente criticada nos últimos anos.

Os historiadores, que questionam a "teoria da transferência", apontam várias razões pelas quais o *common law* não poderia ter sido o sistema jurídico que operava nas colônias. Eles explicam que o *common law* consistia em um sistema judicial que dependia da existência de tribunais reais (ver Capítulo VI). Como resultado, onde tais tribunais estavam ausentes, como nas colônias, onde só existiam tribunais locais (costumeiros), o *common law* não poderia ter sido praticado. Esta opinião reproduz as conclusões de uma série de pensadores modernos, entre eles Edward Coke, o grande reformador do *common law*. Em 1628, Coke afirmou que o *common law* "não se ocupava de nada que fosse feito no ultramar". Referindo-se especificamente à Constituição antiga, Coke determinou que ela operava apenas na Inglaterra. Em meados do século XVIII, William Blackstone, autor dos populares *Commentaries on the Laws of England* e famoso advogado e professor de direito, também concordou que o *common law* não tinha autoridade nas colônias.[75] De acordo com seu argumento, se os sistemas jurídicos coloniais recordavam algo do direito inglês, esta semelhança não era prova suficiente para a aplicação automática do *common law* nas Américas. Em vez disso, era o resultado da cópia deliberada pelos colonos de algumas partes (mas não outras) do *common law*.

---

75 BLACKSTONE, William. *Commentaries on the Laws of England*. Oxford: John Hatchard and Son, 1822 [1765–1769], p. 105.

CAPÍTULO XI – INOVAÇÕES NA AMÉRICA DO NORTE

A razão pela qual tanto Coke quanto Blackstone podiam discordar da teoria da transferência era que ambos acreditavam que o *common law* não consistia em regras e princípios que qualquer tribunal pudesse aplicar. Ao invés de um direito objetivo que existia em toda a Inglaterra (como muitos tendem erroneamente a vê-la hoje em dia), o *common law* era para eles a soma total de procedimentos muito específicos que apenas certos tribunais reais (*common-law courts*) podiam aplicar. No entanto, embora negando que o *common law* fosse transferido em sua maior parte às colônias, Coke determinou que o antigo pacto (a Constituição), que estabelecia obrigações mútuas entre o monarca e seus súditos naturais persistia, mesmo quando estes súditos migravam para outros domínios reais. Assim como os naturais da Escócia, que residiam na Inglaterra (ver Capítulo VI), os ingleses que migraram para as colônias não romperam seus laços com o rei, e o rei também não podia romper sua obrigação de respeitar seus direitos fundamentais. Assim, embora nem o *common law* e nem a Constituição antiga tenham atravessado o Atlântico, os monarcas ingleses ainda eram obrigados a respeitar as liberdades fundamentais de seus súditos no ultramar, principalmente os direitos de propriedade e seu consentimento para a tributação.

Esta interpretação foi validada por cartas coloniais e patentes reais que geralmente garantiam aos colonos as liberdades, concessões, imunidades e privilégios dos súditos ingleses.[76] Mas o que eventualmente consolidou os direitos dos ingleses nas colônias não foi o que o rei prometeu (ou foi forçado a aceitar), mas a forma como o próprio *common law* se desenvolveu. Reimaginado, no século XVII, como o único direito importante da Inglaterra e compreendido não mais como produto dos tribunais reais (como realmente o era), mas sim como um direito costumeiro que era propriedade de todos os ingleses (ver Capítulo VIII), com

---

[76] Os historiadores atualmente debatem se estas cláusulas das cartas coloniais davam aos colonos direitos no ultramar ou apenas lhes conferiam o direito de serem tratados como súditos se e quando retornassem à Inglaterra.

suas novas características o *common law* poderia facilmente ser implementado no ultramar. Com o *common law* representando agora um conjunto de princípios, ou seja, um direito objetivo e uma coleção de direitos, ele poderia ser aplicado pelos tribunais coloniais locais (embora não fossem tribunais reais de *common law*) e ser reivindicado pelos súditos que viviam nas Américas.

Como resultado desses acontecimentos, paradoxalmente, com o tempo, o direito colonial, em vez de divergir, passou a, gradualmente, convergir com o direito inglês. Estas tendências, também, intensificaram-se pela presença crescente do Estado e do maior papel dos comerciantes coloniais e das mercadorias nos mercados imperiais. Este retrato – que sugeria que as colônias gradualmente "anglicizaram-se" – implica que os colonos norte-americanos nunca foram tão ingleses como nas décadas imediatamente anteriores à sua independência. Portanto, se a teoria da transferência poderia ser posta à prova em relação aos séculos XVII e início do XVIII, é possível, no entanto, que, ao final da era colonial, o *common law* estivesse, de fato, amplamente presente nas Américas.

Mas, mesmo se assim o fosse, que *common law* era esse? As colônias eram uma associação informal de comunidades autônomas, cada uma com um regime jurídico distinto. Massachusetts, em particular, possuía um sistema que era tão divergente do da Inglaterra que é questionável se podia mesmo ser considerado como parte do *common law*. Essa diferença não era considerada problemática, desde que os arranjos jurídicos coloniais não fossem "repugnantes" (isto é, diretamente contraditórios) com o direito inglês. O princípio da repugnância permitiu debates constantes entre as autoridades na Europa e nas Américas em relação a quais diferenças entre a Inglaterra e as colônias poderiam ser toleradas e quais não. Ele também permitia o desacordo em relação a que parte do direito inglês se aplicava no ultramar e em qual medida.

A esta complexidade adicionava-se a existência na Inglaterra de uma grande diversidade de leis e sistemas, com o *common law*

CAPÍTULO XI – INOVAÇÕES NA AMÉRICA DO NORTE

coexistindo com várias centenas de tribunais locais, feudais e eclesiásticos, cada um implementando sua própria ordem normativa. Dado este contexto, não havia motivos para acreditar que a multinormatividade inglesa não fosse reproduzida nas colônias. E se a maioria dos indivíduos na Inglaterra quase não tivesse contato com as cortes reais, como muitos historiadores, hoje, argumentam, também não há razão para supor que os ingleses que cruzaram o Atlântico fossem diferentes. Tendo experimentado, principalmente o direito local ou feudal na Inglaterra, estes imigrantes convertidos em colonos devem ter trazido consigo a familiaridade com estes sistemas e não com o *common law*.

A teoria da transferência também foi contestada por historiadores, que enfatizaram, que muitos migrantes que foram às colônias não eram ingleses. Excluídos dos privilégios dos ingleses (como os alemães e os holandeses) ou simplesmente desconhecedores deles (como os escoceses), estes migrantes trouxeram consigo suas próprias visões jurídicas, cuja influência no direito local ainda não foi suficientemente estudada. Igualmente negligenciada foi a questão de como a presença de africanos (livres ou escravizados) e povos originários americanos poderia ter influenciado os desenvolvimentos jurídicos. O *common law*, em resumo, poderia ter estado presente nas colônias no final do período colonial, mas também estavam muitas outras normas e sistemas. Esta multinormatividade não afetou o direito colonial?

Como resultado destas discussões é possível que, mesmo que o *common law* tivesse sido introduzido nas colônias em algum momento, certamente não era o único sistema jurídico que operava por lá, nem mesmo o mais importante. No entanto, é possível que a crescente demanda por direitos no final do século XVIII tenha levado o *common law* (que autorizava tais demandas) a se destacar. Isto talvez explique por que, na época da independência, as principais vozes nas colônias voltaram-se para o *common law*. Eles debateram suas opções, por analogia com a Inglaterra, e construíram seu novo Estado em referência às tradições inglesas.

A maioria deles chegou a argumentar que eram obrigados a se rebelar, porque eram mais fiéis ao *common law* do que o Parlamento inglês e o monarca, a quem agora acusavam de violar os arranjos costumeiros. No entanto, não havia nada de automático ou natural em sua confiança no *common law*. Em vez disso, foi o resultado de um longo processo, que também envolveu muitas decisões estratégicas.

11.4 Raízes iluministas

O Iluminismo foi um movimento intelectual que dominou várias partes da Europa no século XVIII. Como descrito no Capítulo IX, em seu núcleo, estava uma firme crença na racionalidade, bem como na capacidade humana de reformar a ordem jurídica. Seguindo os passos das gerações anteriores, pensadores iluministas concordavam que a sociedade surgiu depois que indivíduos, vivendo em um estado de natureza, negociaram um "pacto social". Essas negociações envolveram indivíduos racionais, que eram movidos pelo desejo de melhorar suas condições. Portanto, eles concordaram com certas estipulações que trocavam benefícios por restrições e deveres. Como esses indivíduos eram capazes de entender como a sociedade funcionava, eles podiam planejar suas atividades. Ao empregar a razão, eles poderiam descobrir as leis da natureza e aplicá-las às suas instituições e leis. O Iluminismo, em outras palavras, afirmava a capacidade humana e insistia que os humanos eram seres racionais, conscientes de seus direitos (e deveres) e estavam dispostos a limitá-los apenas por uma causa muito importante e que valesse a pena.

Através de debates sobre qual sistema levaria à maior felicidade, o Iluminismo pretendia liberar os homens de sua confiança em antigas tradições e autoridades. Como Immanuel Kant, maravilhosamente, o pôs em 1784, o Iluminismo deveria marcar o fim da dependência dos homens no conhecimento obtido por outros e

CAPÍTULO XI – INOVAÇÕES NA AMÉRICA DO NORTE

mostrar o caminho para pensar por si mesmo, confiando apenas em sua própria habilidade.[77]

Reverberando por toda a Europa, estas propostas foram, calorosamente, recepcionadas em ambos os lados do Atlântico. Na Europa, elas acabaram produzindo o que, agora, identificamos como Revolução Francesa. Na América inglesa, elas levaram à decisão dos colonos de se separarem de sua metrópole, bem como de conceber novas estruturas de governo que protegessem seus direitos de forma mais eficiente. Apelando a tais princípios primeiro na Declaração de Independência, que incluía um resumo das teorias iluministas, foi, na Constituição Federal de 1787, que os representantes dos novos Estados independentes explicitaram seu programa. Este programa, eles declararam, não era um mandado que vinha de cima ou que dependia da tradição, mas derivava de uma análise racional feita por "nós, o povo".

O Iluminismo permitiu aos atores do final do século XVIII acreditar que eles tinham o poder de refazer a sociedade, seguindo tanto sua experiência quanto sua razão. Também lhes deu a convicção de que estas medidas (que, na realidade, eram extremamente revolucionárias) não exigiam nenhuma justificativa. Apresentando-as como o resultado racional de uma lei da natureza, os atores do final do século XVIII as declararam como verdades auto-evidentes. Sua única justificativa era o relato fictício, filosófico e não histórico, sobre como as sociedades apareceram, que foi convenientemente reproduzido na Declaração de Independência.

Estas convicções, enumeradas nos documentos fundacionais dos Estados Unidos, eram pan-europeias e não particularmente inglesas ou norte-americanas, e seriam novamente invocadas durante a Revolução Francesa (1789-1799), produzindo efeitos ainda

---

[77] KANT, Immanuel. "O que é o Esclarecimento?" *Königsberg*, Prússia, 30 de setembro de 1784. Disponível em: http://legacy.fordham.edu/halsall/mod/kant-whatis.asp. Acessado em: 06.05.2024.

mais deslumbrantes. A afinidade entre os acontecimentos nas Treze Colônias, e o que sucederia na França alguns anos mais tarde, levou muitos historiadores a se perguntarem quem influenciou quem e em que grau. Independentemente das questões de genealogia, que, muitas vezes são impossíveis de responder com exatidão, é claro que, apesar das diferenças nas tradições jurídicas e nos contextos locais, e, apesar de produzir um impacto algo divergente, tanto os norte-americanos quanto os franceses acabaram com Constituições escritas que sustentavam uma estrita separação de poderes e declaravam a existência de uma lista semelhante de direitos inalienáveis que não precisavam de nenhuma prova, porque eram autoevidentes. Talvez mais do que qualquer outra coisa, esta semelhança sugere que os acontecimentos norte-americanos do final do século XVIII não deveriam ser considerados a partir de uma perspectiva local ou mesmo inglesa. Em vez disso, eles deveriam ser explicados observando também o que aconteceu em outros lugares. Pelo mesmo motivo, embora o que sucedeu nas Treze Colônias tenha ocorrido nas Américas, fazia parte de um movimento pan-europeu e participou e precipitou o desenvolvimento do direito europeu.

11.5 O direito das gentes convertido em direito natural

Os autores da Declaração de Independência e da Constituição apelavam, diretamente, ao direito natural. Parte essencial da caixa de ferramentas filosófica do Iluminismo e onipresente no pensamento dos estudiosos ingleses (embora não tanto no trabalho dos advogados), mais particularmente no século XVIII, o direito natural possuía uma longa história que começou com o *ius gentium* (antigo direito romano aplicado aos estrangeiros), passou a um direito de mandado divino (na Idade Média) e, no final do século XVI e durante o século XVII, era explicado por referência à experiência e à razão. Durante o início da época moderna, o direito natural era um repositório de normas que regiam as relações entre os europeus, bem como entre eles e os não europeus. Inicialmente

CAPÍTULO XI – INOVAÇÕES NA AMÉRICA DO NORTE

utilizado para justificar as ações europeias no ultramar, era também uma ferramenta poderosa com a qual criticar as estruturas e as leis existentes: representá-las como se fossem antinaturais implicaria que precisavam ser modificadas, até mesmo revogadas.

Típico de tais percepções foi o *Droit des gens* (1758) de Emer de Vattel, em que sugeria que as nações são organismos políticos ou sociedades de homens unidos para obter vantagem e segurança. Estas associações requeriam uma Constituição – uma regulamentação fundamental que determinava a maneira pela qual a autoridade pública deveria ser exercida.

Os representantes das Treze Colônias, convertidas em Estados, fizeram amplo uso de tais teorias. Estas os permitiram explicar a ruptura com a Grã-Bretanha (porque o que o rei fazia era antinatural) e eles justificaram a Constituição de um novo Estado (um desenvolvimento autorizado tanto pelo direito das gentes quanto pelo direito natural). Além disso, o direito natural não apenas sancionava a assunção de soberania, mas ele também permitia que os autores contemporâneos confirmassem que, como representantes de um Estado legítimo, eles podiam contratar com outras potências que deveriam reconhecê-los como iguais.

De acordo com alguns estudiosos, este poderia ter sido o objetivo original da Declaração de Independência, que não era, necessariamente, dirigida ao público interno, ou mesmo à Grã-Bretanha, mas sim à "comunidade internacional" (para usar um anacronismo). A Declaração começava por confessar este ponto, a saber, a necessidade de apelar à "opinião da humanidade", explicando por que as colônias procediam daquela maneira. Ela terminava afirmando que as colônias eram agora "Estados livres e independentes" que podiam, como organismos soberanos, "declarar a guerra, firmar a paz, contratar alianças, [e] estabelecer o comércio". Desta forma, os antigos colonos pretendiam transformar o que era, essencialmente, uma insurreição local, talvez uma guerra civil entre eles e seu governo, em um conflito internacional entre duas comunidades soberanas. Precisamente para este fim, a Declaração de Independência acusou o rei Jorge III não apenas de agir injustamente contra seus súditos (violando seus antigos costumes e liberdades), e de agir de forma antinatural (violando o direito natural), mas também de violar as leis da guerra e os costumes do comércio, que governavam as relações entre os Estados.

As Constituições – federal e estaduais – também procuraram convencer as potências estrangeiras a reconhecerem os novos Estados, assim como sua associação mútua. Estas Constituições não só queriam dar legitimidade a eles, mas também ofereciam um modelo que, baseado em uma ideologia de caráter mais transnacional que local, demonstraria como as teorias contemporâneas poderiam ser implementadas. Elas permitiram uma discussão a nível europeu sobre como aperfeiçoar a sociedade e suas instituições, e foram consideradas, por muitos, como um exemplo prático do que poderia ou deveria ser feito. Centrando-se não em seus aspectos antimonárquicos ou anticoloniais, mas nas estruturas de governo e nos direitos do homem, o exemplo norte-americano poderia, a partir de então, universalizar-se.

11.6 Antecedentes coloniais

A natureza do confronto entre os colonos e o governo britânico também influenciou a forma jurídica que o novo país adquiriria. As reclamações contra a afirmação de soberania do Parlamento inglês levaram os colonos a buscarem um mecanismo que limitaria os poderes das Assembleias representativas. Se a iniciativa de restringir o Parlamento, através da promulgação de uma Constituição era compreensível, também o era o desejo de um documento escrito que transformasse o que de outra forma pertenceria a um direito costumeiro oral (na Inglaterra) em um arranjo jurídico formal (nos Estados Unidos). A redação prometia maior transparência e clareza, mas também fazia parte da tradição colonial, que se baseava, em grande medida, em material escrito, com cartas que

CAPÍTULO XI – INOVAÇÕES NA AMÉRICA DO NORTE

enumeravam os direitos dos súditos e muitas leis que detalhavam como era a ordem normativa. No final do século XVIII, as cartas coloniais já eram vistas como uma espécie de Constituição (um marco legislativo governamental), que podia ser usada como um mecanismo de defesa contra os abusos de poder. Eram também um meio de reconhecer direitos, pois expressavam uma espécie de pacto entre os colonos e o rei.

Os documentos fundacionais dos Estados Unidos refletiram essas conjunturas, necessidades e tradições particulares. A Declaração de Direitos era especialmente indicativa dessa dependência; os tópicos, nela contidos, eram talvez objetivamente importantes, e definitivamente faziam parte da tradição inglesa, mas sua inclusão, na Declaração, estava diretamente relacionada aos eventos que ocorreram antes e durante a Guerra da Independência. A tributação sem representação era obviamente um desses casos, mas os colonos e as autoridades metropolitanas também debateram outras questões, tais como o aquartelamento das tropas, o direito de ter milícias locais, e a promessa do devido processo legal nos tribunais locais com jurados e judiciário independente, todas os quais entraram na Declaração de Direitos enquanto outras, não menos importantes, ficaram de fora.

11.7 A importância jurídica destes desenvolvimentos

A Declaração de Independência, as Constituições federal e estaduais, e a Declaração de Direito iniciaram uma nova era na história jurídica e política. Desde sua promulgação no final do século XVIII, muitos outros países declararam sua independência ao reivindicar o direito de constituir novos Estados, após apresentar queixas contra seus antigos governantes. Igualmente popular foi a adoção de Constituições que não eram dramaticamente diferentes da norte-americana. Estas geralmente expunham um esquema de governo que, embora muitas vezes distinto daquele adotado pelas antigas Treze Colônias, incluía, no entanto, a separação de poderes, bem como, mais recentemente, o controle jurisdicional (*judicial review*). Entendia-se que estas Constituições incorporavam um nível superior de normatividade que outras leis ou ações governamentais não poderiam violar.

Embora esta contribuição norte-americana ao direito europeu não tenha sido completamente autóctone – afinal, ela se baseou nas tradições jurídicas inglesas, nos debates europeus sobre o direito natural e o direito das gentes, e na filosofia do Iluminismo – é claro, porém, que os representantes das Treze Colônias foram os primeiros a converter estes ideais em estruturas jurídicas formalmente sancionadas. Eles também foram os primeiros a decidir que os elementos mais básicos da vida coletiva (as estruturas de governo) seriam decididos pelos votos em Assembleias que supostamente refletiam e refinavam os desejos do "povo". As Constituições que eles imaginavam eram o produto tanto da tradição como da razão, mas seu objetivo final era garantir a felicidade de todos.

Estes acontecimentos criaram um exemplo que outros poderiam emular. A lista de países que foram direta ou indiretamente afetados por eles e que declararam sua independência ou adotaram Constituições, foi enorme. Entre eles (a lista não é exaustiva e contêm nomes anacrônicos) estavam Bélgica, Haiti, a maioria das antigas colônias espanholas nas Américas (Grã-Colômbia, Venezuela, Argentina, Chile, Costa Rica, El Salvador, Guatemala, Honduras, México, Nicarágua, Peru, Bolívia, Uruguai, Equador, Colômbia, Paraguai, e a República Dominicana), Libéria, Hungria, Nova Zelândia, Alemanha, Itália, Japão, a antiga Tchecoslováquia, e a antiga Rodésia.

Ao final deste processo, a poderosa mensagem dos revolucionários norte-americanos a respeito de seus direitos tornou-se, de fato, a verdade autoevidente que eles haviam imaginado prematuramente. Esta verdade – que as comunidades têm o direito de autodeterminação, que podem constituir novos Estados, modificar as condições do pacto social, conceber um governo efetivo, instituir uma Constituição que limitaria as ações dos poderes legislativo e executivo, e identificar e defender seus direitos – é atualmente considerada tão consensual que não mais exige justificativa.

CAPÍTULO XII
A REVOLUÇÃO FRANCESA

Em 14 de julho de 1789, uma multidão, enfurecida, invadiu a Bastilha, uma fortaleza na parte oriental de Paris, em um episódio que marcou o início da Revolução Francesa. Desde então, muitos estudiosos tentaram decifrar como a Revolução surgiu e quais foram suas consequências a curto e a longo prazo. Eles descreveram como o rei foi forçado a renunciar a grande parte de seu controle, como os camponeses começaram a atacar as propriedades senhoriais, como novos arranjos constitucionais foram desenvolvidos e como o rei Luís XVI foi sentenciado e executado. Eles narraram como a Revolução se tornou mais radical e mais violenta com o tempo e como aqueles que resistiram a ela foram perseguidos. Simbolizada pela invenção da guilhotina, a perseguição levou à execução de muitos, mais, particularmente, em uma época tempestuosa chamada de "o Terror". Depois de várias Constituições e de um período de extensa violência e caos, em 1799, Napoleão Bonaparte ascendeu ao poder. Alguns estudiosos viram a chegada de Napoleão como um sinal do fim da Revolução. Outros viram isso como algo que conduziu à difusão dos princípios essenciais da Revolução por toda a Europa.

No que se segue, concentro-me no significado jurídico do que ocorreu. Argumento que a Revolução Francesa apresentou uma transformação radical, talvez a transformação mais radical que o direito europeu já tenha experimentado. Virando as tradições existentes de cabeça para baixo ou de dentro para fora – contrariando o que aconteceu nas Treze Colônias, onde a maioria dos atores apelou para o direito natural, mas também desejou continuar a defender muitas tradições –, os franceses declararam a necessidade de uma revisão completa de seu sistema jurídico e político.

Isto incluiria não apenas mudanças constitucionais (como nas Treze Colônias, onde o direito pré-independência, muitas vezes, continuou intacto, apesar da convulsão política), mas uma modificação de todo o sistema jurídico. Descartando costumes e estruturas existentes, o objetivo declarado era criar uma nova ordem, onde as normas não seriam mais herdadas do passado. Em vez disso, elas anunciariam um futuro no qual todas as decisões relativas ao direito público e privado estariam sob o mandado do direito natural e da razão, e guiadas pela vontade da nação. Esta visão, que, às vezes, era mais radical do que as mudanças jurídicas efetivamente realizadas, transformou a Revolução Francesa em um terremoto, que permitiu a emergência do direito como o conhecemos hoje.

12.1 A gênese de uma revolução

Essas transformações políticas e jurídicas radicais começaram em 1789, quando membros dos *États généraux* (o Parlamento) declararam sua reunião em uma Assembleia Nacional (*Assemblée Nationale*). Esta declaração implicava que, ao invés de um órgão dividido por Estados (nobreza, clero e terceiro estado) e representando (no caso do terceiro estado) interesses regionais específicos, como havia sido o caso até então, a Assembleia teria, agora, apenas uma única câmara, que representaria todos os Estados e regiões. Ela falaria em nome da nação, agora concebida não como uma comunidade feita de corporações e ordens (como até então havia sido concebida), mas como uma reunião de cidadãos.

CAPÍTULO XII – A REVOLUÇÃO FRANCESA

Após esta declaração, os membros da Assembleia anunciaram que tinham poderes para modificar as estruturas políticas e jurídicas existentes. Eles procederam com a abolição do sistema feudal e de muitos dos privilégios da Igreja, tais como o direito de recolher dízimos. Eliminaram a venda de cargos judiciais e municipais, declarando que todas as funções públicas estavam abertas a todos os candidatos, de acordo com seu mérito. Também acabaram com os privilégios fiscais que eximiam aos nobres e ao clero de importantes pagamentos de impostos. Em uma série de decretos (conhecidos como "decretos de agosto"), os membros da Assembleia também declararam que, como a união de todos os franceses era mais vantajosa do que os privilégios particulares que algumas províncias desfrutavam, todas os privilégios jurídicos provinciais, distritais, locais e urbanos deixariam de existir e, ao invés, um único direito seria aplicado em toda a França.

A Assembleia adotou então a *Déclaration des Droit de l'Homme et du Citoyen* (1789). Esta Declaração proclamava a existência de direitos inalienáveis, incluindo a igualdade, a liberdade, a propriedade, a segurança contra a opressão, a presunção de inocência, nenhuma tributação sem consentimento parlamentar, e a liberdade de expressão e de imprensa. Ela lista uma série de princípios constitucionais, incluindo as afirmações de que a soberania residia na nação, que a legislação expressava a vontade geral, e que as forças armadas deveriam proteger o bem comum e não o rei. A Declaração também estabelecia, como princípio geral, que o que não era proibido pela legislação era permitido e que ninguém poderia ser impedido de fazer nada, a menos que a legislação assim o determinasse.

Essas disposições jurídicas eram inteiramente novas, mas a Declaração as apresentava como algo que não exigia nenhuma outra explicação ou justificativa além de que eram "princípios naturais, inalienáveis e sagrados... simples e incontestáveis", que os representantes do povo francês "estabeleceram numa declaração solene... sob os cuidados do Ser Supremo".[78] Como os representantes das Treze Colônias, os autores da Declaração de Direitos apelaram para verdades autoevidentes, sugerindo que as mudanças que introduziram foram na realidade uma restauração. De acordo com o preâmbulo da Declaração, era precisamente a ignorância, negligência ou desprezo por essas verdades autoevidentes, que levaram às calamidades públicas e à corrupção, que os membros da Assembleia procuravam corrigir.

Em 1790, a Assembleia Nacional aboliu todos os impostos eclesiásticos, confiscou propriedades da Igreja e obrigou os membros do clero a se tornarem funcionários do Estado. A Assembleia logo procedeu, em um espaço de tempo muito curto, a adotar várias Constituições. No que se tornaria um período extremamente volátil de experimentação política, com uma Constituição substituindo outra e cada uma modificando substancialmente as estruturas de governo, diferentes grupos e indivíduos revolucionários procuraram identificar as estruturas que melhor se ajustariam à sua imagem de uma sociedade ideal.

Em 1791, a Assembleia Nacional votou a primeira Constituição, que incluía muitas das mudanças já aprovadas pela Assembleia. Seu preâmbulo afirmava que o objetivo do documento era abolir de forma irrevogável as instituições que minavam a liberdade e a igualdade do homem. No futuro, não haveria distinções baseadas no nascimento e nenhum privilégio além daqueles concedidos a todos os franceses. O trabalho também seria liberado – em vez de ser limitado aos membros da guilda, todos os empregos estariam disponíveis, sem diferenciação que não fosse a virtude e o talento. O objetivo era garantir os direitos naturais e cívicos de todos os franceses, entre eles o direito de ocupar cargos públicos, uma distribuição justa dos impostos de acordo com a capacidade

---

[78] Preâmbulo da Declaração dos Direitos do Homem e do Cidadão francesa de 1789.

CAPÍTULO XII – A REVOLUÇÃO FRANCESA

financeira, punição igual para crimes iguais, liberdade de movimento e proteção contra prisão, liberdade de expressão e de imprensa, liberdade de reunião e liberdade de se dirigir às autoridades. A Constituição de 1791 protegeu a inviolabilidade da propriedade, afirmando que ninguém poderia limitar este direito a menos que a segurança pública ou os direitos de terceiros estivessem em perigo. Ela declarou a França como um único Estado indivisível e anunciou que a soberania, que era inalienável, residia na nação. Assegurando a separação dos poderes, a Constituição instituiu um Executivo (exercido pelo rei), um Legislativo (composto de deputados eleitos pelo povo) e um Judiciário (também eleito). Os cidadãos franceses foram divididos em cidadãos ativos, que podiam votar, porque eram homens com mais de 25 anos e pagavam uma certa quantia de impostos, e cidadãos passivos, que não podiam votar.

Em mais uma transformação radical, em 1792, a França foi reconstituída como república, cuja Assembleia seria eleita por sufrágio universal masculino. Em 1793, Luís XVI foi executado e uma nova Constituição foi adotada. De acordo com esta Constituição, a Assembleia Nacional seria eleita por todos os cidadãos homens e deveria sugerir leis que as "Assembleias primárias" regionais teriam que ratificar. A Assembleia Nacional nomearia o Executivo, a partir das listas de candidatos propostos por essas Assembleias primárias. Os debates na Assembleia Nacional seriam abertos ao público e seriam decididos pela maioria dos membros presentes. A Constituição de 1793 possuía várias cláusulas que enumeravam os principais direitos dos franceses, incluindo a igualdade, a liberdade, a segurança, a propriedade, o livre exercício da religião, o direito à educação e à assistência pública, à liberdade de imprensa e o direito de realizar Assembleias populares, bem como o direito de desfrutar de todos os outros direitos do homem. A Constituição também garantiu "respeito" pela "lealdade, coragem, idade, amor filial, infortúnio e todas as outras virtudes".

Radical em sua concepção de soberania popular, a Constituição de 1793 foi ratificada por referendo popular, mas sua implementação foi adiada e, depois, posta de lado indefinidamente até que a paz fosse alcançada. Em 1795, mais uma Constituição foi adotada. Ela procurou conceder maior poder a um Executivo de cinco pessoas, chamado Diretório (*Directoire*), bem como obter controle sobre o processo político, ao mesmo tempo em que aumentava a proteção da propriedade privada e a inviolabilidade das residências privadas, que não poderiam ser ingressadas ou revistadas sem um mandado judicial apropriado. A Constituição de 1795 também proibia a formação de corporações e associações contrárias à ordem pública e a criação de sociedades interessadas em questões políticas. Os direitos políticos deveriam ser exercidos somente em Assembleias primárias e comunitárias sujeitas à lei. Qualquer outra reunião não autorizada seria considerada um ataque à Constituição e seria imediatamente dispersa. Para inaugurar esta nova época, a Constituição propunha que "a Era francesa" tivesse início em 22 de setembro de 1792, o dia do estabelecimento da República. Segundo este novo calendário, a Constituição de 1795 foi, portanto, promulgada no ano III.

12.2 Uma nova visão do direito

Caóticas, fragmentadas e, às vezes contraditórias, estas novas regras jurídicas foram, muitas vezes, o resultado de compromissos. Elas foram adotadas após longos debates entre indivíduos e grupos que, frequentemente, recorriam à violência a fim de garantir a submissão (ou eliminação) de seus opositores. Embora as soluções propostas pudessem variar drasticamente, os resultados obtidos também eram, frequentemente, menos coerentes do que o pretendido e a implementação, efetiva, deixava muito a desejar. No entanto, é claro que muitas das mudanças, propostas na França no final da década de 1780 e início da década de 1790, foram verdadeiramente radicais. Além das particularidades das leis e Constituições, e, apesar da luta brutal de poder entre as facções, todos estes desenvolvimentos contribuíram para a reformulação do que era o direito, de onde ele vinha e em que se baseava.

CAPÍTULO XII – A REVOLUÇÃO FRANCESA

Paradoxalmente, esta nova conceituação do direito foi bastante consensual entre as facções rivais. Evidente, por exemplo, na Declaração dos Direitos do Homem e do Cidadão, ela estipulava que (1) a soberania residia na nação, que expressava sua vontade geral criando leis; (2) qualquer coisa que não fosse proibida pela legislação era permitida; e (3) ninguém podia ser obrigado a fazer nada, a menos que a lei assim o prescrevesse.

Juntas, estas medidas revolucionárias implicavam que a legislação, guiada apenas pela vontade do povo, era, agora, a única fonte normativa legítima. Os indivíduos e as comunidades não podiam mais recorrer aos costumes, à doutrina, aos deveres religiosos e morais, ou mesmo à jurisprudência. Ao invés disso, ou a legislação sancionava uma determinada regra tornando-a legal, ou não o fazia, caso em que a dita regra não existia. A ordem legal era, agora, uma tábua rasa sobre a qual era possível inscrever o que se quisesse desde que fosse razoável, não contradissesse o direito natural (cujo significado e extensão poderia, é claro, ser motivo de debate) e obedecesse à vontade geral.[79] A partir de então, todas as leis, tanto no âmbito privado quanto no público (para usar um anacronismo), tornaram-se produto da atividade humana deliberada e voluntária e seriam promulgadas, não espontaneamente dentro da comunidade (como se dizia que os costumes tinham sido promulgados), mas após discussão e debate razoáveis. As leis não estariam mais sob o mandado da tradição, o conselho profissional ou a atividade judicial, mas seriam adotadas à medida que surgisse a necessidade por novos atores que seriam identificados como "políticos". Como seriam propostas por não profissionais racionais eleitos pelos cidadãos, essas leis seriam tão simples e tão claras que seu conteúdo poderia ser resumido em um livro-texto

---

[79] Como mencionado no Capítulo X, o direito natural não estava codificado. Ele era uma noção que muitos filósofos, juristas, teólogos e outros intelectuais aceitavam, mas discordavam sobre o que ela incluía. Em vez de uma enumeração de normas ou de um sistema de soluções específicas, o direito natural era um marco de referência.

que cada cidadão poderia compreender e cada família poderia possuir. Esta simplicidade justificaria a eliminação da mediação de profissionais. Não haveria mais necessidade de juízes e advogados treinados em direito. Em vez disso, o exercício de grande parte de suas atividades anteriores seria delegado a homens racionais, que não exigiriam nenhuma preparação especial e não teriam nenhum monopólio sobre seu cargo. Pela mesma razão, a maior parte dos litígios poderia ser redirecionada dos tribunais formais para a arbitragem informal com vistas à reconciliação.

Esta nova visão se afastou radicalmente das regras anteriores. Enquanto o direito do Antigo Regime incluía uma multiplicidade de fontes (costumes, doutrina, jurisprudência, mandado divino e legislação), o novo direito inaugurado pela Revolução Francesa validou apenas a legislação, expulsando, em teoria, todas as outras fontes normativas. Enquanto no Antigo Regime o direito era monopólio dos juristas, que eram encarregados de identificá-lo e aplicá-lo, sob o novo sistema ele podia ser criado, implementado e entendido por qualquer pessoa racional. Enquanto no Antigo Regime a principal tarefa dos juristas e juízes era descobrir e aplicar um direito preexistente que se baseava na forma como as coisas sempre foram ou deveriam ser (costumes), ou por referência ao conhecimento profissional acumulado (*ius commune*), ou à vontade divina (direito canônico), as medidas, adotadas durante a Revolução Francesa, não apenas possibilitavam, mas também defendiam, a criação jurídica. O objetivo da ordem jurídica não seria mais o de salvaguardar o *status quo*, mas, em vez disso, mudar e melhorar a sociedade. Paradoxalmente, estas medidas revolucionárias foram defendidas por juristas que, posicionando-se como especialistas técnicos e não como políticos, seguiram, com êxito, um programa que poderia, potencialmente, eliminar seu monopólio como grupo.

Se a natureza do próprio direito mudou, mudou também a comunidade à qual ele seria aplicado. Durante o Antigo Regime, havia uma ordem jurídica pan-europeia na qual um sistema abrangente (*ius commune*) coincidia com arranjos jurídicos extremamente

CAPÍTULO XII – A REVOLUÇÃO FRANCESA

localizados (*ius proprium*, também identificado como direito costumeiro). O novo sistema francês agora imaginava instituir um direito nacional – haveria apenas um direito na França, e este direito se aplicaria a todos os franceses igualmente. Não seria mais o caso, como Voltaire (1694-1778) uma vez argumentou, que, ao viajar pela França, mudava-se de leis com mais frequência que de cavalos.[80]

A ordem normativa, que surgiu da Revolução Francesa, estabeleceu, portanto, que as leis seriam feitas pelos representantes eleitos da nação. Guiada pela razão e baseada na suposição de que os contemporâneos poderiam – em certas ocasiões, deveriam – intervir na ordem jurídica, a legislação procuraria melhorar ou mesmo reconfigurar a sociedade. Ela se aplicaria apenas dentro do território do Estado, mas a todos os cidadãos igualmente. Todas estas características, que descrevem nosso atual entendimento do que é o direito, talvez não tenham nascido com a Revolução Francesa, mas, certamente, foram juridicamente instituídas pela primeira vez com ela.

Além de sua enorme contribuição para a redefinição da ordem normativa, a Revolução Francesa também foi pioneira em três outras mudanças que foram fundamentais para o surgimento da modernidade jurídica. A primeira foi a unificação do sujeito de direito, permitindo-nos imaginar indivíduos idênticos, todos portadores dos mesmos direitos e deveres. A segunda foi a unificação de vários direitos sobre as coisas em "direitos de propriedade", da forma como os conhecemos hoje. O terceiro foi a unificação do poder e a criação de uma soberania indivisível.

---

[80] "Diz-se que existem 144 costumes na França que têm o poder de lei: estas leis são quase todas diferentes. Um homem que viaja neste país muda de lei quase tantas vezes quanto muda de cavalo". (VOLTAIRE. "Courtisans lettrés: Coutoumes". *In*: _____. *Oeuvres complètes de Voltaire*: Dictionnaire philosophique I. vol. 7. Paris: Chez Furne, 1835).

12.3 A unificação do sujeito de direito

Rompendo com o axioma preexistente de que os humanos eram diferentes por se distinguirem por nascimento, ocupação, residência ou religião, as várias regras adoptadas durante a Revolução Francesa declararam todos os homens iguais. Na prática, isto significou o abandono de um antigo sistema que concedia direitos e privilégios aos indivíduos de acordo com quem eles eram, substituindo-o por um novo regime que não mais reconhecia a relevância das distinções de estamento, profissão ou local de residência, declarando-as abolidas ou irrelevantes. A promessa de igualdade, entretanto, não foi completa. Algumas distinções sobreviveram. Entre elas estavam diferenciações baseadas em gênero, riqueza, estado civil (escravidão ou liberdade) e, até certo ponto, religião.

A vontade de abolir distinções de estamento, profissão e local de residência exigia imaginar um novo tipo de pessoa, um indivíduo abstrato que, independentemente de sua história e traços distintivos e apesar de ter particularidades óbvias, seria considerado idêntico a todos os outros. Esta nova pessoa seria descontextualizada por meio de uma ficção jurídica que, em nome da igualdade, ignoraria todos os fatores que a tornassem particular ou os classificaria como inconsequentes.

Se ignorar as diferenças era uma exigência, a necessidade de criar um novo sujeito de direito era outra. O que isto implicava pode ser melhor explicado através de um exemplo. Sob o Antigo Regime, um nobre, que residia em uma cidade e era militar, tinha várias personalidades jurídicas. Como nobre, ele desfrutava de um regime jurídico, como residente de uma cidade, de outro e, como militar, ainda de um terceiro. Cada regime jurídico implicava um conjunto diferente de privilégios e deveres. Esta diversidade, no direito, foi mantida através da existência de várias jurisdições. Os nobres tinham suas próprias autoridades e tribunais em que julgavam os conflitos, e o mesmo valia para a cidade e os militares. Estas autoridades e tribunais eram responsáveis pela aplicação do regime particular dos membros do grupo, um regime que, às vezes, era incômodo, mas que na maioria dos casos era considerado vantajoso.

Usando vários chapéus – como em O *Mikado* de Gilbert e Sullivan, em que Pooh-Bah era o primeiro senhor do tesouro, senhor presidente do Tribunal, comandante-chefe, senhor alto almirante, mestre dos reais cães de caça, responsável do pessoal masculino da casa real, arcebispo e presidente da câmara – nosso nobre podia, alternativamente, invocar suas diferentes personalidades jurídicas, mas não podia combinar seus elementos. Ou ele era tratado como um nobre e recebia os direitos que se aplicavam aos nobres e exercia os deveres de seu estamento, ou ele desfrutava dos privilégios de sua cidade e estava sob a proteção de suas autoridades, ou ele apelaria à jurisdição militar. Sob o Antigo Regime esta multiplicidade representava a realidade, não uma situação cômica ou absurda.

O exemplo mais próximo para tal situação, hoje, seria quando a mesma pessoa física (um homem ou mulher) atua por uma corporação (sua primeira personalidade jurídica) ou por ele/ela mesmo(a) como uma pessoa particular (sua segunda personalidade jurídica). Se ele/ela for um(a) fiduciário(a), poderá ter uma terceira personalidade jurídica quando atuar pela pessoa ou empresa, da qual ele/ela é fiduciário(a). Mas o que esta pessoa não pode fazer, ainda hoje, é combinar seus direitos como presidente(a) da corporação com seus direitos como fiduciário(a) ou como pessoa física. No que diz respeito ao direito, embora todos saibamos que o mesmo indivíduo físico cumpra todas essas funções, ele ou ela incorpora três personalidades jurídicas diferentes, e cada ação é atribuída a apenas uma de suas personalidades, como se as outras não existissem.

Embora hoje ainda persista algum grau de multiplicidade, o que era diferente antes da Revolução Francesa era que, juridicamente, não havia uma personalidade jurídica única para corresponder às ações privadas dos indivíduos. Em suas vidas privadas, isto é, não apenas quando atuavam por uma corporação, como seria o caso atualmente, a maioria dos indivíduos encarnava uma multiplicidade de pessoas: um nobre, um residente de uma cidade e um militar, para voltar ao exemplo anterior. Para criar um único sujeito de direito a partir destes vários fragmentos, era necessário não apenas imaginar que indivíduos diferentes eram, essencialmente, similares (e, portanto, iguais), mas também conceber um sistema que combinasse suas várias personalidades em uma só. Destruindo as ordens e jurisdições existentes e separando-as em direitos e deveres individuais (o direito de possuir propriedade, o direito de trabalhar, o direito de residir na cidade, o dever de pagar impostos), os preceitos revolucionários passaram, então, a imaginar um indivíduo abstrato e a incorporar-lhe todos os atributos que mereciam proteção.

12.4 A unificação da propriedade

Se a unificação do sujeito de direito era um projeto, a unificação da propriedade era outro. Sob o Antigo Regime, a maioria dos direitos que, hoje, identificamos como direitos de propriedade não pertenciam a um único indivíduo, mas, em vez disso, eram distribuídos entre vários. Com relação aos direitos sobre a terra, os juristas distinguiam, por exemplo, o "domínio direto" (*dominium directum*), que incluía o direito de disponibilizar da terra, cobrar taxas e exercer a autoridade; do "domínio útil" (*dominium utile*), que incluía o direito de usar a terra e, principalmente, manter a renda que ela gerava. Os juristas também reconheceram um direito abstrato, que todos os monarcas tinham sobre todas as terras na França, uma série de direitos comunais, que permitiam aos membros da comunidade ou a todos os franceses de usar a terra para certos fins, como pastagem ou respiga. A Igreja também tinha direitos a certas taxas sobre a terra, que eram considerados obrigações reais e não obrigações pessoais, e a maioria das terras também estavam sob outras imposições, monopólios e servidões. A hierarquia entre estes direitos nem sempre era clara, o que levava a conflitos. Entretanto, a natureza fragmentária dos direitos sobre a

CAPÍTULO XII – A REVOLUÇÃO FRANCESA

terra levou a uma certa fossilização, tornando difícil a compra ou venda de terrenos. A esta complexidade acrescentavam-se múltiplas imposições jurídicas que instruíam como a terra poderia ser usada, o que poderia ser plantado, o que poderia ser limpo e quando o cultivo era permitido. Os direitos de terra também estavam sujeitos a regras locais que variavam de lugar para lugar, região para região, e em função do tipo de terreno e de como ele foi adquirido.

Um dos primeiros objetivos da legislação revolucionária foi mudar esta situação, que muitos percebiam como caótica e extremamente prejudicial. Os legisladores desejavam distinguir entre jurisdição e propriedade, isto é, o direito de exercer o poder (tal como os poderes dos senhores em seu domínio senhorial) e o direito de possuir terras. Eles também esperavam reformar o mercado de terras e transformar os camponeses em pequenos proprietários, melhorar o estado da agricultura, proteger a propriedade contra abusos e apelar para os princípios da razão e da simplicidade.

Acolhendo a ideia de que os direitos de propriedade deveriam ser tão completos e livres quanto possível, a legislação revolucionária francesa concebeu uma propriedade nova e moderna, que incluiria todos os direitos anteriormente divididos entre muitos indivíduos. A partir de então, haveria um único proprietário com o direito de dispor, usar e coletar renda. Este proprietário estaria livre da regulação estatal e de imposições de terceiros, e seus direitos não seriam limitados a menos que considerações de utilidade pública e os direitos de outros o justificassem. A propriedade, como a Declaração dos Direitos do Homem e do Cidadão proclamava em seus artigos 2 e 17, seria "natural e imprescritível", assim como "sagrada e inviolável". Ou, como o código civil francês de 1804 determinaria, a propriedade se tornaria "o direito de desfrutar e dispor das coisas da maneira mais absoluta, desde que não se faça uso delas de uma maneira proibida por leis ou regulamentos".[81]

---

[81] Código Civil Francês, art. 544. Sobre o código civil francês, ver Capítulo XII.

12.5 Unificação do poder e a soberania indivisível

Não menos importante foi o impulso revolucionário em unificar em uma soberania única e indivisível todo o poder público, que, no Antigo Regime, estava distribuído entre inúmeros indivíduos, oficiais e corporações. Esta unificação já era proposta por Jean Bodin (1530-1596). Em resposta ao caos, provocado pelas Guerras de Religião (1562-1598) entre católicos e protestantes, Bodin expôs a teoria de que a sociedade precisava ter um governo que exibisse um comando supremo sobre todos os cidadãos. Ao invés do poder público ser dividido entre muitos indivíduos (o rei, os senhores, a Igreja, as guildas, as cidades etc.), haveria uma pessoa (o rei), que acumularia todos os poderes e seria colocada em uma posição de clara superioridade em relação a todas as outras jurisdições. Ele seria capaz de declarar guerra e paz, ouvir recursos em última instância, nomear e remover funcionários, e estabelecer e cobrar impostos, mas o mais importante é que teria o poder absoluto de criar e mudar o direito sem a necessidade de obter o consentimento de outros. Ilimitada em suas ações e livre de outras restrições que não o direito divino e natural (incluindo o direito das gentes), a soberania, argumentou Bodin, era uma condição necessária para a sobrevivência de todos os Estados.

Embora fossem relativamente novas e mesmo escandalosas quando foram propostas, as teorias de Bodin, que também foram discutidas por Grócio, Hobbes, Locke e Pufendorf, para mencionar apenas alguns exemplos, foram postas em prática pela Revolução Francesa. Um dos primeiros passos da legislação revolucionária foi insistir na criação de uma soberania que seria indivisível. Eliminando, gradualmente, os poderes dos oficiais que compraram seus cargos, dos senhores e da Igreja, ela reuniu todos esses fragmentos de jurisdição, para criar um novo tipo de autoridade pública que seria encarregada de todo o poder público e seria colocada hierarquicamente no topo. A Constituição de

CAPÍTULO XII – A REVOLUÇÃO FRANCESA

1791 assinalava isso ao afirmar que "a soberania é una, indivisível, inalienável e imprescritível".[82]

Como sucedeu com os acontecimentos nas Treze Colônias, muitas dessas ideias não eram de origem francesa e não encontraram um público receptivo apenas naquele país. Entretanto, as condições particulares prévias na França e a forma como a Revolução se desenvolveu fizeram com que os argumentos e os objetivos, que também estavam presentes em outros lugares, fossem excepcionalmente poderosos ali. Para entender por que assim o foi, é essencial rastrear os efeitos da filosofia iluminista, a propensão dos monarcas franceses para reivindicar e usar o poder legislativo e a forma como ocorreu o confronto com o rei.

12.6 O Iluminismo

O movimento intelectual, conhecido como Iluminismo, ocorreu em várias partes da Europa no final do século XVII e durante o século XVIII. Acreditando que a sociedade é regida por leis naturais, os pensadores do final do século XVII sugeriram que ela era constituída por indivíduos racionais, que escolheram viver juntos em uma estrutura organizada. Estes indivíduos negociaram uns com os outros, consentindo em ceder certas coisas em troca de receber outras. Embora estes pensadores discordassem sobre quais eram as condições para a formação da sociedade; eles, todavia, admitiam que as sociedades eram conscientes e, propositalmente, criadas pelos humanos e que, como resultado, eram reguladas por um pacto social fundacional. A implicação era que certas normas, contidas neste pacto primordial, não podiam ser modificadas sem se refundar a sociedade.

No século XVIII, junto com estas convicções, surgiu a crença de que a sociedade humana poderia melhorar se sua organização

---

[82] Título 3, art. 1.

e leis estivessem mais concordes com a natureza. A partir daí, os métodos de investigação aplicados às ciências duras também poderiam servir para explicar a sociedade. Assim como a natureza (e em sua condição como parte da natureza), a sociedade estava sujeita a leis regulares e uniformes, que os humanos podiam compreender utilizando a razão. A descoberta dessas leis era essencial, porque esse conhecimento permitia aos humanos planejarem suas atividades e suas sociedades, formando instituições apropriadas e elaborando regras que os conduzissem a uma maior felicidade. E se os humanos criaram o pacto social fundacional, eles também poderiam mudá-lo, chegando a um novo acordo se as circunstâncias assim o exigissem. Por volta do século XVIII, em outras palavras, o pacto original não mais limitou simplesmente o que as pessoas e os governos podiam ou não fazer; ele também poderia se tornar um instrumento de mudança. Depois disso ter sido afirmado, as pessoas que viviam juntas em uma comunidade eram vistas como tendo o poder de fazer e desfazer sua associação, assim como modificar os termos de seus acordos.

Estirpes radicais dentro do pensamento iluminista sugeriram que o pacto social existente restringia a felicidade humana em vez de a promover. Para refazer a sociedade, o que era necessário era uma mudança profunda, não inovações cosméticas. Para imaginar um futuro melhor, era necessário destruir o passado. O mais conhecido entre os proponentes de medidas tão radicais foi Jean-Jacques Rousseau (1712-1778). Em seu *Do Contrato Social* (1762), Rousseau concluiu que, em vez de melhorar o homem, a sociedade o corrompia, e defendeu a refundação dela com base num acordo melhor. O novo contrato social, que ele propôs não sujeitaria o homem ao Estado, rei ou governo, como o atual fazia, mas o sujeitaria apenas à comunidade da qual ele era membro. Segundo Rousseau, esta estrutura garantiria que todos os homens seriam iguais e soberanos, e asseguraria a verdadeira felicidade.

Essas visões, que expressavam a ideologia iluminista, podem também ter sido influenciadas pelas Constituições e

CAPÍTULO XII – A REVOLUÇÃO FRANCESA

declarações de direitos (*Bill of Rights*), que os representantes das Treze Colônias rebeldes adotaram nas décadas de 1770 e 1780. Estes documentos – que alguns descreveram como um portfólio deliberadamente pré-estabelecido, copiado e traduzido. a fim de legitimar a revolta e estimular o apoio internacional – contaram com uma ampla difusão na França. Eles foram lidos e discutidos por funcionários da coroa e intelectuais, alguns dos quais chegaram a acreditar que os eventos, que ocorriam na América do Norte, eram o início de uma transformação que se espalharia por todo o mundo civilizado. Esta transformação, eles esperavam, faria a humanidade entrar em um novo século, em que a experiência das Treze Colônias serviria de exemplo.

Embora revolucionárias e inovadoras, muitas das ideias, impulsionadas pelo Iluminismo, naturalmente, tinham raízes mais profundas. Elas se basearam em debates do século XVII sobre o contrato social, e dependeram de discussões jurídicas sobre soberania e propriedade, para mencionar apenas dois exemplos. Os juristas e intelectuais que as seguiram eram bem versados em tradições passadas e, frequentemente, agiam não apenas contra essas tradições, mas também em sua continuidade. Seus debates eram voltados para saber o que precisava ser modificado e o que poderia permanecer intacto; o que poderia ser alterado e, muitas vezes, de qual maneira.

12.7 Condições locais I: legislação

Como vimos, durante os séculos XV, XVI e XVII, os monarcas franceses, gradualmente, assumiram o poder de legislar. Sob o pretexto de continuidade e fingindo que sua intervenção era um sinal de respeito aos direitos tradicionais, os monarcas encorajaram, às vezes até forçaram, campanhas para redigir o direito costumeiro das diversas regiões francesas. Durante essas campanhas, os juristas reais selecionaram quais costumes seriam inscritos e quais seriam esquecidos. Eles também escolheram como os costumes seriam redigidos e quais costumes, originalmente restritos em seu escopo geográfico, seriam aplicados em todo o reino. Como resultado, no século XVII, o direito costumeiro da França tinha sofrido uma profunda mutação. Em vez de confiar em práticas antigas ou soluções negociadas como era originalmente o caso, ele foi transformado em um direito escrito, sancionado pelo rei que registrava apenas certos costumes e só de uma forma limitada.

Enquanto, formalmente, a redação dos costumes não alterava as normas, mas apenas as esclarecia e registrava, a partir de meados do século XVI os reis franceses começaram a intensificar sua intervenção na ordem jurídica. Novas medidas reais, que modificaram as jurisdições existentes, afetando o direito processual e redefinindo muitas instituições, contribuíam para mudar o sistema jurídico francês. Particularmente famosas a este respeito foram as reformas de meados do século XVII, empreendidas sob Luís XIV. Durante seu reinado, comissões de juristas redigiram ordenanças gerais que remodelaram os processos civil e penal e regulamentaram muitos outros aspectos da vida comercial e da navegação. Luís XIV também introduziu o estudo do direito francês nas universidades locais e incentivou os juristas a escreverem livros didáticos. Os esforços legislativos reais continuaram no século XVIII e foram particularmente claros em áreas do direito privado, como doações e heranças.

Segundo os juristas reais, estas intervenções foram necessárias, porque o direito francês era muito caótico, muito difícil e muito pouco prático. Ele exigia sistematização, bem como um exame profundo de quais remanescentes do passado eram adequados às condições presentes e quais não eram. Apesar da imensidão destas medidas, no entanto, os juristas reais não pretenderam reformar o sistema na sua totalidade; pelo contrário, eles viram seu trabalho como uma intervenção limitada, que só mudava o que era necessário modificar de acordo com critérios contemporâneos do que era justo e do que era eficiente.

CAPÍTULO XII – A REVOLUÇÃO FRANCESA

Este objetivo, que tinha motivações jurídicas e políticas, também foi apoiado por filosofias emergentes. Bodin (1530-1596) e os que o seguiram sugeriram que o poder público deveria ser concentrado em uma pessoa (o rei), que deveria exercer suas faculdades fazendo leis. Para Bodin, como para muitos de seus contemporâneos, o direito continuou a ser justificado por uma verdade teológica (*veritas*), mas, agora, estava nas mãos dos monarcas e dependia de sua vontade (*voluntas*). Se a soberania era um elemento do quebra-cabeças, outro era a teoria da "razão de Estado" que exigia que os governantes interviessem ativamente para garantir o bem-estar de seus reinos, inclusive tomando medidas que, de outra forma, seriam imorais ou ilegais. O bem comum, em resumo, justificava a violação da forma normal de se fazer as coisas. A partir daí, a intervenção real na ordem normativa tornou-se uma obrigação em vez de um privilégio.

No século XVIII, esta intervenção era quase rotineira. Mesmo que gerasse oposição, tornou-se um hábito, inculcando a ideia de que a legislação era uma forma eficaz de transformar a realidade. Como resultado destes desenvolvimentos, ao final do século XVIII, a França tinha um sistema jurídico que dava à legislação um papel relativamente central. O país também tinha uma forte tradição política que justificava a soberania (entendida, paradoxalmente, como o poder de agir fora da lei, entre outras coisas, ao criar novas normas) e teorias que exigiam que o governo não apenas garantisse o *status quo*, mas que assegurasse uma maior felicidade.

12.8 Condições locais II: o papel dos *Parlements* franceses

Enquanto a prática real e as ideias iluministas forneceram aos contemporâneos novas formas de conceber a ordem jurídica, igualmente importantes foram as circunstâncias particulares na França às vésperas da Revolução. Como vimos, os séculos que antecederam a Revolução testemunharam um crescente ativismo régio, expresso, principalmente, através da intervenção na ordem jurídica. A resistência a estas tendências, que foram interpretadas como tentativas dos reis de se instituírem como monarcas absolutos, foi canalizada principalmente através do trabalho dos *parlements* franceses. Estes não eram Assembleias políticas, como a tradução para o português (Parlamento) indicaria. Em vez disso, eram tribunais reais que representavam o monarca localmente. Como supervisores do direito em Paris (o *Parlement* de Paris) e nas províncias (*parlements* provinciais), estas cortes recebiam todas as ordens do rei (ordenanças, cartas reais, editos, tratados e similares) para sua área e as registravam antes que tais ordens fossem publicadas e obedecidas.

Embora, inicialmente, esta fosse uma prática burocrática formal, relativamente inocente que informava aos juízes o que o rei ordenara, ao início do período moderno, os *parlements* começaram a usar o registro para colocar contrapesos à vontade real. Seus magistrados argumentavam que tinham o direito de se manifestar (*droit de remontrance*) contra os decretos e podiam recusar seu registro até que fossem ouvidos ou até que as emendas necessárias fossem feitas. Embora, em teoria, os decretos fossem válidos quer o *parlement* os registrasse ou não, os juristas franceses, muitas vezes, consideravam o registro como uma ratificação de fato.

O pretexto mais comum para reclamar e atrasar o registro de decretos do monarca era que eles violavam a legislação real ou normas provinciais consideradas fundamentais. Argumentava-se que os *parlements* eram guardiões do direito e que era seu dever lembrar ao rei de sua obrigação de não violar os princípios jurídicos estabelecidos e as leis fundamentais. Respondendo a tais protestos, a maioria dos reis ordenou aos *parlements* que registrassem os decretos e ameaçaram os magistrados com punição. No século XVI, os monarcas franceses também reagiram participando pessoalmente da reunião do *parlement*, uma cerimônia (*lit de justice*) que exigia respeito e obediência de uma maneira que as ordens escritas não o faziam.

CAPÍTULO XII – A REVOLUÇÃO FRANCESA

Embora as relações entre os *parlements* e os monarcas franceses tenham mudado ao longo do tempo, na véspera da Revolução Francesa os magistrados dos vários *parlements* e a administração real se envolveram em uma luta de poder. O rei, agindo como um soberano absoluto, tentou cobrar novos impostos e mudar as estruturas do Estado, e os *parlements* responderam que ele deveria obedecer às leis fundamentais do país, que os magistrados alegavam defender. Como na Inglaterra do século XVII, os magistrados franceses do século XVIII afirmaram que a França tinha disposições jurídicas básicas que funcionavam como uma Constituição que o monarca não podia alterar. Particularmente inflexíveis neste ponto foram os magistrados do *Parlement* de Paris, que, em 1753, declararam que havia um contrato entre o rei e seus súditos segundo o qual, se os súditos obedecessem ao rei, ele teria que obedecer ao direito.

A luta sobre o registro de decretos reais pelos *parlements* permitiu a alguns membros da elite francesa resistir à expansão das prerrogativas reais sob o pretexto de obediência à ordem normativa e à defesa das liberdades tradicionais. Particularmente ativo nos anos 1770 e 1780, o *Parlement* parisiense insistiu que as ações reais não poderiam violar as leis fundamentais do reino e nem os "direitos da nação", os quais o *Parlement* era encarregado de proteger. A radicalização do conflito levou o monarca a reformar os *parlements* (em 1771) e a aboli-los (em 1788).

O papel que os *parlements* se apropriaram, em nome das províncias e da nação, foi, claramente, resumido em 3 de maio de 1788, um ano antes do início da Revolução. Na Declaração das Leis Fundamentais (*Lois fondamentales du Royaume*), os magistrados do *Parlement* de Paris expressaram sua convicção de que a França tinha uma antiga Constituição costumeira que o rei devia respeitar. De acordo com seu entendimento, as normas mais fundamentais, incluídas nessa Constituição, eram a sucessão à coroa por um herdeiro masculino segundo a primogenitura, o direito da nação de outorgar impostos livremente, conforme decidiram seus representantes nos Estados Gerais (ou seja, nenhum imposto sem consentimento parlamentar), a obediência aos costumes e direitos das províncias, a irrevogabilidade dos magistrados (que não eram nomeados pelo rei, mas compravam ou herdavam seus cargos) e o direito dos magistrados de verificar os atos legislativos do rei e registrá-los somente se estivessem em conformidade com as "leis básicas da província" e com as "leis fundamentais do Estado" (*lois constitutives de la province ainsi qu'aux lois fondamentales de l'État*). Também foram enumerados na Declaração de 1788 os direitos dos cidadãos de serem convocados somente perante seus "juízes naturais" (*juges naturels*) e de verem um magistrado imediatamente após sua prisão (um direito algo parecido com o *habeas corpus*).

Os *parlements* foram extremamente bem-sucedidos na contenção do poder real, mas na época da Revolução eles já estavam muito desacreditados. Identificados como bastiões do provincianismo e dirigidos por juristas, muitos dos quais eram nobres que haviam comprado ou herdado seus cargos, em vez de serem admirados os *parlements* eram criticados e ridicularizados. O *Parlement* de Paris foi particularmente censurado por adotar o que foi considerada uma postura conservadora em favor da continuidade, como, por exemplo, em sua demanda de convocar uma reunião dos Estados Gerais em sua forma antiga, o que dava ao clero e à nobreza (que constituíam a maioria dos membros do *parlement*) uma vantagem sobre o povo (o Terceiro Estado). Os *Parlements*, em resumo, não eram mais considerados um canal para expor demandas, mas, pelo contrário, eram vistos como uma instituição mesquinha que protegia, principalmente, os interesses de seus membros.

Embora os *parlements* fossem vistos como indesejáveis, a lição que eles ensinaram permaneceu intacta. O direito era (ou poderia ser) uma ferramenta formidável para limitar as pretensões ao absolutismo. Seguindo esta lição, as diversas facções revolucionárias e os indivíduos que buscavam um novo pacto social procuraram identificar mecanismos jurídicos que restringiriam as pretensões do Executivo. Fizeram isso instituindo uma Assembleia Nacional com poderes legislativos, eleita pelo povo e para o povo. Paradoxalmente, outra lição importante que aprenderam foi o fracasso da monarquia em vencer sua batalha contra os *parlements*. Os juízes, entendiam os contemporâneos, tinham enormes poderes para limitar o que os governos podiam fazer. Como resultado, eles deveriam ser privados de qualquer capacidade legislativa e transformados em aplicadores passivos das leis decididas e, talvez, até interpretadas em outros lugares. Por ambos os motivos, estas lições indicaram a necessidade de separar claramente os poderes do Executivo, do Legislativo e do Judiciário.

12.9 Primeiro dilema: um sistema nacional para um público universal?

As medidas revolucionárias, tomadas na França no final dos anos 1780 e na década de 1790, foram profundamente contraditórias. Buscando fortalecer a nação e afirmar sua soberania, bem como sua capacidade de modificar a ordem jurídica, elas também apelaram a uma comunidade mais ampla, incluindo todos os humanos e a um direito natural que se dizia universal. Assim, embora o direito criado pela vontade geral da Assembleia Nacional fosse aplicável apenas dentro da França, ele se baseava, teoricamente, em princípios como a razão, que eram comuns a toda a humanidade.

O surgimento de um direito especificamente nacional marcou o fim de um sistema jurídico europeu unificado, isto é, o fim de um *ius commune* que se aplicava em todo o continente. Em vez da velha comunhão baseada na tradição, na experiência e no cristianismo, o que se propunha, agora, era uma nova comunhão baseada na razão e no direito natural. Esta mudança foi possível pela crença de que, em vez de depender de premissas culturais, como se considera atualmente, a razão humana era única e a mesma em todos os lugares, sempre. Isto implicava que a lei, promulgada pela vontade geral dos franceses, embora tenha sido criada nacionalmente e estivesse vinculada à nação, porque foi inspirada apenas e tão somente pela razão, poderia ser, potencialmente, válida para outros países e circunscrições. Este direito não somente poderia ser exportado, como deveria sê-lo, porque a felicidade humana dependia da expansão da razão e de que todas as sociedades a obedecessem.

A universalidade desta mensagem, que estava presente já nos primeiros anos da Revolução, ao cabo justificaria as guerras posteriores, assim como os esforços de Napoleão para implementar pelo menos parte da legislação revolucionária em toda a Europa. Típico, neste sentido, foi a adoção da Declaração dos Direitos do Homem e do Cidadão em 1789. Protegendo os cidadãos, isto é, os membros da comunidade política francesa, mas também o homem em geral, a Declaração criou um instrumento que seria relevante tanto para "nós, o povo" (como haviam feito os representantes das Treze Colônias) quanto para a humanidade em geral. Ela enumerava direitos que eram gerais e voltados para o futuro, incluindo o direito à liberdade e à igualdade, à propriedade, à segurança e à resistência à opressão. Também foram listadas algumas das estruturas de bom governo, que deveriam garantir esses direitos em todos os lugares.

Como aconteceu com a Declaração de Direitos dos Estados Unidos, muito do que foi enumerado na Declaração francesa foi um resultado direto dos confrontos políticos, que ocorreram nas décadas de 1770, 1780 e 1790. A Declaração se dedicava em afirmar a igualdade de todos os homens, o que para os contemporâneos franceses implicava o fim dos privilégios particulares da nobreza e do clero. Também central para a Declaração foi a proteção contra um governo real que, segundo alegações contemporâneas, fingia ser soberano quando não o era, prendia pessoas sem causa, imputava a culpabilidade dos inimigos e mudava constantemente as penas que podiam ser impostas. A salvaguarda da liberdade de expressão, a garantia de que as forças armadas seriam utilizadas apenas para proteger e não para atacar o bem comum, a exigência de que todos os impostos fossem autorizados por consentimento e a garantia da liberdade judicial também foram importantes.

CAPÍTULO XII – A REVOLUÇÃO FRANCESA

Embora explicada pelas particularidades do momento, a Declaração francesa pretendia anunciar princípios que eram gerais e atemporais, ou seja, a-históricos e imutáveis. Para garantir sua aplicabilidade global, a linguagem utilizada era extremamente abstrata. Ela descontextualizou os direitos e os desconectava das particularidades de lugar, tempo ou tradição jurídica. O primeiro artigo da Declaração, por exemplo, estipulou que o homem nasce livre e deve permanecer livre. O segundo afirmava que o objetivo de toda associação política é a manutenção dos direitos naturais do homem, principalmente a liberdade, a propriedade, a segurança e a resistência à opressão. O quarto determinou que a liberdade consiste em poder fazer qualquer coisa que não prejudique os outros. Os artigos subsequentes declararam que as leis poderiam proibir somente aquelas ações que são prejudiciais à sociedade e que existe uma presunção de inocência.

Esta linguagem abstrata refletia a crença de que os direitos enumerados eram, de fato, comuns a todos os homens e a todas as sociedades, independentemente qual fosse sua natureza particular, mas era também uma ferramenta útil. Quanto mais abstrata fosse uma descrição, mais potencialmente inclusiva e mais aberta a uma variedade de interpretações ela seria. Voltando ao primeiro artigo, que afirmava que todos os homens nasciam livres, esta linguagem abstrata atuou como uma espécie de válvula de segurança. Isso permitiu que os especialistas, que escreviam na época e desde então, perguntassem o que estava incluído na categoria "homens". Incluía, por exemplo, as mulheres? Incluía as crianças? Todos os homens estavam incluídos ou apenas aqueles que eram racionais (qual era a definição de razão)? Estavam incluídas as pessoas escravizadas? Cada autor e período deu a estas perguntas uma solução distinta. A longo prazo, esta linguagem abstrata facilitou a adaptação desta Declaração às exigências de uma sociedade em constante mudança, na qual era mais fácil chegar a um acordo sobre os princípios do que sobre o que eles significavam e como eles deveriam ser implementados.

12.10 Segundo dilema: o *status* do direito natural

Se o direito foi criado pelos representantes do povo soberano e estava vinculado à nação, e o que não estava expressamente proibido por lei estava permitido, como o direito natural, em que os revolucionários também acreditavam, poderia ordenar algo? Ou, inversamente, como poderia a Assembleia Nacional ser verdadeiramente soberana se suas atividades legislativas estariam limitadas pelo direito natural, como proclamou, por exemplo, a Declaração dos Direitos do Homem e do Cidadão?

Para resolver estes dilemas, os legisladores franceses do século XVIII procuraram reproduzir, em atos legislativos, o que consideravam ser os principais ditames do direito natural. A Declaração dos Direitos do Homem e do Cidadão foi um desses atos. Ela incluía tanto o reconhecimento de normas preexistentes quanto a intenção de dar a essas normas um novo caráter, recriando-as juridicamente através de sua adoção formal pela Assembleia Nacional. Estas duas dimensões complementares explicavam, porque a Declaração tanto afirmava a superioridade dos "direitos naturais, inalienáveis e sagrados do homem" como os enumerava. O objetivo não era apenas lembrar ao público o que eles eram. Em vez disso, ao identificar direitos na legislação, os franceses procuraram dar a esses direitos valor normativo em um sistema, que não reconhecia nenhuma outra fonte jurídica a não ser a legislação.

Contudo, este procedimento ofereceu uma solução imperfeita à questão de como proteger os direitos naturais. A declaração poderia ter transformado estes direitos em normas válidas, mas não foi suficientemente poderosa para restringir ou limitar a soberania da Assembleia Nacional, que ainda poderia legislar de forma a violá-los. Para garantir a proteção dos direitos, os textos legislativos e constitucionais apelaram, sobretudo, à consciência dos legisladores. A Constituição de 1791 confiou a tutela dos direitos à "fidelidade" do corpo legislativo, do rei e dos juízes, e à "vigilância" de pais,

CAPÍTULO XII – A REVOLUÇÃO FRANCESA

esposas e mães, jovens cidadãos, e todos os franceses. A Constituição de 1793 determinava que as listas de direitos seriam reproduzidas em grandes tabuletas colocadas nas salas do órgão legislativo e em locais públicos. Em 1795, a proteção da Constituição e dos direitos foi novamente "confiada" à fidelidade do legislativo, do executivo, dos administradores, dos juízes, dos pais, das esposas, das mães, dos jovens cidadãos e de todos os franceses.[83]

12.11 Um momento revolucionário?

Na Inglaterra, nas Treze Colônias e na França, a resistência à monarquia levou à invocação de uma antiga Constituição que o monarca era acusado de trair, e a posterior afirmação de poderes parlamentares. Em todos os três lugares, os contemporâneos afirmaram estar agindo como guardiões da lei e dos direitos. No entanto, o que era esta lei, e onde estes direitos estavam localizados, era distinto em cada caso. Os direitos passaram de privilégios tradicionais que pertenciam aos membros da comunidade, porque o rei, assim, prometeu (Inglaterra), a direitos racionais que deveriam pertencer aos membros, mas também a todos os seres humanos de acordo com o direito natural (as Treze Colônias e a França). O direito também mudou no processo, pois passou de disposições costumeiras e herdadas (Inglaterra e as Treze Colônias) para novas soluções que, buscando garantir a maior felicidade possível, foram teoricamente baseadas na investigação da natureza e da sociedade para concluir o que era razoável e o que era justo (a França e, em menor grau, as Treze Colônias).

---

[83] Somente em 1958 o Estado francês introduziria uma versão de controle jurisdicional (*judicial review*) que permitia aos magistrados de um órgão especial (*Conseil Constitutionnel*) examinar a constitucionalidade de leis antes de sua promulgação. Em 2010 essas disposições foram estendidas para permitir que os litigantes invocassem a inconstitucionalidade durante os processos ordinários nos tribunais, o que suspenderia suas deliberações e enviaria a questão constitucional ao *Conseil* para sua decisão.

Em que pese essas diferenças, o que foi mais marcante nas revoluções que varreram a Inglaterra, as Treze Colônias e a França não foi apenas o que alcançaram, mas as diversas atitudes que as acompanharam. Apesar da enormidade do que foi proposto, os atores ingleses do século XVII optaram por apresentar sua revolução como uma continuidade. Os representantes das Treze Colônias, que também inovaram, insistiram na superioridade de suas tradições particulares, que procuraram manter, ao mesmo tempo em que invocaram os ditames do direito natural, como se ambas as coisas fossem a mesma. Desconsiderando todas as continuidades entre passado e presente (mesmo quando elas eram perceptíveis), a maioria dos atores franceses declarou que favorecia uma ruptura radical.

Apesar destas imagens, os acontecimentos na Inglaterra e nas Treze Colônias foram claramente revolucionários; e na França, a aspiração em refundar o pacto social e iniciar uma nova era nem sempre deu certo. Algumas medidas, como a instituição de uma Assembleia Legislativa ou a adoção do julgamento por júri, foram verdadeiramente revolucionárias, mas outras foram muito menos radicais ou foram implementadas apenas parcialmente. O desejo de acabar com todos os privilégios da nobreza e com todas as guildas profissionais, para mencionar apenas dois casos, não prosperou totalmente, pois alguns nobres continuaram a receber pagamentos devido a privilégios que eram de origem feudal, e algumas guildas mantiveram seus monopólios profissionais. Em parte, devido à necessidade de compromissos políticos, em parte porque o retorno ao zero era impossível, como aconteceu nas revoluções inglesa e americana, a Revolução Francesa também permitiu tanto continuidade quanto mudança.

Embora uma revisão completa do sistema nunca tenha sido alcançada na França, as transformações jurídicas, resultantes da Revolução Francesa, foram, não obstante, dramáticas. Enquanto na Inglaterra um sistema real de tribunais foi remodelado como o direito costumeiro do país, e nas Treze Colônias as estruturas

CAPÍTULO XII – A REVOLUÇÃO FRANCESA

constitucionais foram, radicalmente, afetadas mesmo que o próprio direito não o fosse; na França, um sistema jurídico baseado no *ius commune*, costumes e legislação real passou a depender quase que exclusivamente da Assembleia Nacional. Também na França, um universo normativo dedicado à preservação do *status quo* foi redesenhado intencionalmente para introduzir mudanças.

Como resultado destas inovações e independentemente de onde vivemos, a maioria de nós é, em algum grau, herdeira da Revolução Francesa. Os desenvolvimentos nas Treze Colônias permitiram aos atores reclamarem o direito de constituir Estados e decidir sobre sua estrutura, e conceber Constituições que funcionavam como leis superiores que limitavam a soberania do Parlamento. Enquanto isso, os desenvolvimentos, na França, levaram à formação de um novo tipo de sistema jurídico, baseado no poder da legislação, criada em uma Assembleia representativa pela vontade do povo e guiado pela razão. Este sistema, que estava vinculado à nação e foi concebido para introduzir mudanças, produziu o que a maioria de nós hoje identifica como "direito".

SEXTA PARTE

O SÉCULO XIX

CAPÍTULO XIII

CODIFICANDO AS LEIS DA EUROPA: A UNIVERSALIZAÇÃO DO DIREITO EUROPEU II

No século XIX, a maioria dos países europeus experimentou a febre da codificação. Começando com a França e terminando com a Alemanha, no final do século as leis da maioria dos Estados europeus, com exceção da Inglaterra, estavam até certo ponto codificadas. Após a Revolução Francesa, o papel central atribuído à legislação permitiu que juristas e políticos, em toda a Europa, modificassem substancialmente a ordem normativa, promulgando códigos destinados a substituir a maioria ou todas as outras fontes jurídicas. Durante este período, dois modelos básicos de codificação surgiram, o primeiro originado na França e o outro na Alemanha. O código francês apelava à razão e buscava a simplicidade; o código alemão invocava a tradição e era muito técnico. Apesar de suas diferenças, os códigos também eram muito semelhantes e ambos foram imitados ao redor do mundo, impulsionando uma segunda universalização do direito europeu.

13.1 A França do século XIX. Da revolução interna à guerra externa

A Revolução Francesa introduziu uma nova compreensão do que era o direito e de onde ele vinha. De acordo com este entendimento, a legislação era a única fonte normativa legítima e deveria ter origem nas decisões de uma Assembleia Nacional soberana. Seu objetivo era criar uma sociedade nova e melhorada, inventando leis novas e melhores, baseadas na razão e na vontade. Outros objetivos, não menos importantes, eram a criação de um direito nacional único a partir da multiplicidade de sistemas locais, e uma nova universalidade, baseada na razão e nos direitos naturais em vez de na tradição e no cristianismo.

A Revolução Francesa encontrou extrema hostilidade tanto dentro como fora da França, o que levou à radicalização e ao caos. De 1792 a 1802 em uma série de guerras, várias coalizões que incluíram em diferentes configurações Prússia, Áustria, Rússia, Grã-Bretanha, Espanha, Portugal, Suécia, Holanda, vários Estados italianos e alemães (para usar um anacronismo), e o Império Otomano confrontaram o novo governo revolucionário francês. Foi durante este período que Napoleão Bonaparte, um comandante militar de grande êxito, emergiu como líder, tornando-se cônsul em 1799, cônsul vitalício em 1802 e imperador em 1804.

Napoleão esforçou-se para restaurar a ordem dentro da França, mas também tomou para si a tarefa de vencer os inimigos de seu país e espalhar os princípios da Revolução além das fronteiras francesas. Até sua fracassada invasão da Rússia (1812), Napoleão parecia invencível, mas, apenas em 1815, que ele foi finalmente derrotado.

O sucesso inicial francês resultou em importantes mudanças jurídicas, envolvendo a preparação e posterior difusão na Europa de códigos jurídicos que, segundo se dizia, encarnavam o espírito da Revolução Francesa, bem como reproduziam alguns de seus princípios. Estes códigos foram aplicados pela primeira vez na França, mas, logo depois, também foram implementados em territórios sob ocupação ou influência francesa e, finalmente, foram usados ou copiados em muitas partes do mundo.

13.2 Codificação napoleônica

Já em 1790, os juristas franceses sugeriam que, como o direito revolucionário se baseava, teoricamente, na razão, ele poderia ser facilmente sistematizado, o que permitiria a criação de um texto jurídico único de caráter holístico que, aplicado em toda a França, garantiria o reinado da liberdade, da igualdade e da fraternidade. O texto ideal seria claro, conciso e acessível, e sua compreensão não exigiria nenhum conhecimento ou preparação especializada. Consistiria em um guia que seria mantido em cada casa para ser usado por indivíduos racionais para planejar suas atividades. O texto também educaria os cidadãos quanto aos seus direitos e deveres.

A aspiração era criar um código que fosse, substancialmente, diferente dos códigos anteriores que foram elaborados na Europa no final do século XVIII, como o Código Feudal de Veneza (1780), o Código Leopoldino da Toscana (1786), os vários códigos elaborados na Áustria e o Código Geral dos Estados Prussianos, promulgado em 1794. Enquanto os códigos anteriores visavam compilar, simplificar e sistematizar as normas existentes; o novo código proposto pelos juristas franceses tinha o objetivo de inovar. Ele iria introduzir uma nova ordem jurídica, completa e definitiva que substituísse tudo o que existia antes e que se baseasse não na tradição, mas na vontade do povo, bem como na razão.

Várias comissões foram nomeadas para propor os esboços de tal texto, mas os projetos elaborados foram rejeitados pela Assembleia Nacional, principalmente por serem ou muito longos e complicados, insuficientemente conceitualizados e excessivamente baseados em tradições passadas ou, pelo contrário, excessivamente curtos e vagos. Foi somente depois que Napoleão subiu ao poder que os membros de uma nova comissão propuseram um texto que um órgão legislativo, controlado por Napoleão, promulgou em 1804 como *Le code civil des français*, mais conhecido como *Code Napoléon*. O texto abrangia o direito privado e incluía 2.281 artigos que tratavam do direito das pessoas e da propriedade.

O Código Napoleônico não era tudo o que se supunha. Embora contendo algumas das inovações mais importantes introduzidas pela legislação revolucionária, como a igualdade perante a lei, a proteção da propriedade privada, a secularização do casamento, a legalização do divórcio e a liberdade religiosa, o código também seguiu de perto as estruturas do Antigo Regime em muitos outros âmbitos. Com uma mistura de direito romano, costumeiro e revolucionário, na prática era uma amálgama do velho e do novo, em vez de partir do zero, o que era a intenção declarada.

Se o código continha muitas normas do Antigo Regime, também não era tão fácil de ler e entender como se esperava. Para reproduzir todo o direito privado em um breve texto, a comissão, que elaborou o código, fez uso de princípios gerais e, frequentemente, adotou uma linguagem extremamente abstrata, o que diminuiu sua inteligibilidade e precisão. A aspiração de que o código eliminaria a dependência de advogados e juízes com formação jurídica foi, assim, frustrada. Em vez disso, mesmo após a promulgação do código, o direito continuou a ser domínio exclusivo de especialistas que estavam familiarizados com os textos jurídicos e conheciam seus possíveis significados.

Jean-Étienne Portalis (1746-1807), membro da comissão de redação, assim como outros juristas contemporâneos e historiadores posteriores, estava ciente destas limitações. Ele parecia convencido de que, por mais que se tentasse, seria impossível produzir um código que cobrisse tudo e não exigisse nenhuma interpretação; tampouco seria possível reproduzir as complexidades do direito em um texto curto e simples. O que era possível, ao invés disso, era declarar o direito como um conjunto coerente de princípios, que poderiam ser compreendidos (e estendidos, quando necessário) pelo emprego da razão.

Apesar destas limitações, o Código Napoleônico estava, no entanto, perfeitamente capacitado para produzir uma revolução jurídica. A lei, que o promulgou, ordenava que, após sua entrada em vigor, todas as doutrinas de direito romano, ordenanças gerais, costumes locais, leis e regulamentos deixariam de ser aplicados naquelas matérias cobertas pelo código. De acordo com a legislação revolucionária, a lei também ordenava que o código seria aplicável em todo o território francês e aplicado a todos os que lá residissem, independentemente de quem fossem.

Outras medidas drásticas foram incluídas nos artigos 4 e 5. O artigo 4 determinou que um juiz, que se recusasse a julgar um caso, alegando silêncio, obscuridade ou insuficiência da lei, seria considerado culpado de negar a justiça. O artigo 5 determinou que os juízes estavam proibidos de emitir declarações gerais, que pudessem ser percebidas como legislativas. Juntas, estas medidas procuravam garantir a supremacia do código. Determinavam que, por definição, ele era completo e conclusivo, contendo todas as respostas a todas as perguntas possíveis. Após sua promulgação, não haveria nenhum vazio (lacuna), pois o código não o admitia. Por isso, os juízes não poderiam concluir legitimamente que o código era silente, nem poderiam criar novas soluções por meio de declarações gerais. O artigo 5, que proibia tal criação, também procurou proteger a separação de poderes, proibindo os juízes de se envolverem na criação de regras.

13.3 De um código para muitos

Seguindo-se à promulgação do Código Civil, outros códigos apareceram. O Código de Processo Civil (promulgado em 1806) tratava do processo perante os tribunais, bem como da execução de ordens judiciais. O Código de Comércio que entrou em vigor no ano seguinte (1807) cobria o comércio em geral, assim como o direito marítimo, falência e jurisdição mercantil. O Código de Processo Penal (promulgado em 1808) e o Código Penal (1810) vieram em seguida.[84]

Estes códigos reproduziram muitas das vantagens e limitações do Código Civil. Embora fossem concebidos para mudar tudo, consagraram os princípios básicos da Revolução Francesa, assim como permitiram uma certa continuidade com a época pré-revolucionária. Sua principal contribuição não foi a adoção de novas soluções (o que, muitas vezes, não acontecia), mas a reformulação do próprio direito. Convertendo as soluções tradicionais, costumeiras, reais ou romanas em normas legisladas, os códigos também acentuaram a divisão do direito em ramos como o direito privado, o direito comercial e o direito penal. Também era notada sua clara separação entre direito material (como nos Códigos Civil e Penal, que definiam qual era a norma razoável) e direito processual (como nos Códigos de Processo Civil ou Penal, que determinavam como a razoabilidade poderia ser atestada e provada).

13.4 Universalização dos códigos franceses

Nas décadas seguintes à sua promulgação, os códigos franceses, mais particularmente o Código Civil, tiveram enorme ressonância em toda a Europa e nas Américas e, em menor grau, também na Ásia e na África.[85] Os historiadores atribuem esta influência a vários

---

[84] Embora os códigos continuassem a ser promulgados na França (atualmente existem cerca de cinquenta códigos), os que foram adotados após o período napoleônico seriam identificados como "administrativos" em vez de "ideológicos".

[85] A lista de países influenciados pela codificação napoleônica incluía várias cidades-estado italianas (antes da unificação italiana), Bélgica, Holanda, Luxemburgo, partes da Alemanha (antes de sua unificação em 1871), Áustria, Suíça, Polônia, Grécia, Romênia, Espanha, Portugal, Luisiana, Quebec, República Dominicana, Bolívia, Peru, Chile, Uruguai, Argentina, México, Nicarágua, Guatemala, Honduras, El Salvador, Venezuela, Turquia, Egito e Líbano.

fatores. Napoleão, que se via como empreendendo uma "missão civilizadora", aplicou tais códigos em territórios sob ocupação francesa, como o norte da Itália, Bélgica, Holanda, Luxemburgo, Mônaco e vários Estados alemães. Em outras áreas, onde carecia de hegemonia política ou militar, ele empregou a persuasão e instou os líderes locais a considerarem a adoção do código. Isto ocorreu em vários Estados alemães, em cantões suíços e na Polônia. Mas, acima e além do que o próprio Napoleão aspirava alcançar, à medida que o século XIX avançava, muitos membros de grupos de elite ao redor do mundo passaram a ver os códigos franceses, mais particularmente o Código Civil, como instrumentos úteis. Alguns esperavam unificar as diversas leis de seu país em um único sistema nacional; outros consideravam o código adequado às exigências das modernas condições econômicas, sociais e políticas. Como símbolo de um direito relativamente acessível que incorporava muitas das aspirações das classes médias emergentes, como a igualdade jurídica e a proteção da propriedade, os vários códigos franceses (ou suas versões) continuaram sendo adotados muito tempo depois que Napoleão foi derrotado nos campos de batalha militar e político.

Como a própria Revolução Francesa, a universalização dos códigos franceses pós-revolucionários propôs tanto o reinado das leis nacionais, feitas pela vontade do povo, como um horizonte de novos pontos em comum, baseados na razão. Os códigos incorporaram um sistema jurídico particular de um Estado e eram usados para nacionalizar uma série de leis locais divergentes, mas também, paradoxalmente, eram de orientação pan-europeia e universal. Eles favoreceram o "transplante jurídico" – o empréstimo de leis de um sistema e país para outro –, que não se restringia às estruturas, procedimentos e termos, mas, muitas vezes, incluía soluções substanciais que, no processo de nacionalização por sua inclusão em um código, também eram universalizadas através de sua adoção por muitos países diferentes.

13.5 Codificação alemã: o segundo modelo

Em 1896, quase cem anos após a promulgação do Código Civil francês, os alemães promulgaram seu próprio código, o *Bürgerliches Gesetzbuch*, mais conhecido como o BGB. Os codificadores alemães tiveram a oportunidade de aprender com os erros das codificações anteriores, mas eles também atuaram sob circunstâncias radicalmente distintas. Ao contrário dos códigos franceses, que foram inspirados pelo Iluminismo e pela Revolução e proclamavam a razão universal (mesmo que, muitas vezes, eles fossem produto da tradição), o código alemão foi influenciado por visões românticas e nacionalistas, que procuravam codificar e modernizar o passado.

A maioria dos historiadores traça a origem do BGB a um grupo de indivíduos pertencentes a uma "Escola Histórica Alemã", organizada em torno de um manifesto publicado em 1814 por Friedrich Karl von Savigny (1779-1861). No manifesto, "Da vocação de nossa época para a legislação e a ciência do direito" (*Vom Beruf unserer Zeit für Gesetzgebung und Rechtswissenschaft*), Savigny respondeu a uma sugestão feita por outro jurista (A. F. J. Thibaut) de que a Alemanha adotasse um código semelhante ao Código Civil francês. O direito, argumentava Savigny, não era um puro construto da razão, mas o produto da tradição. Ela expressava a história, a língua, a cultura e a consciência nacional (*Volksgeist*) da sociedade e cresceu como resultado de silenciosas forças em operação, não da vontade arbitrária de um legislador. Sendo uma tradição orientada por costumes, era tarefa dos juristas, não dos legisladores, reuni-la em um código e, para isso, os juristas tinham que compreender melhor a história jurídica nacional.

A maioria dos membros da Escola Histórica Alemã se opôs à supremacia da razão e à subsequente alegação de que leis razoáveis poderiam ser universais, ao passo que discordaram quanto ao papel do direito romano na história jurídica alemã. Foi um sistema estrangeiro, cuja má influência limitou o crescimento do

CAPÍTULO XIII – CODIFICANDO AS LEIS DA EUROPA...

direito local e, portanto, teve que ser purgado para que o sistema fosse autêntico? Ou foi, como o cristianismo, uma superestrutura que, sem nacionalidade, era uma herança europeia comum também compartilhada pelos alemães? Os que aderiram à primeira interpretação foram, posteriormente, identificados como "germanistas"; já os que apoiaram a segunda visão foram classificados como "romanistas".

Os germanistas, tendo se posicionado contra o direito romano, procederam à descoberta e à reconstrução das chamadas tradições autênticas, medievais e germânicas que antecederam a chegada do direito romano e que, segundo eles, foram responsáveis pelo surgimento das estruturas do presente.[86] Muitos germanistas identificaram estas tradições mais antigas com o direito popular, não erudito. Entre os que participaram desta busca, para recuperar as práticas costumeiras, estavam os irmãos Grimm. Mais conhecidos como compiladores e editores de contos populares, como *Cinderela*, *João e Maria*, e *Branca de Neve*, Wilhelm (1786-1859) e Jacob (1785-1863) Grimm foram juristas que estudaram com Savigny. Como parte de seu interesse em resgatar um passado genuinamente alemão, eles partiram para o interior do país para registrar as tradições populares. Seus esforços resultaram na famosa coleção conhecida como os *Contos dos Irmãos Grimm*, mas também em compilações menos conhecidas, porém extremamente importantes, dos costumes jurídicos locais.

Enquanto os germanistas desejavam resgatar a tradição, os romanistas, entre eles Savigny, procuraram entender a interação entre o direito alemão e o romano. Eles estudaram o direito romano para compreender os conceitos e princípios que ajudaram os juristas alemães dos séculos XV e XVI a organizar e sistematizar

---

[86] A percepção germanistas de que o direito romano e germânico eram opostos em vez de complementares foi ressuscitada em 1920 quando o partido nazista pediu a substituição do direito romano (identificado com uma ordem mundial materialista) por um direito alemão "genuíno" (e "bom").

o direito local. Este método, conhecido como Pandectística, levou os juristas romanistas a insistirem que o que o direito romano fez ao direito alemão, no século XV, poderia ser feito novamente no século XIX. Ao usar o direito romano em vez da lógica pura, os juristas poderiam, novamente, sistematizar e organizar o direito alemão sem serem infiéis a ele. Para os romanistas alemães, o direito romano não era um sistema jurídico estrangeiro. Ao invés disso, era um repositório de métodos e instrumentos que lhes permitiriam descrever o direito existente com precisão e consistência. O estudo do direito romano era, portanto, um meio de construir um direito verdadeiramente alemão, porém racional, moderno e burocrático, adequado às exigências do século XIX.

Para entender o significado da posse, por exemplo, os romanistas se voltaram para as normas jurídicas romanas que a protegiam, bem como as defesas que os litigantes poderiam invocar. Examinando fontes adicionais, como editos, fórmulas, legislação, a opinião dos juristas e os textos do *Corpus Iuris Civilis*, os romanistas chegaram à conclusão de que a posse dependia de se ter controle sobre a coisa, além de se ter a intenção de possuí-la como proprietário de boa-fé.

De acordo com alguns críticos, os pandectistas acabaram traindo seu próprio projeto. Eles ficaram obcecados com categorias, conceitos e proposições abstratas que, segundo eles, derivavam do direito romano, mas, na verdade, de acordo com seus detratores, baseavam-se em seu desejo de encontrar alguns princípios gerais que governassem absolutamente tudo. Os críticos concluíram que os romanistas acabaram propondo um direito que, em vez de ser baseado nas tradições particulares da Alemanha, era uma construção lógica, abstrata e profundamente divorciada de qualquer consideração social, religiosa, política, cultural ou econômica. Alguns críticos chegaram até a considerá-lo um sistema de cálculo matemático jurídico. Os romanistas também foram acusados de anacronismo por introduzir noções modernas, tais como a centralidade do indivíduo e sua vontade, no direito romano que não as possuía.

CAPÍTULO XIII – CODIFICANDO AS LEIS DA EUROPA...

As tentativas de codificação do direito, que foram contínuas nos vários Estados alemães, intensificaram-se com a unificação de 1871. Como parte dos processos de construção do Estado e acompanhado pelo nacionalismo crescente, entre 1874 e 1887, uma comissão de acadêmicos, profissionais e funcionários do governo deliberaram sobre como preparar um código nacional para o novo Estado alemão unificado. Inspirado pela Escola Histórica, a comissão pretendia utilizar as compilações existentes, assim como o direito romano e costumeiro, para unificar os vários sistemas jurídicos dos diversos territórios.[87] Para realizar esta missão, cada membro da comissão deveria escrever uma parte do código. Após sete anos, a comissão se reuniu para discutir os resultados, ao que se seguiram seis anos de debates. Ao cabo, a comissão publicou uma proposta, enviando cópias para universidades, juízes e juristas. Os jornais também foram convidados a colaborar com este empreendimento, imprimindo partes da proposta e abrindo espaço para os debates que poderiam surgir.

A proposta provocou uma acalorada contestação. Embora alguns críticos se opusessem à codificação em geral, a maioria criticou o texto por não representar corretamente o direito alemão. Para alguns, o projeto era, excessivamente, romano e, insuficientemente, alemão. Para outros, sua linguagem era muito complexa e abstrata, em realidade tão distante da linguagem comum que a maioria dos alemães não a compreenderia. Como observou um dos comentaristas, para que a proposta do código fosse compreendida, ela teria que ser traduzida para o alemão comum.

Face a estes comentários negativos, uma segunda comissão, trabalhando entre 1890 e 1895, revisou extensivamente o primeiro

---

[87] Antes do BGB, até trinta sistemas jurídicos diversos podem ter operado em territórios germânicos, utilizando pelo menos três idiomas no âmbito jurídico (latim, alemão e francês). Algumas regiões seguiam códigos locais, outras estavam sob controle francês até 1871 e por conseguinte seguiam o Código Civil francês, e outras observavam o direito romano, canônico ou costumeiro.

projeto. O texto por ela produzido, o BGB, foi dotado de força legal sem grande debate em 1896. O novo código era composto por cinco partes: uma introdução, seguida por livros que tratavam da propriedade, das obrigações, da família e da sucessão. A introdução incluía disposições gerais sobre o direito das pessoas, a classificação das coisas e dos atos jurídicos, prescrição e afins. Estas disposições regiam as outras partes do código e complementavam suas instruções.

O BGB trazia cerca de 2.385 seções. Ele introduziu muitas inovações, as mais importantes foram no direito contratual, mas não cobriu todas as áreas do direito privado; por exemplo, o direito comercial permaneceu, em sua maior parte, fora do código, embora fosse considerado sob influência de alguns dos princípios básicos do BGB.

Os comentadores observam que o BGB dependia muito do direito romano. Seu arranjo era romano e algumas áreas, tais como as obrigações, eram extremamente romanizadas. Outras, tais como o direito de família, estavam baseadas nas tradições germânicas. A linguagem permaneceu muito técnica, conceitual e opaca.

13.6 Comparação das codificações francesa e alemã

Apesar de aspirar a alguns dos mesmos objetivos, os Códigos Civis francês e alemão eram quase completamente opostos. Ambos procuraram sistematizar o direito e escrevê-lo para garantir a segurança jurídica, mas o fizeram de formas radicalmente distintas. O código francês dizia romper com o passado e se baseava em uma razão natural universal, que os legisladores não profissionais podiam empregar. Pretendia-se que fosse simples e fácil de usar. O código alemão, ao contrário, era o produto de tradições passadas, que foram compiladas por juristas, que empregaram uma ciência jurídica sofisticada, o que tornava sua interpretação uma arte difícil, que exigia amplo conhecimento. O código francês tinha o objetivo de democratizar o direito e permitir aos cidadãos saberem quais eram seus direitos e obrigações (mesmo quando nisso falhasse); o BGB era, em vez disso, um monumento à constante necessidade de mediação dos especialistas do direito. Ao invés de transferir o poder para o legislativo, ele assegurou um papel central para os juristas e para as universidades, onde a doutrina jurídica poderia ser elaborada e debatida. Ao contrário do código francês, que eliminou todas as outras fontes normativas e se destinava a inaugurar uma era nova e revolucionária, o BGB não foi concebido para substituir o direito anterior. Pelo contrário, ao menos em teoria, ele o codificou. E, embora ambos os códigos procurassem unificar o regime jurídico ao transformar uma série de sistemas regionais locais em uma única ordem nacional, o código francês foi mais bem sucedido em alcançar este objetivo, pois o BGB deixou amplo espaço para arranjos locais ao reconhecer a necessidade de conservá-los em regulamentos relativos a minas, águas, pesca e caça, relações de propriedade entre indivíduos e o Estado, propriedade pública, sociedades religiosas e seguros.

Apesar dessas diferenças, os Códigos Civis francês e alemão também eram semelhantes em muitos aspectos. Ambos procuraram descrever o direito de forma sistemática e concisa, usando uma linguagem geral e abstrata. Ambos os códigos dependiam, fortemente, do *ius commune*, a tradição jurídica anterior, embora o código francês não o reconhecesse explicitamente. Ideologicamente, ambos obedeceram ao mandato de uma sociedade moderna em prol de uma forte separação de poderes e consagraram a proteção da propriedade privada, da liberdade contratual e da igualdade jurídica. Como aconteceu também na França, na Alemanha a promulgação do BGB também inaugurou um período de codificação adicional, com o desenvolvimento, por exemplo, de um Código Tributário, um Código Comercial, um Código penal, um código de processo penal, um código de processo administrativo e um código de processo civil.

Ao fim, os historiadores ressaltam que, apesar de sua suposta inspiração nas tradições jurídicas alemãs, o BGB foi entendido por muitos como um código universal, e não nacional. Convertendo-se em um segundo modelo para a forma que a codificação civil poderia ter, o BGB seria imitado em todo o mundo, mais particularmente na Europa e na Ásia.[88] Em alguns lugares, ele foi reproduzido quase na sua totalidade; em outros lugares, os poderes legislativos locais omitiram algumas partes; mas, em nenhum lugar, suas soluções foram entendidas como sendo especificamente germânicas. A crescente importância e reputação internacional do BGB aumentaram a fama dos juristas alemães – demonstrando que, mesmo no final do século XIX –, o direito romano ainda poderia agir como um agente unificador. No que diz respeito aos observadores do século XIX, era, de fato, como o pato-mergulhão de Goethe.[89]

---

[88] Os países que teriam sido influenciados pelo BGB incluíam Grécia, Áustria, Suíça, Portugal, Itália, Holanda, antiga Tchecoslováquia, antiga Iugoslávia, Hungria, Estônia, Letônia, Ucrânia, Japão, Brasil, México, Peru, Taiwan, Coréia do Sul, Tailândia e, por um tempo, a China.

[89] Ver Capítulo I, nota 1.

CAPÍTULO XIV
CODIFICANDO O *COMMON LAW*

Em uma aula no University College, em Londres, em novembro de 1926, Maurice Amos (1872-1940), um jurista, juiz e professor britânico, sugeriu que a codificação foi uma das "maiores atividades e veículos de civilização".[90] Para explicar aos seus compatriotas o que isso significava e o que poderia ser alcançado, ele propôs um caso hipotético. Imaginem, ele disse, que o Duque de Wellington, o comandante militar britânico mais importante durante as guerras napoleônicas, tomasse o poder na Inglaterra no começo do século XIX. Imaginem que, após fazê-lo, ele solicitasse a célebres especialistas do direito que preparassem um Código Civil baseado nos *Commentaries* de Blackstone. Imaginem que este código não tivesse absolutamente nenhuma referência à religião ou ao feudalismo. Imaginem que esse Código de Wellington fosse, então, aplicado não somente na Inglaterra, mas também na Escócia. Imaginem que após sua promulgação, todos os costumes e leis prévios deixassem de existir. Este cenário, Amos declarou, deve fornecer aos ingleses uma boa ideia do que Napoleão conseguiu ao criar um código

---

[90] AMOS, Maurice. "The Code Napoleon and the Modern World". *Journal of Comparative Legislation and International Law*, vol. 10, nº 4, 1928, p. 222.

que unificou, laicizou, democratizou e simplificou o direito civil francês. Também deveria explicar-lhes por que o modelo francês foi tão amplamente imitado ao redor do mundo, enquanto o sistema inglês foi seguido apenas em países que estão ou estavam, diretamente, subjugados à Inglaterra.

Amos foi um dentre os vários admiradores da codificação que havia na Inglaterra. Certo ou errado, correto em suas apreciações ou completamente equivocado, ele despendeu tempo e energia explicando aos seus compatriotas por que a codificação era boa e o que ela poderia fazer por eles. Apesar de, no século XIX e começo do século XX, entusiastas como ele não faltassem entre os especialistas do *common law*, é, no entanto, verdade que a maioria dos ingleses e norte-americanos rejeitaram a codificação. Sugerindo que ela era tanto desnecessária quanto insensata e favorecendo um tipo diferente de codificação, mais apropriada aos países do *common law*, eles engajaram-se em debates acalorados sobre a questão de saber se a codificação era uma ferramenta adequada para a reforma do direito.

14.1 A resposta inglesa à codificação

Na virada do século XIX, o direito inglês estava dividido em duas partes principais: o direito legislado, que incluía a legislação aprovada pelo Parlamento, e o *common law*, que, supostamente, abarcava o direito costumeiro elaborado pelos juízes. O direito legislado podia ser encontrado em uma enorme variedade de atos e estatutos que, após serem promulgados, eram publicados e conservados nos arquivos. O *common law*, por sua vez, podia ser localizado nos *Yearbooks* (1263-1535) ou, em sua versão mais moderna, nos *Law Reports*. De meados do século XVI até 1865, quando se tornaram institucionalizados, os *Law Reports* eram redigidos por autores individuais, alguns (como o de Edward Coke) ganhando mais seguidores do que outros. Cobrindo o que ocorreu nos tribunais, os *Yearbooks* e os *Reports* eram a melhor

CAPÍTULO XIV – CODIFICANDO O *COMMON LAW*

fonte para se estudar o desenvolvimento de conceitos, métodos, doutrinas, assim como localizar os precedentes do *common law*. Publicados em diferentes edições e por vários indivíduos, tais fontes eram não apenas de qualidade diversificada, como também não contavam com um índice geral para auxiliar sua consulta. Em resultado, muitos juristas foram levados a utilizar uma literatura secundária, tais como compêndios, para descobrir quais casos e decisões passadas poderiam ser aplicáveis ao caso presente e o que eles indicavam.

Em resumo, para saber o que o direito ordenava, era necessário consultar tanto a legislação como o direito jurisprudencial, o que era uma tarefa extremamente árdua. Como se presumia que a legislação e o *common law* eram coerentes, ao invés de contraditórios, também era essencial que os juristas assegurassem uma interpretação que apoiasse a ambos. A prática jurídica, incluindo máximas, princípios, presunções e doutrinas, mantida pelos profissionais do direito, tanto advogados quanto juízes, também introduziu, nesta mescla, elementos adicionais que eram considerados imperativos.

Do século XVI em diante, muitos ingleses lamentavam tal complexidade, e alguns exigiam a produção de um código ordenado ou uma coleção de todo o direito legislado e jurisprudencial em uma única compilação. Nesta esteira, Francis Bacon (1561-1626) e Matthew Hale (1609-1676), duas das mais proeminentes autoridades jurídicas da Inglaterra no século XVII, conceberam uma compilação das leis da Inglaterra que incluíram três partes: um primeiro livro, compreendendo as instituições e as máximas jurídicas e um dicionário jurídico; um segundo livro, que reeditaria os *Yearbooks*; e um terceiro livro, que reproduziria o direito legislado.

Foi somente em 1833, no entanto, que um movimento significativo em direção à codificação ocorreu na Inglaterra, quando uma comissão para reconsiderar o direito penal (uma área que, ao contrário de muitas outras, baseava-se fortemente na legislação e por isso era mais propícia de ser codificada) foi designada pelo

Parlamento. À comissão foi atribuída a tarefa de preparar um código que incluísse todas as leis, normas e princípios do *common law* concernentes aos crimes e sua punição. Todavia, falharam as tentativas de aprovação das propostas da comissão de reformas e suas recomendações para codificação no Parlamento. Novas propostas para um Código Penal em 1878, 1879 e 1880 também não tiveram o apoio suficiente.

Tentativas de codificação, em outras áreas do direito, tiveram resultados similares. Em 1860, o governo anunciou um projeto para compilar e revisar o direito legislativo inglês e criar uma compilação do direito jurisprudencial com vistas a combinar ambos em um único texto. A comissão, designada em 1866, foi dissolvida quatorze anos depois e sua maior contribuição foi uma série de projetos que se tornaram manuais em diferentes ramos do direito inglês.

Ao final, em vez de codificar suas leis, o que os ingleses fizeram foi adotar outros meios para simplificar seu sistema. O mais importante dentre eles foram os atos (leis) de consolidação (*consolidation acts*), aprovados pelo Parlamento, que reuniam várias partes do direito legislado. Normalmente cobrindo um campo jurídico particular, os atos de consolidação procuraram reproduzir e descrever este campo exaustivamente em um único texto que seria promulgado pelo Parlamento. Algumas legislações parlamentares até pretendiam ir além da consolidação ao combinar o direito legislativo e o jurisprudencial; tal legislação foi por vezes conhecida como "estatutos de codificação" (*codifying statutes*). O *Bills of Exchange Act* (1882), por exemplo, consolidou dezessete leis em um único texto e também resumia a jurisprudência de cerca de 2.600 casos jurídicos distribuídos em mais de trezentos volumes de *Law Reports*.

Apesar de apresentadas como uma solução técnica não intencionada a modificar o direito, mas apenas a facilitar seu conhecimento, os atos de consolidação e os estatutos de codificação, raramente, eram o simples registro de normas preexistentes. Pelo contrário, eles

CAPÍTULO XIV – CODIFICANDO O *COMMON LAW*

permitiram a seleção, bem como a reordenação de acordo com um programa predefinido e seletivo. Para muitos observadores, eles, de fato, alteraram o direito. Ao facilitar a orientação pelo sistema jurídico, eles também impulsionaram novos debates. Após terem sido concluídos, não era mais claro se as decisões originais ou se os atos e estatutos de codificação teriam mais autoridade. Seu poder dependia de sua origem no *common law* (a decisão judicial que declarou sua existência), da sua promulgação pelo Parlamento, ou de sua promulgação em um ato ou estatuto de codificação que, agora, declarava-a válida?

Ao fim, advogados que desejavam entender o direito se referiam mais frequentemente aos tratados escritos por juristas, juízes e professores universitários. Iniciando com William Blackstone e seus *Commentaries on the Laws of England* (1765-1769) e continuando com outros estudiosos notáveis, como Frederick Pollock (1845-1937), que redigiu vários tratados sobre o direito dos contratos, da associação (*partnership*) e da responsabilidade civil (*torts*), assim como *The History of English Law before the Time of Edward I* (1895), especialistas do direito inglês se dispuseram a organizar o direito sistematicamente de acordo com categorias gerais. Descrevendo e, em algum grau, racionalizando o direito, eles enumeraram e resumiram os princípios, listaram os precedentes e prepararam índices. Dividindo os *writs* de acordo com sua matéria (contrato, responsabilidade civil, tutela (*guardianship*), como no caso de Pollock), eles, frequentemente, utilizavam princípios do direito romano para descrever o que os *writs* instituíram. Apesar de tais livros não terem força vinculante, eles tornaram-se um ponto de referência comum e, por vezes, até mesmo autorizado, que tanto advogados como outras pessoas usavam e que juízes também seguiam.

14.2 Explicação da posição inglesa

A explicação tradicional do porquê de a codificação não ter sido adotada na Inglaterra foi que ela era tão desnecessária quanto insensata. De acordo com esta visão, os países, que adotaram a codificação, assim, fizeram-no, porque eles não tiveram outra escolha. Sua situação jurídica era catastrófica e seu sistema era complexo, volumoso, contraditório e inacessível. Divididos em uma multiplicidade de regimes locais, muitos desses países não tinham um direito nacional e nem suas leis eram adequadas às necessidades do Estado-nação do século XIX. O desenvolvimento jurídico estava interrompido, exigindo a intervenção urgente dos legisladores. Todas essas condições estavam ausentes na Inglaterra, onde o progresso jurídico não foi interrompido e onde já existia um sistema nacional, ordenado e moderno.

Mesmo se esta descrição tivesse sido correta (o que certamente não foi), em anos recentes, historiadores apontaram que o que mais dificultou a codificação foi a visão inglesa deveras distinta sobre o que era o direito e como ele deveria ser criado. Como descrito no Capítulo XII, a codificação continental, mais particularmente sua variante francesa, concebeu os códigos como o início de uma nova era. Eles iam substituir a tradição com novos textos que, mesmo que reproduzissem soluções antigas (o que frequentemente faziam), seriam promulgados pelos representantes da nação no Parlamento porque eram razoáveis. A partir de então, a validade das normas não dependeria da tradição, mas do fato de terem sido promulgadas por uma Assembleia que representava a vontade do povo e que era soberana e poderia mudar o direito. Os códigos deveriam ser declarações abrangentes do direito e substituir todas as promulgações anteriores. Ao utilizar princípios gerais e abstratos, os códigos deveriam ser interpretados de acordo com seu significado lógico, e não com a experiência passada, a doutrina ou a jurisprudência. Sob este sistema, os juízes, em teoria, não deveriam exercer absolutamente nenhuma discricionariedade. Tudo o que podiam fazer era implementar uma lei que, por definição, tinha uma única interpretação razoável. Nenhuma declaração geral que criasse novas normas seria tolerada.

A concepção básica da maioria dos juristas ingleses em relação ao que o direito era e de onde ele veio era radicalmente

CAPÍTULO XIV – CODIFICANDO O *COMMON LAW*

distinta do que foi descrito acima. No século XIX, a maioria dos juristas ingleses acreditava que seu sistema jurídico era baseado no *common law*, que era um direito costumeiro, que se desenvolveu organicamente dentro da comunidade. Ligado às condições particulares da Inglaterra, ele estava ancorado na experiência e não na razão. Pelo fato de ter surgido, naturalmente, a partir das interações da sociedade, ele era concreto e casuístico em vez de abstrato e geral, indutivo em vez de dedutivo. Ele consistia em uma enumeração de casos que reproduziam e explicavam o que os juízes tinham decidido no passado. A tarefa dos juristas era comparar os casos e, sublinhando as similaridades ou diferenças, encontrar uma solução justa. Enquanto os juízes eram centrais para a criação jurídica, os legisladores não o eram. Apesar de os legisladores representarem "o povo", seu dever era defender e não fazer o direito. Eles deveriam assegurar que os direitos tradicionais dos ingleses fossem respeitados, e eles poderiam fazê-lo legislando, desde que não tentassem inovar. Os especialistas do direito inglês também tendiam a acreditar que seu sistema era superior a todos os outros, porque a legislação era formal e inflexível, enquanto um direito costumeiro feito por juízes permitia uma atualização constante e uma defesa mais eficiente de direitos e liberdades individuais. Em resumo, o sistema inglês garantia liberdade, enquanto os sistemas do Continente, mais particularmente o francês, não. Muitos ingleses também rejeitaram a associação com ideias que pudessem ser identificadas como francesas, mais particularmente aquelas originadas na Revolução Francesa.

Estas características do *common law*, assim entendidas pelos juristas ingleses do século XIX, tornaram o recurso à codificação extremamente difícil. O *common law* que estes atores concebiam deixava, relativamente, pouco espaço para a legislação e, com certeza, nenhum espaço para as promulgações idealizadas para reformar o ordenamento existente. Este *common law* também tornou difícil formular proposições abstratas e gerais, ou adotar como guia a razão em vez da experiência. Portanto, não é de se surpreender que alguns juristas ingleses concluíssem que era "ingênuo pensar que o *common law* poderia ser codificado sem experimentar uma enorme mudança".[91] Juristas do *common law* também rejeitaram a afirmação de que a codificação tornava o direito mais coerente e mais seguro. Identificando os juízes como os melhores especialistas do direito, muitos desconfiavam da capacidade do Parlamento em reproduzir ou criar leis de maneira eficaz. Alguns até mesmo afirmavam que os códigos do Continente eram um fracasso. Esforços enormes foram exigidos para sua elaboração, mas eles não obtiveram os resultados desejados.

Apesar de tais declarações, a codificação sim encontrou entusiastas na Inglaterra. Maurice Amos foi um, mas, o mais famoso proponente da codificação na Inglaterra, foi Jeremy Bentham (1748-1832). Fundador de uma escola conhecida como utilitarismo, em sua *Introduction to the Principles of Morals and Legislation* (1789), ele argumentou que o propósito da sociedade é produzir a maior felicidade para o maior número de pessoas. Os humanos, ele observou, são movidos pelo autointeresse natural e racional. Um direito como o *common law*, baseado em costumes orais e controlado pelos juízes, não pode garantir este fim. Em vez disso, o que se exige é segurança jurídica e claridade, e isso pode ser melhor alcançado ao combinar o empirismo com a análise racional.

Bentham defendia a elaboração de códigos que seriam promulgados pelo corpo legislativo e que seriam compreensivos (sem lacunas), exclusivos (o que não estivesse, neles, incluído não seria parte do direito), sistemáticos e simples. Já nos anos 1810, Bentham também se engajou no desenvolvimento de um código constitucional que, levando em consideração a natureza e a razão humanas, seria, potencialmente, apropriado a qualquer nação ou governo.

Durante o século XIX, a Inglaterra permaneceu em grande parte imune à codificação, mas vários códigos foram elaborados

---

[91] HAHLO, H. R. "Codifying the Common Law: Protracted Gestation". *Modern Law Review*, vol. 38, nº 1, 1975, p. 23.

CAPÍTULO XIV – CODIFICANDO O *COMMON LAW*

na Índia britânica. Mais tarde, aplicados a outras colônias inglesas, estes incluíram um Código de Processo Civil (1859), um Código Penal (1860) e um Código de Processo Penal (1861). Os historiadores têm explicado que esta divergência entre os desenvolvimentos na metrópole e nas colônias – a Inglaterra rejeitando a codificação e a Índia aceitando-a – faz todo sentido. Muitos juristas ingleses acreditavam que a codificação era um remédio extremo em sistemas jurídicos que eram caóticos. Esta descrição, que eles aplicaram, errada ou acertadamente, à Europa Continental do século XIX, encaixava-se às situações coloniais, nas quais uma multiplicidade de direitos locais, que os juristas ingleses achavam difícil de entender, coexistia com a legislação colonial. Vendo a codificação como um esforço imperial, estes atores também sugeriam que a implementação de um sistema jurídico novo e racional poderia ser um meio para "civilizar" os povos originários. Isso possibilitou a importação de uma versão abreviada do direito inglês para as colônias, que eram, por vezes, retratadas ou como carentes de um sistema jurídico próprio ou com excesso deles. O ambiente antidemocrático do ultramar também facilitava a tarefa dos codificadores, porque não havia um debate público sério em relação aos prós e contras de tais medidas reformistas.

14.3 Codificação nos Estados Unidos

A maioria dos historiadores concorda que, nos anos 1820 e 1830, legisladores, governadores e juristas de todos os Estados Unidos se perguntavam se a codificação era boa ou ruim, necessária ou inútil. Em alguns territórios e Estados, foram apresentadas propostas para a adoção de códigos, e comissões foram nomeadas para estudar sua conveniência, ou mesmo preparar projetos. Contudo, a maioria de tais iniciativas não prosperaram, em parte porque a suposição básica, que existia na maioria dos interlocutores, era a de que o *common law* não podia ser codificado. Como resultado, os debates a respeito da codificação foram, frequentemente, entendidos como uma discussão muito maior sobre se os

Estados Unidos deveriam manter ou abandonar sua adesão ao *common law*. Os que defendiam a codificação eram, usualmente, vistos como favoráveis ao abandono do *common law*. Os que se opunham a ela eram vistos como apoiadores da continuação do sistema jurídico existente. Apesar deste impasse geral, Louisiana e Nova Iorque (e uma série de Estados que imitaram esta última) procederam à codificação de suas leis.

14.4 Louisiana

Os estudos gerais da codificação norte-americana tendem a assumir que a adoção de códigos na Louisiana foi autoexplicativa. Dada sua herança francesa, eles argumentam, era natural que o território de Orleans (o nome que Louisiana tinha antes de se tornar um Estado norte-americano) optasse por codificar suas leis civis ao elaborar um Digesto Civil (1808). Foi também natural que, após Louisiana tornar-se um Estado (1812), ela promulgasse um Código Civil mais completo (1825). Estas medidas expressaram a adesão dos residentes locais a seu passado colonial francês e sua rejeição aos esforços federais em introduzir o *common law* em seu território. Esta rejeição também encontrou expressão na votação da Assembleia Legislativa em 1806 para manter o sistema jurídico existente, e na Constituição estadual de 1812, que negava à Assembleia o poder de adotar um sistema diferente.

Se a fidelidade à tradição foi uma das razões para a adoção de códigos na Louisiana, outra foi a situação jurídica considerada confusa. Segundo a maioria dos estudiosos, a codificação foi necessária na Louisiana, porque o direito local era parcialmente francês e parcialmente espanhol e a maior parte dele não estava disponível em tradução para o inglês. Caótico e incompreensível (ao menos para os de fora), ele exigia uma breve reformulação em códigos que também traduzissem as normas locais para o inglês.

Contudo, argumentar que o que aconteceu na Louisiana foi natural é subestimar a importância do que ocorreu. As decisões,

CAPÍTULO XIV – CODIFICANDO O *COMMON LAW*

tomadas pelos moradores locais em 1806 (para manter o sistema jurídico anterior), 1808 (para adotar um Digesto), 1812 (para negar à Assembleia Legislativa o poder de adotar um sistema diferente) e 1825 (para adotar um Código Civil) foram mais do que uma teimosa insistência na tradição. Eles envolviam decisões conscientes e estratégicas que permitiam aos atores locais não tanto conservar o sistema existente, mas se engajar em sua reinvenção. Estes atores intensificaram, ao invés de abandonar gradualmente a sua dependência do direito francês, ao mesmo tempo em que progressivamente se desviaram de sua herança espanhola.

Como e por que isso ocorreu permanece, em grande parte, sendo um mistério. Em 1806, perguntado qual era seu direito, as autoridades locais identificaram como sendo seu o *Corpus Iuris Civilis* de Justiniano, a obra dos juristas do *ius commune*, e várias compilações e ordenanças espanholas. Embora eles não mencionassem de todo o direito francês, o Digesto Civil, proposto em 1808, tinha elementos do direito espanhol e francês e foi organizado de acordo com o Código Napoleônico. Este afastamento da estrita adesão ao direito espanhol foi notada por alguns dos juízes que aplicavam o Digesto. Esses juízes, que tendiam a interpretá-lo, como uma mera reafirmação do direito espanhol, recusaram-se a levar em conta os elementos franceses que ele incluía. Os juízes também rejeitaram a ideia de que o Digesto substituiria o direito existente e se sentiram livres para usar o direito espanhol não codificado, quando fosse conveniente ou necessário.

A contínua dependência de outras fontes além do Digesto, a maioria das quais disponível apenas em espanhol, levou à decisão de substituí-lo por um código. No entanto, o código adotado em 1825 não era uma simples amplificação do Digesto. Em vez disso, embora novamente incluindo elementos do direito espanhol e francês, os elementos franceses eram substancialmente mais dominantes do que os espanhóis. A forte filiação ao direito francês – em parte uma tradição inventada – foi clara, por exemplo, no artigo 3.521, que dispunha que, após sua promulgação, todo o direito espanhol, romano e francês anteriores, bem como todas as promulgações legislativas adotadas pelas Assembleias locais, seriam revogadas. O código determinava, ainda, que o direito pré-codificação não poderia ser invocado nos tribunais, sob nenhuma circunstância.

Em vez de seguir seu direito de modo "natural", a Louisiana passou por uma transformação que a tornou menos espanhola e mais francesa ao longo do tempo. Nesta perspectiva, a galicização do direito da Louisiana foi tanto um resultado de sua incorporação aos Estados Unidos quanto de seu próprio passado colonial. Como um meio que os moradores locais adotaram para deter a penetração do *common law*, não havia nada de inevitável nestes desenvolvimentos, nos quais o passado, assim como o presente, e as visões do futuro, desempenharam papéis equivalentes.

A história da Louisiana é ainda mais complicada pelo fato de que a adesão ao direito do Continente cobria apenas partes do direito civil. Em outras partes, assim como no direito penal, no probatório e no comercial, o *common law* reinava sem grande oposição. Aqui, como em outros lugares, as tentativas de codificar estas áreas falharam em sua maioria. Apesar do sucesso na aprovação do Código Civil, a Assembleia Legislativa da Louisiana rejeitou os projetos de um Código Penal e de um Código de Processo Penal. O Código de Processo Civil, adotado em 1823, tinha elementos tanto do direito continental quanto do *common law* e, de acordo com alguns, foi interpretado pelos juízes como refletindo as normas inglesas em vez das continentais. Todos estes desenvolvimentos sugerem que havia algo a mais na história da Louisiana do que aquilo que os olhos podiam ver.

14.5 Nova Iorque

A história da codificação de Nova Iorque, geralmente, começa em 1846, quando os legisladores estaduais decidiram revisar, reformar, simplificar e abreviar o direito. No ano seguinte, David Dudley Field foi nomeado para chefiar a comissão de codificação.

CAPÍTULO XIV – CODIFICANDO O *COMMON LAW*

Field planejou cinco códigos para Nova Iorque: um Código Político (com regras relativas ao governo), Códigos de Processo Civil e Penal, e Códigos Penais e Civis. Field, que se dizia inspirado na experiência francesa, esperava criar códigos que fossem breves e sintéticos e que eliminariam a regulamentação arcaica. Considerando tanto o *common law* como o direito legislado, ele também procurou identificar princípios gerais a partir dos quais todas as outras soluções jurídicas pudessem ser deduzidas.

Ainda que os códigos preparados por Field fossem revolucionários – um observador sugeriu que o Código de Processo Civil era uma sentença de morte para a apresentação de alegações (*pleading*) do *common law* – o Código de Processo Civil (1848), o Código de Processo Penal (1881) e o Código Penal (1882) foram adotados pela legislatura de Nova Iorque sem muita oposição. No entanto, a proposta de Field de um Código Civil encontrou resistência suficiente para levar ao seu abandono após ter sido vetada pelo governador em várias ocasiões. Por que os outros códigos foram facilmente aceitos e este rejeitado não é claro, mas há razões para acreditar que a maioria dos advogados, juristas e legisladores tinham uma posição mais inflexível sobre o direito privado do que sobre o direito processual ou penal e adotaram uma atitude mais conservadora com relação a ele. Também é possível que o Código Civil tenha sido rejeitado devido à sua forte semelhança com o Código Napoleônico e à determinação de que, após sua promulgação, ele substituiria, em vez de acrescentar ou esclarecer todas as regras jurídicas anteriores.

Quaisquer que tenham sido as razões para a rejeição do Código Civil, o que foi mais surpreendente da história de Nova Iorque não foi o que aconteceu naquele Estado, mas o que ocorreu em outros lugares. O Código de Processo Civil de Nova Iorque, aprovado em 1848, foi adotado integralmente no Missouri no ano seguinte (1849) e em mais vinte e um Estados e territórios nas décadas seguintes.⁹² O projeto do Código Civil que a Assembleia Legislativa de Nova Iorque rejeitou teve sucesso semelhante e foi adotado apenas com mudanças mínimas nas Dakotas (1866), que também adotaram o Código Penal de Nova Iorque. Seguiu-se a Califórnia, adotando em 1872 todos os cinco códigos de Nova Iorque, assim como Idaho, Montana e Colorado.

Os estudiosos concluem que a adoção dos códigos de Nova Iorque, em outros lugares, deve ser compreendida como a implementação de um tratamento de choque ou um remédio desesperado para situações jurídicas caóticas. Acreditando que os códigos eram mais adequados para territórios fronteiriços do que para regiões desenvolvidas, esses estudiosos argumentam que a disposição dos Estados e territórios para adotar os códigos de Nova Iorque pode ser explicada pela falta de tradições jurídicas densas nessas partes do país. Como na Índia colonial, nessas áreas a codificação permitiu a adoção de um sistema normativo superior, onde nenhum existia, ou onde os que existiam eram gravemente defeituosos. Incorporando também uma "missão civilizadora", os códigos de Nova Iorque domesticaram os novos territórios norte-americanos, ao utilizar as deliberações supostamente maduras dos advogados, juristas e legisladores desse Estado. Se a codificação era uma opção em Nova Iorque, no oeste norte-americano era uma necessidade.

Este relato, que reproduziu muitos dos preconceitos que os juristas ingleses também expressavam, negligenciou a análise da situação jurídica anterior à adoção dos códigos de Nova Iorque, supondo que esta requeria uma reforma radical sem verificar que assim fosse. Um fator particularmente esquecido foi que muitos dos Estados e territórios, que promulgaram os códigos de Nova Iorque, estavam no meio de debates, por vezes acalorados, sobre

---

92 Estes Estados e territórios incluíam Califórnia, Iowa, Minnesota, Indiana, Ohio, Washington Territory, Nebraska, Wisconsin, Kansas, Nevada, Dakotas, Idaho, Arizona, Montana, Carolina do Norte, Wyoming, Carolina do Sul, Utah, Colorado, Oklahoma, e Novo México.

CAPÍTULO XIV – CODIFICANDO O *COMMON LAW*

qual sistema jurídico eles deveriam adotar. A Califórnia, por exemplo, era um antigo território espanhol e mexicano; as Dakotas, Montana e Idaho, bem como a maioria dos Estados do meio-oeste, eram uma possessão francesa e grandes partes de seus territórios estavam sob o controle de grupos indígenas, que seguiam seus próprios sistemas jurídicos. Suas leis existentes eram tão inadequadas? O preconceito dos juristas do *common law* as classificava como tal, ou eram os habitantes do lugar que sentiram a necessidade de introduzir reformas? Quem exatamente decidiu sobre esta adoção e por quê?

Na década de 1770, o Congresso Continental reunido na Filadélfia declarou que os novos territórios a noroeste do rio Ohio estariam sujeitos ao *common law*. Durante o século XIX, as autoridades norte-americanas, que assumiram o controle sobre antigos territórios franceses, espanhóis ou indígenas adotaram uma abordagem semelhante, geralmente acreditando que uma de suas tarefas mais urgentes era substituir o(s) sistema(s) jurídico(s) anterior(es) pelo *common law*. Estes funcionários retrataram a substituição como necessária e urgente porque, segundo eles, todos os outros sistemas jurídicos (que, agora paradoxalmente, classificavam como estrangeiros, apesar de serem locais) eram arbitrários ao ponto de não serem sistemas em absoluto. Tentativas de introduzir mudanças jurídicas, no entanto, muitas vezes, encontraram resistência. A pesquisa sobre a Alta Louisiana (atual Missouri) tem demonstrado, por exemplo, que os residentes locais não compartilhavam essas visões pejorativas de suas leis e acreditavam que seu sistema era ordenado e justo.

Na Califórnia, onde uma comunidade considerável e estável de residentes espanhóis e mexicanos era anterior à chegada dos imigrantes anglo-saxões do leste, muitos exigiam a continuação do sistema jurídico espanhol. Outros debateram a possibilidade de criar uma ordem normativa mista que incluísse o direito probatório inglês, o direito comercial inglês e o direito penal inglês, ainda que os Códigos Civis e Processuais fossem de inspiração espanhola e francesa.

No entanto, em 1850, uma comissão formada, principalmente por especialistas no *common law*, recomendou a adoção completa desta.

Debates semelhantes ocorreram no Congresso da República do Texas em 1836. Por fim, os legisladores adotaram, formalmente, o *common law* para disputas civis, bem como delitos criminais, mas os tribunais locais continuaram a utilizar o processo civil espanhol, que consideraram mais adequado às condições locais. Esta prática foi formalmente sancionada em 1840, quando a Assembleia Legislativa local declarou que a adoção do *common law* não incluía seu sistema de alegações (*pleading*).

Não há explicação convincente para o sucesso do *common law* em substituir os sistemas anteriores. Também não temos conhecimento suficiente de como este processo ocorreu e como os residentes locais reagiram. A maioria dos historiadores aponta para o preconceito dos juristas do *common law* que se tornaram funcionários dos Estados Unidos e assumiram que o *common law* era civilizado e todos os outros sistemas não o eram. Os historiadores também mencionam as relações de poder que favoreceram os imigrantes anglo-saxões do leste em detrimento dos residentes locais e explicam que os anglo-saxões preferiam o *common law*, porque lhes permitia desapossar os nativos, fossem eles indígenas, espanhóis ou franceses.

A crescente hegemonia do *common law* talvez explique por que os códigos de Nova Iorque encontraram recepção em outros lugares. Em vez de curar o caos ou civilizar um mundo normativo defeituoso, os códigos de Nova Iorque foram, em sua maioria, bem-vindos em territórios que, sendo de tradição jurídica diferente (ou várias tradições), estavam, agora, em transição para o *common law*. Em vez de serem um remédio, os códigos eram um instrumento para impor um direito novo e, em vez de serem contraditórios com o *common law* em espírito e concepção – como a maioria dos supostos códigos –, eles eram um recurso estratégico e útil por meio do qual impô-lo.

CAPÍTULO XIV – CODIFICANDO O *COMMON LAW*

14.6 Sem códigos, mas com legislação

Louisiana e Nova Iorque fornecem dois relatos sobre a codificação nos Estados Unidos no século XIX. Uma terceira história toma um caminho diferente que destaca a crescente importância da legislação nos Estados Unidos nos séculos XIX e XX. Segundo esta história, o direito norte-americano era, tradicionalmente, mais receptivo à legislação do que o *common law* inglesa. Grande parte da ordem jurídica colonial era baseada em instruções escritas pelas autoridades metropolitanas e coloniais; e as Assembleias locais na Virgínia, Massachusetts e Geórgia, por exemplo, consideravam-se autorizadas a legislar, assim como a compilar e reformar o direito. Esta tradição – que dava à legislação um papel central – só foi fortalecida após a independência, quando os norte-americanos procuraram separar seu sistema jurídico do da Inglaterra, e quando ficaram sob a influência dos impulsos democratizadores que confiavam mais nas Assembleias locais do que nos juízes. Os norte-americanos também apelaram à legislação, a fim de criar seus Estados e sua federação, que surgiu após a adoção de Constituições em que se instituíram poderes legislativos. Todas estas características alinharam-se para criar um sistema jurídico no qual – apesar da fidelidade ao *common law* – havia uma preferência permanente por regras oficiais, escritas e promulgadas, de forma explícita, por instituições apropriadas, em vez do direito costumeiro não escrito.

Como resultado, mesmo que durante o século XIX, a codificação tenha sido rejeitada em grande parte nos Estados Unidos, a maioria dos Estados, no entanto, recorreu massivamente à legislação para esclarecer e solidificar seus sistemas existentes, bem como introduzir inovações. Durante este período, muitos profissionais do direito, agindo por iniciativa própria, assumiram a liderança nestes desenvolvimentos, preparando esboços, que encorajaram as legislaturas a promulgar formalmente.

Particularmente dignos de nota, neste sentido, foram os esforços para unificar a legislação norte-americana. Motivados pela crescente imigração interestadual, comércio e colaboração e impulsionados pela mobilidade acelerada, que permitiam as rodovias e os transportes modernos, em 1892 um grupo de advogados eminentes, juízes e professores de direito fundou a *National Conference of Commissioners on Uniform State*. Com o apoio da *American Bar Association*, os membros da Conferência elaboraram uma série de atos individuais, que propuseram à aprovação de todos os Estados. Exemplos de tais atos foram a *Negotiable Instruments Law* (1882) e a *Uniform Sales Act* e a *Law of Warehouse Receipts* (ambas datadas de 1906).

Em 1923, o *American Law Institute* foi fundado com o objetivo explícito de empreender a simplificação do sistema jurídico norte-americano. Em 1944, os membros do *National Conference of Commissioners on Uniform State Laws* (agora denominada de *Uniform Law Commission*) concordaram, formalmente, em trabalhar para a elaboração de um Código Comercial Uniforme. Publicado em 1951 e revisado em 1962, o Código cobria questões como vendas, arrendamentos, instrumentos negociáveis, cartas de crédito e títulos de investimento. Nos anos seguintes à sua elaboração, ele foi adotado, mais ou menos fielmente, por todos os cinquenta Estados, assim como pelo Distrito de Columbia, Ilhas Virgens Norte-Americanas e Porto Rico.

Embora o Código Comercial Uniforme tenha produzido uma certa unificação nos Estados Unidos, ele era diferente dos códigos continentais, porque permitia algumas variações entre os Estados, que podiam escolher entre diversas opções, e porque não pretendia substituir todas as fontes normativas anteriores. Além disso, de acordo com alguns estudiosos, em vez de prescrever soluções, o Código Uniforme, geralmente, indicava questões que mereciam consideração, sugeria perguntas que os juízes deveriam fazer e incluía um catálogo de possíveis remédios, listando, também, as possíveis condições para as receber. Ao contrário dos códigos continentais, em resumo, o Código Uniforme Comercial permitia, e de fato encorajava, uma ampla discricionariedade judicial. Ele se recusava a prescrever como cada caso deveria ser resolvido, mas, em vez disso, indicava o que o juiz deveria levar em consideração e quais métodos ele deveria seguir, a fim de chegar a uma decisão justa. Em outras palavras, o Código forneceu um mapa, em vez de um destino.

EPÍLOGO

UM MERCADO, UMA COMUNIDADE, UMA UNIÃO

Em 1951, França, Alemanha Ocidental, Itália, Holanda, Bélgica e Luxemburgo formaram a Comunidade Europeia do Carvão e do Aço (CECA). O objetivo era colocar a gestão destes importantes recursos naturais sob um controle comum, bem como encorajar o crescimento econômico e a colaboração interestatal. Cinco anos depois, em uma série de tratados assinados em Roma (1957), os seis países estabeleceram a Comunidade Europeia da Energia Atômica (Euratom) e a Comunidade Econômica Europeia (CEE, também conhecida como Mercado Comum). Com um escopo muito maior do que a CECA, a CEE estabeleceu regras básicas para facilitar as relações comerciais, como a abolição de tarifas entre os Estados e o estabelecimento de políticas comuns de comércio e de agricultura.[93]

Estes desenvolvimentos se centraram no crescimento econômico, mas a intenção dos envolvidos era também permitir

---

[93] A década de 1950 também apresentou tentativas fracassadas de criar uma Comunidade Europeia de Defesa (CED) e uma Comunidade Política Europeia (CPE).

uma maior união política. Essa foi a resposta europeia tanto aos horrores da Segunda Guerra Mundial quanto ao aumento das tensões da Guerra Fria. Para facilitar esta tarefa, as estruturas institucionais, criadas nos anos 1950 para as três organizações (CECA, Euratom e CEE), foram unificadas em 1967, formando, depois, uma configuração institucional única – chamada de Comunidade Europeia (CE).[94] À essa configuração foram fornecidos um Executivo, um Legislativo e um Judiciário que incluíam uma Comissão localizada em Bruxelas (Executivo), um Parlamento que ficava em Estrasburgo e colaborava com o conselho legislativo (de Ministros de Estados-membros) e uma Corte de Justiça, com sede em Luxemburgo. A Comunidade também possuía uma Assembleia (o Conselho Europeu), que incluía todos os chefes dos Estados-membros e que se reunia, regularmente, para discutir as políticas europeias.[95]

Nos anos que se seguiram, a Comunidade Europeia expandiu-se a um ritmo espetacular; entre os anos de 1973 e 1986 Reino Unido, Irlanda, Dinamarca, Grécia, Espanha e Portugal juntaram-se a ela. Esta expansão implicou tensões entre aqueles que viam as

---

[94] O tratado que instituiu esta estrutura única, conhecido como Tratado de Fusão, foi assinado em Bruxelas em 1965, mas entrou em vigor em 1967. Como o tratado fundiu três entidades (a CECA, a CEE e a CEEA), o nome mais apropriado para a nova estrutura teria sido "Comunidades Europeias", no plural. No entanto, a maioria das pessoas se referia a esta complexa estrutura como a Comunidade Europeia (no singular).

[95] Desde seu início, a Comunidade Europeia teve dois conselhos. Um, o Conselho da Comunidade Europeia (mais tarde, da União Europeia) é uma reunião dos ministros nacionais dos Estados-membros. Neste fórum, os ministros votam a legislação proposta pela Comissão Europeia sobre assuntos relacionados a seu ministério particular. Por exemplo, o Conselho de Agricultura e Pesca é a reunião dos ministros da Agricultura e vota a legislação sobre assuntos agrícolas; o Conselho de Relações Exteriores reúne os ministros nacionais das Relações Exteriores e vota a legislação sobre esses assuntos; e assim por diante. O Conselho Europeu, pelo contrário, é uma reunião dos chefes de Estado. Ele estabelece a agenda política e discute as principais questões enfrentadas pela Comunidade/União, mas não tem funções legislativas.

EPÍLOGO – UM MERCADO, UMA COMUNIDADE, UMA UNIÃO

vantagens em se formar uma área de livre comércio, bem como uma união aduaneira, e aqueles que tinham aspirações mais federalistas; e aqueles que estavam preocupados com a concentração de poder em um Executivo supranacional e, por conseguinte, a perda de soberania nacional, e aqueles que preferiam reunir recursos e reforçar a integração política para atingir objetivos determinados. Embora tais tensões viessem a se tornar permanentes, nos anos 1980 os defensores da integração pareciam ter a vantagem. Em um processo gradual e fragmentado que se estende da década de 1980 até o presente, a Comunidade mudou seu design inicial de organização internacional que promovia a colaboração interestatal para uma nova estrutura que, de acordo com muitos observadores, constitui um Estado ou um quase-Estado.

Para alcançar essa transição gradual, em 1986 os Estados-membros da Comunidade Europeia assinaram, ainda, outro tratado (o Ato Único Europeu) que, avançando com as metas traçadas em 1957, adotou medidas adicionais em direção à criação de uma verdadeira economia de mercado único. O mais importante dentre estes passos foi a transição em várias áreas da votação por unanimidade para a maioria qualificada, uma medida que, essencialmente, eliminou o poder de veto de governos nacionais. Ao assinar o Ato Único Europeu, os Estados-membros também se comprometeram a cumprir um calendário para sua fusão econômica e definiram alguns dos caminhos pelos quais tal fusão ocorreria. O tratado de 1986 definiu um calendário para alargar a colaboração entre os Estados-membros para áreas como meio-ambiente, políticas sociais, educação, saúde, proteção do consumidor e assuntos estrangeiros. Ao Parlamento Europeu, agora eleito diretamente pelos cidadãos, foi atribuído um papel maior.

Em 1985, cinco dos dez Estados-membros assinaram o Acordo de Schengen. Embora estabelecido fora e independentemente das estruturas da Comunidade Europeia, o acordo avançou a agenda dos que desejavam uma união mais próxima. Ele suprimiu o controle nas fronteiras internas entre as partes signatárias e instituiu uma única fronteira externa em que controles de imigração e políticas de visto e asilo seriam compartilhados.[96] Incorporado, em 1997 (no Tratado de Amsterdã), aos acordos europeus, desde 1999 os princípios de Schengen tornaram-se parte do direito europeu. Durante o mesmo período, vários Estados não membros, como Noruega, Islândia, Liechtenstein e Suíça optaram por unir-se ao Acordo de Schengen, concordando em suprimir suas fronteiras com os países da Comunidade Europeia. Enquanto isso, três membros da comunidade europeia (Reino Unido, Irlanda e inicialmente Dinamarca) decidiram implementar apenas parte do Acordo, enquanto vários outros (Bulgária, Chipre, Romênia e, inicialmente, Croácia) foram excluídos de alguns ou de todos os seus benefícios.

Em 1992, os doze Estados-membros assinaram o Tratado de Maastricht, que pôs em marcha as medidas necessárias para garantir, entre eles, o livre movimento de capital, trabalho, serviços e bens. Dentre tais medidas estava a cidadania europeia comum, que permitia a todos os cidadãos dos Estados-membros a circular e residir livremente em qualquer lugar da comunidade. Outra medida importante foi a maior coordenação de políticas econômicas e a sujeição dos Estados-membros à disciplina financeira e orçamentária. O Tratado de Maastricht também incluiu previsões concernentes a políticas comuns em áreas como saúde, segurança no trabalho, proteção social, e justiça criminal, e afirmou a identidade da comunidade no cenário internacional, dando-lhe poderes sobre segurança interna e externa.

Refletindo essas mudanças, em 1993 a Comunidade Europeia foi renomeada para União Europeia. Em 2013, a União compreendia vinte e oito países, sendo que a maior expansão ocorreu em

---

[96] Os cinco países que assinaram o Acordo de Schengen foram Bélgica, França, Luxemburgo, Holanda e Alemanha (Ocidental). Sua associação constituía uma área conhecida como o "espaço Schengen".

EPÍLOGO – UM MERCADO, UMA COMUNIDADE, UMA UNIÃO

2004, quando dez novos membros se juntaram a ela.[97] Em 2002, a nova moeda europeia, o euro, tornou-se oficial em doze países, conhecidos como a Zona do Euro (*Eurozone*), e um Banco Central europeu foi estabelecido em Frankfurt.[98] Esforços para adotar uma Constituição para a Europa, contudo, foram mal sucedidos, porque, em um referendo público de 2005, dinamarqueses e franceses recusaram-se a ratificar o Tratado Constitucional. Embora o tratado tenha sido recusado, muitas das suas disposições institucionais fundamentais foram incorporadas na estrutura jurídica da União Europeia por mais um tratado (o Tratado de Lisboa, também conhecido como Tratado Reformador) assinado em 2007. Dentre outras coisas, o Tratado de Lisboa reformou os poderes do Parlamento Europeu e a votação no Conselho de Ministros, ratificou a Carta dos Direitos Fundamentais da União Europeia, tornando-a, juridicamente, vinculante, consolidou a personalidade jurídica da União e forneceu procedimentos pelos quais um Estado-membro poderia se retirar da União.

Os europeus continuam discordando sobre a extensão da União (quem deveria ser incluído) e a profundidade (que tipos de poderes ela deveria ter). Alguns até expressam desilusão com o que a União conseguiu e articularam exigências, ou mesmo votaram, para que seu país saia dela. Motivadas pelas crescentes preocupações com a perda da soberania nacional, instabilidade econômica, e migração, tais reações dão voz a ansiedades locais, mas também ecoam preocupações existentes em outros lugares. Apesar destes

---

[97] A partir de 2013, a União Européia incluía Áustria, Bélgica, Bulgária, Croácia, Chipre, República Tcheca, Dinamarca, Estônia, Finlândia, França, Alemanha, Grécia, Hungria, Irlanda, Itália, Letônia, Lituânia, Luxemburgo, Malta, Holanda, Polônia, Portugal, Romênia, Eslováquia, Eslovênia, Espanha, Suécia e Reino Unido (até 2020 e a saída do Reino Unido).

[98] Originalmente, os países da Zona do Euro incluíam Áustria, Bélgica, Finlândia, França, Alemanha, Irlanda, Itália, Luxemburgo, Holanda, Portugal e Espanha. Atualmente, porém, a Zona do Euro abrange vinte Estados-membros após a adição de Grécia, Croácia, Chipre, Estônia, Letônia, Lituânia, Malta, Eslováquia e Eslovênia.

desacordos e do futuro desconhecido à frente, do ponto de vista jurídico, a formação da União Europeia foi incrivelmente importante, pois foi responsável pelo renascimento de um novo direito comum europeu, um *ius commune* e moderno.

O novo direito europeu: fontes normativas

A colaboração econômica, a integração política, e o desenvolvimento de instituições centrais levaram à emergência de um novo direito europeu criado pelos vários tratados entre os Estados-membros (o *acquis*, literalmente "o que foi adquirido", que deve ser aceito pelos novos membros), a legislação, que passou pelo Conselho em colaboração com o Parlamento Europeu, e as regulamentações e diretivas propostas pela Comissão Europeia (o Executivo) e adotado pelo Conselho e pelo Parlamento.

Se os tratados entre Estados e a legislação foram fontes normativas importantes deste novo e emergente direito europeu, não menos vital foi a jurisprudência do Tribunal de Justiça da Europa em Luxemburgo.[99] O Tribunal de Justiça da Europa (TJE) foi criado em 1958 pela fusão dos tribunais separados da Comunidade Europeia do Carvão e do Aço, da Comunidade Econômica Europeia e da Comunidade Europeia da Energia Atômica. Seus juízes são eleitos para um mandato renovável de seis anos por um acordo conjunto dos governos dos Estados-membros. Em teoria, todos os Estados precisam concordar sobre todos os nomeados; na prática, como a Corte tem um juiz por Estado-membro, a maioria dos governos nacionais promove seus candidatos nacionais e automaticamente endossa os de outros países.

---

[99] UE. *Tribunal de Justiça da União Europeia*. Disponível em: https://european-union.europa.eu/institutions-law-budget/institutions-and-bodies/search-all-eu-institutions-and-bodies/court-justice-european-union-cjeu_pt – inclui uma descrição do tribunal. O próprio Tribunal possui um site útil que permite acompanhar sua jurisprudência, disponível em: https://curia.europa.eu/jcms/jcms/j_6/pt/.

EPÍLOGO – UM MERCADO, UMA COMUNIDADE, UMA UNIÃO

O Tribunal de Justiça da Europa (agora chamado de Tribunal de Justiça da União Europeia) é encarregado da interpretação autorizada do direito europeu, em casos em que Estados-membros e/ou instituições europeias discordam sobre seu significado, extensão ou aplicação. O tribunal também deve decidir sobre questões que lhe sejam submetidas pelos tribunais dos Estados-membros em relação à interpretação apropriada e ao escopo do direito europeu. Ele tem o poder de verificar as instituições europeias e de Estados-membros, assegurando que eles obedeçam à lei. Em suas decisões, o Tribunal, de cujas sentenças não se pode recorrer (não há uma segunda instância depois do tribunal), deve levar em consideração os tratados assinados pelos Estados-membros e a legislação aprovada pelos organismos europeus. Também se devem considerar fontes de direito complementares e não escritas, os princípios gerais que se diz serem compartilhados por todos os Estados membros, bem como os costumes jurídicos. Muitas vezes, tais fontes são interpretadas de forma a incluir noções como o Estado de Direito, adesão ao direito internacional público e respeito aos direitos fundamentais.

Inicialmente com poderes bastante limitados, ao longo dos anos, o Tribunal de Justiça europeu emergiu como um dos principais promotores do direito e da integração europeia. No que viria a ser uma de suas decisões mais importantes, em 1963 os juízes decidiram que o direito europeu poderia ser diretamente aplicado nos territórios dos Estados-membros sem requerer recepção local ou que voltasse a ser promulgado (*Van Gend en Loos v. Nederlandse Administratie Belastingen*). Em outra decisão chave, datada de 1964 (*Costa v. ENEL*), o Tribunal sustentou que o direito europeu tem primazia sobre o direito nacional. Posteriormente, e atuando como uma espécie de corte constitucional e exercendo a faculdade algo semelhante ao controle jurisdicional (*judicial review*), o Tribunal de Justiça da União Europeia determinou que as leis nacionais que fossem incompatíveis com o direito europeu poderiam ser consideradas inaplicáveis. Ele instruiu todos os tribunais dos Estados-membros a implementar esta decisão, colocando de lado quaisquer disposições de direito nacional que conflitasse com as regras europeias. O Tribunal de Justiça também guiou instituições europeias e Estados-membros em como deveria ser interpretado o direito europeu, adotando, dentre outras coisas, a regra de que os direitos nacionais, mesmo aqueles que precederam a formação do direito europeu, deveriam ser interpretados como coerentes e não conflitantes com o direito europeu.

Inicialmente, foram muito criticadas as decisões garantindo a aplicabilidade imediata do direito europeu no território dos Estados-membros e sua posição superior frente ao direito nacional. Entretanto, ao longo do tempo, os tribunais dos Estados-membros aceitaram e aderiram a estas doutrinas. Sua aceitação, que foi gradual e ainda é contestada em certas ocasiões e condicional em outras, revolucionou, verdadeiramente, o direito europeu. Ela permitiu que o direito europeu entrasse em vigor em nível nacional, e deu poderes aos litigantes privados para monitorar o seu cumprimento pelo Estado. A partir de então, os cidadãos europeus puderam invocar o direito europeu em seus tribunais nacionais, enquanto litigam entre si e com órgãos e instituições de seu próprio Estado.

A aplicação do direito europeu pelos tribunais nacionais tornou-se tão rotineira e tão pronunciada que muitos estudiosos agora argumentam que todo tribunal nacional na União é também um tribunal de justiça europeu, no sentido de que ele aplica e interpreta (e, portanto, também cria) o direito europeu. A proteção do direito europeu por tribunais nacionais assegura o Estado de Direito dentro da União Europeia e garante a sujeição de governos nacionais às suas obrigações jurídicas europeias.

Contudo, o envolvimento de tribunais nacionais na interpretação e aplicação do direito europeu, frequentemente, gerou importantes tensões. Ele colocou os tribunais nacionais em oposição ao que seu governo ou Parlamento desejavam, quando estes aprovaram leis que não eram perfeitamente coerentes com a normatividade europeia ou a ignoravam. Ele também colocou tribunais inferiores em oposição a tribunais superiores ou cortes

EPÍLOGO – UM MERCADO, UMA COMUNIDADE, UMA UNIÃO

constitucionais, os primeiros desafiando o monopólio dos últimos em declarar inconstitucionais certas leis ou atos.

Como resultado deste desenvolvimento, muitos agora argumentam que *de facto*, mesmo se não *de jure*, a União Europeia perdeu seu caráter original de organismo internacional e tornou-se um Estado quase-federal com uma Constituição quase-federal (o direito europeu), a qual todos os Estados-membros estão agora subordinados. Outro resultado importante foi a europeização do direito nacional. Embora os estudiosos discordem de como medir a europeização, de acordo com algumas estimativas de 15 a 45% da legislação nacional em toda a Europa, é atualmente influenciada pelo direito europeu. Esta influência já era clara em 1992, quando havia 22.445 regulamentos, 1.675 diretivas, 1.198 acordos e protocolos, 185 recomendações da Comissão ou do Conselho, 291 resoluções do Conselho e 678 comunicações (de acordo com o Conselho de Estado francês). Já, então, o direito europeu tornou-se "a maior fonte de direito novo, com 54% de todo novo direito francês originando-se em Bruxelas".[100] Atualmente, estima-se que, para incorporar o direito europeu em seu ordenamento jurídico nacional, espera-se que os novos Estados-membros implementem, aproximadamente, 100.000 páginas de legislação. E como o número de casos no Tribunal de Justiça europeu aumenta – ele agora examina 1.500 casos por ano –, ele não apenas determina critérios comuns, que são a base do novo ordenamento jurídico, mas também expande, constantemente, suas atividades a áreas como direito ambiental, social e direito humanos. O Tribunal também trabalha para integrar ao direito europeu as instruções da Carta dos Direitos Fundamentais da União Europeia, a Convenção Europeia dos Direitos Humanos, e novos critérios e tradições europeias e internacionais.[101]

---

[100] ALTER, Karen J. *Establishing the Supremacy of European Law*: The Making of an International Rule of Law in Europe. Oxford: Oxford University Press, 2003, p. 15.

[101] Proclamada pelo Conselho Europeu em 2000, inicialmente a Carta dos Direitos Fundamentais não era juridicamente vinculante. Entretanto, em 2009 ela foi formalmente integrada ao direito europeu. Informações sobre

O novo direito europeu: um sistema idiossincrático

O que é particularmente marcante nestes desenvolvimentos é o grau com que eles transformaram o direito. Os tratados iniciais, que fundaram as instituições europeias, tinham a intenção de instituir algumas medidas de colaboração econômica, mas a maneira como foram interpretados os transformou enormemente. Discussões relativas ao que estes tratados significaram, o que cobriam e autorizavam confrontaram atores com agendas e interesses diversos. Esses atores desejavam ou reforçar a institucionalização da Europa e expandir seus poderes, ou detê-la. Embora todos tenham empregado uma linguagem que era política, as ferramentas, que utilizaram, eram jurídicas. Elas permitiram a criação de um sistema jurídico europeu que, tendo se originado em tratados internacionais e no direito legislado (promulgado pelo Parlamento europeu e pelo Conselho) e ter sido ordenado entre poderes soberanos, chegou a penetrar em espaços nacionais e depender em grande medida da jurisprudência. Essa penetração e o direito jurisprudencial que a permitiu foram gerados por demandas por remédio por parte dos cidadãos europeus; tais demandas alimentam o trabalho das cortes Europeia e nacionais e permitem que ambas examinem a obediência ao direito europeu e introduzam novas normas. Uma mistura entre as tradições do continente e do *common law*, entre direito internacional e nacional, o novo ordenamento europeu é, por conseguinte, uma estranha criatura que não se subscreve claramente a uma única genealogia ou trajetória.

Os estudiosos discordam sobre o porquê dessas importantes transformações (de internacional a nacional, e da legislação à jurisprudência) terem acontecido. Alguns sugerem que os poderes,

---

a carta podem ser encontradas em: https://commission.europa.eu/aid-development-cooperation-fundamental-rights/your-rights-eu/eu-charter-fundamental-rights_pt.

EPÍLOGO – UM MERCADO, UMA COMUNIDADE, UMA UNIÃO

assumidos pelo Tribunal de Justiça europeu, não estavam previstos nos tratados originais que fundaram a Comunidade Europeia. Estes poderes foram o resultado de uma visão compartilhada pelos grupos de advogados que trabalhavam nas instituições europeias e os juízes do Tribunal de Justiça europeu. Começando nos anos 1970, estes indivíduos apoiaram, intencional e energicamente, a integração europeia. Buscando preencher importantes vazios nos Tratados de Roma de 1957, ao recrutar a ajuda de seus cidadãos, eles inventaram um mecanismo eficiente para forçar a obediência dos governos nacionais ao direito europeu.

Mas, mesmo quando a Comissão Europeia e o Tribunal de Justiça europeu usaram estrategicamente o controle jurisdicional para expandir seus poderes e acelerar a integração europeia, ainda é incerto o porquê de os tribunais nacionais colaborarem para tanto. Afinal, ao aderir à interpretação do Tribunal de Justiça europeu, os tribunais nacionais desempenharam um importante papel político e social na promoção da integração europeia.

Muitos historiadores sugerem que a transformação do direito europeu em um direito superior e quase-constitucional não foi prevista; mas outros insistem que sementes destes desenvolvimentos já estavam plantadas nos tratados fundadores. Em vez de serem forçados a esta situação, de acordo com esta interpretação, os governos nacionais concordaram com os poderes crescentes da Europa, fosse porque estes desenvolvimentos eram-lhes favoráveis, fosse porque era politicamente custoso resistir a eles.

Apesar desses desacordos, a maioria dos analistas concorda com a conclusão de que questões estruturais, e não o direito objetivo, levaram estes processos à fruição. Em outras palavras, o que tornou o direito europeu a única fonte autorizada não foi uma declaração de princípios ou a assinatura de mais um tratado, mas o mecanismo prático, proposto pelo Tribunal de Justiça europeu, que levou o direito europeu à primazia ao permitir que diferentes atores a ele recorressem para proteger seus próprios interesses e desejos.

O direito europeu, que resultou, era tanto doméstico quanto internacional, tanto escrito quanto oral, tanto legislado quanto jurisprudencial. Percebido como um sistema que impulsiona "a integração através do direito", ele, gradualmente, transformou uma organização internacional em um quase-Estado com uma quase-Constituição. Dadas estas características, alguns historiadores imaginam o direito europeu como algo similar a um sistema operacional digital. Como o Windows, o direito europeu opera em segundo plano. Muitos usuários podem, erroneamente, ignorar sua importância e seus efeitos, mas, mesmo que o façam, este direito é, todavia, tanto constantemente presente quanto extremamente poderoso.

Como isso pôde acontecer?

Estes desenvolvimentos (a criação da Comunidade Europeia e da União Europeia, a primazia do direito europeu composto tanto por legislação quanto pela jurisprudência e a transformação de uma organização internacional em um quase-Estado, com uma quase-Constituição) ocorreram cerca de 150 anos depois que o direito na Europa foi nacionalizado. Os sistemas jurídicos, que surgiram na Europa após a Revolução Francesa, separaram-se de um *ius commune* que permitia amplas diferenças em práticas locais, mas reconhecia a importância de uma estrutura normativa compartilhada que unia todos os europeus. Eles propuseram substituir o comum pelo distinto, criando sistemas nacionais separados. No Continente, estes novos sistemas identificaram o direito com legislação e determinaram que a legislação seria promulgada por uma Assembleia soberana composta por representantes eleitos.

Abandonar ou moderar essas premissas pós-revolucionárias e retornar a um direito comum, que também admitia o poder de juristas e de juízes, não era um assunto simples. Nem o era a concessão de soberania nacional, ou a ideia de que as normas, que emanam das instituições europeias, pudessem ser, automaticamente, aplicáveis localmente. Se cada país tivesse suas próprias normas,

EPÍLOGO – UM MERCADO, UMA COMUNIDADE, UMA UNIÃO

decididas por seu povo, como um direito europeu poderia surgir? Se a maioria dos países do Continente reconhecesse a legislação e a codificação como fontes normativas exclusivas, como o direito jurisprudencial poderia ser aplicável? O surgimento do direito europeu foi o fim do legado da Revolução Francesa? E como advogados do *common law* (enquanto a Inglaterra ainda fazia parte da União) deveriam reagir a um sistema que não era nem nacional, nem costumeiro e nem baseado na jurisprudência?

Alguns historiadores sugeriram que o desejo por uma maior colaboração entre os países, que compunham a Comunidade/União, lembrava, ao menos a alguns europeus, o seu passado comum. Permitia-lhes apontar para um período em que muitos europeus compartilhavam não apenas um direito comum (*ius commune*), mas também um mesmo credo religioso e uma crença na primazia do direito natural. Se, no passado, um *ius commune* compartilhado poderia ter unido milhares de arranjos locais distintos ao oferecer princípios gerais, categorias conceituais, métodos de análise e normas compartilhadas, por que o mesmo não poderia ocorrer agora? Se uma metacultura comum permitiu aos europeus do passado perceberem-se como membros de uma única civilização, por que seria diferente no presente? Uma ciência jurídica europeia contemporânea não poderia fazer o mesmo, provendo mecanismos para estruturar um sistema jurídico que admitiria tanto divergência quanto convergência?

Enquanto muitos estudiosos tenham procurado descobrir o fundamento jurídico comum da Europa sob o que alguns identificaram como a desconcertante e idiossincrática massa de casuística e nacionalismo jurídico profundamente arraigado, outros concentraram-se no presente. Eles argumentam que, apesar das histórias divergentes, dos diversos arranjos constitucionais e das várias tecnologias jurídicas, a maioria dos europeus está, agora, de comum acordo em relação à maioria dos valores e objetivos essenciais. Este acordo, que opera sobretudo ao nível filosófico, tem consequências jurídicas importantes, pois existe uma coincidência substancial entre as soluções específicas que os diversos países europeus deram a questões similares. Movidos também por considerações econômicas, a unificação gradual do direito pela Europa ocorreu muito antes da proposta de um projeto político-econômico formal. Já que as diferenças, nas necessidades e nos desejos, estavam tornando-se menores em toda a Europa, as leis dos diferentes países europeus convergiram progressivas e naturalmente, apesar da predominância da legislação nacional.

Assim, enquanto o Tribunal de Justiça europeu estava ocupado nomeando e reconhecendo os princípios gerais do direito europeu, os estudiosos europeus procuraram identificar os princípios jurídicos básicos, que a maioria dos países europeus compartilhava. A tentativa mais famosa foi um *Projeto de Quadro Comum de Referência* por um comitê designado pela Comissão Europeia. O comitê foi encarregado de identificar e, por vezes, criar uma estrutura de regras comuns que os legisladores europeus e nacionais, tribunais e indivíduos pudessem adotar na legislação, interpretação, ou atividade comercial. O trabalho do comitê cobriu gradualmente áreas como as relações de marketing, os contratos de serviços, a lei de compras e vendas, o arrendamento de bens, o enriquecimento ilícito e a transferência de propriedade. De modo similar, o projeto *Núcleo Comum do Direito Privado Europeu*, estabelecido em 1993 na Universidade de Trento (Itália), buscava identificar os elementos comuns no direito privado dos Estados-membros, incluindo contratos, responsabilidade civil e propriedade. Os participantes do projeto descreveram sua busca como "uma caçada promissora de analogias ocultas por diferenças formais" não ligada a nenhuma agenda política e que não buscava nenhum resultado em particular.[102]

Embora muitos desses esforços de harmonização tivessem sido encorajados ou mesmo apoiados por instituições da União

---

[102] Ugo Mattei e Mauro Bussani, "The Trento Common Core Project", uma apresentação exposta na primeira reunião geral, 6 de julho de 1995.

EPÍLOGO – UM MERCADO, UMA COMUNIDADE, UMA UNIÃO

Europeia e por vários Estados-membros, as tentativas de elaboração de um código civil comum europeu, que em 1989 o Parlamento Europeu declarou ser desejável, até agora fracassou. Aqueles que lamentam este fracasso acreditam que o código é necessário, porque ele aumentaria a colaboração e a integração em toda a Europa. Para aqueles que criticaram os esforços para a promulgação de um código, era preferível permitir que a convergência jurídica acontecesse gradual e naturalmente em vez de impô-la através da legislação. Alguns poucos apontam que, mesmo que a legislação fosse o veículo correto para introduzir mudanças, é incerto se a codificação é preferível a uma reformulação. Alguns sugerem que a melhor maneira, para alcançar a convergência, seria através da criação de uma nova ciência jurídica europeia comum, e não de legislação europeia adicional. Ademais, argumentando que a criação de regras deve ser transparente e o mais apolítico possível, outro grupo busca identificar procedimentos que garantiriam que o novo código civil europeu, se promulgado, concentraria-se na obtenção de um bem social maior. Finalmente, alguns estudiosos questionam a constitucionalidade de um código civil europeu em seu conjunto, argumentando que a União Europeia carece de competência para ir nesta direção.

Ainda que muitos juristas europeus acreditem na inevitabilidade de uma convergência natural ou imposta, outros afirmam que, mesmo nos casos em que soluções específicas são consideradas comparáveis, é vital relembrar os múltiplos sistemas jurídicos que operam na Europa. Particularmente importante, neste sentido, enquanto o Reino Unido fazia parte da UE, era a distinção entre a Europa continental, que seguiu o *ius commune*, e a Inglaterra, que tinha seu *common law*. Muitos argumentavam que a distinção entre estes dois sistemas era verdadeiramente intransponível. As epistemologias jurídicas são mais importantes do que as soluções específicas que cada um desses sistema adotou. No nível epistemológico, o direito continental e o direito inglês são reconhecidamente distintos, com diferentes abordagens frente ao que o direito é, quem o criou, e como ele poderia ser modificado. Enquanto os sistemas continentais focam na razão, o *common law* está ancorado na experiência; enquanto os sistemas continentais dão primazia à legislação, o *common law* prefere a jurisprudência.

A esta comparação, aqueles que defendem a integração argumentavam que, em grande medida, as grandes diferenças entre o direito continental e o *common law* são fictícias. Teoricamente, o direito continental pode restringir os juízes, forçando-os a seguir a letra da lei e, ao mesmo tempo, ignorar todas as outras possíveis contribuições da doutrina ou da jurisprudência. Porém, na prática, os juízes do Continente possuem uma enorme discricionariedade em sua interpretação da lei; por vezes eles incorporam apreciações doutrinárias e precedentes a suas deliberações e emitem decisões que mudam a lei em vez de interpretá-la. Similarmente, em teoria, o *common law* poderia permitir que os juízes inovassem, mas, na prática, ela agora depende em grande medida da legislação parlamentar, assim como dos precedentes judiciais. Ademais, algumas áreas do direito continental, como o direito administrativo, dependem fortemente do direito jurisprudencial. Enquanto isso, algumas áreas do *common law*, como o direito penal, se baseiam na legislação.

Insistindo que as distinções teóricas não devem ser levadas muito a sério, que são mais estereótipos do que reflexos da realidade, e que estas distinções reproduzem principalmente posições ideológicas e não análises empíricas, estes juristas também apontavam que existem formas importantes pelas quais ambos os sistemas têm convergido gradualmente, até mesmo conceitualmente, evoluindo para um meio termo. Esta convergência aboliu (ou, ao menos, minimizou) muitas das diferenças entre os sistemas continentais e do *common law*, não apenas ao nível das soluções concretas (que são frequentemente idênticas), mas também em relação a como eles veem a legislação e o direito jurisprudencial, agora percebidos em ambos os sistemas como complementares em vez de opostos. De fato, a melhor prova para tal coexistência pacífica é o próprio direito europeu. Ao invés de trabalharem um contra o outro, no caso do direito europeu, estas distintas fontes normativas (legislação e direito jurisprudencial) criaram em conjunto um novo ordenamento que não é nem continental nem *common law*, nem tradicional e nem completamente moderna, mas em vez disso, ela se reinventa constantemente, adaptando-se a novas circunstâncias, condições e restrições.

Europa em um mundo globalizado

Estudiosos do direito europeu também observaram que muitos dos desafios que a União Europeia enfrenta não eram particulares à Europa. Em vez disso, eles estavam inseridos na forma como o direito moderno desenvolveu-se em um mundo globalizado. Os passos para harmonizar o direito foram notáveis, por exemplo, nos Estados Unidos, em que o crescente comércio interestadual levou muitas pessoas a desejarem a unificação do direito em todo o país. Para alcançar isso, os juristas reuniram-se para elaborar e propor códigos-modelo, os quais eles esperavam que seriam adotados pela maioria dos Estados. Desde 1892, a *National Conference of Commissioners on Uniform State Laws* vem propondo uma grande variedade de tais códigos. Junto com o *American Law Institute*, a partir de 1944, os membros da comissão também elaboraram um Código Comercial Uniforme. Publicado em 1951, o código foi adotado, mais ou menos fielmente, por todos os cinquenta Estados, assim como pelo Distrito de Columbia, pelas Ilhas Virgens Americanas e por Porto Rico.

Iniciativas para unificar o direito também foram intentadas por organismos internacionais como o Instituto Internacional para a Unificação do Direito Privado (UNIDROIT), que foi estabelecida em 1926 como um órgão auxiliar da Liga das Nações e que em 1940 tornou-se uma organização intergovernamental independente. O UNIDROIT busca modernizar, harmonizar, e coordenar o direito privado e comercial em todo o mundo. Atualmente, ele possui sessenta e três Estados-membros, e seus especialistas prepararam dezenas de propostas para convenções internacionais, leis modelos e regulamentos e guias jurídicos.

Enquanto harmonização, unificação e modernização do direito em todo o mundo são objetivos que muitos agora propõem, preocupações em relação a alterações profundas na natureza do direito são também visíveis em uma escala global. Estas preocupações focam em várias questões. A primeira se concentra no fato de que os poderes legislativos delegam a elaboração das leis às burocracias estatais. Esta delegação permite a transferência de importantes funções regulatórias a funcionários não eleitos que, como empregados de comissões, agências, ministérios e programas estatais, não apenas executam ordens como também adjudicam conflitos e promulgam novas regras. Estes funcionários decidem casos, realizam compilações de precedentes, e elaboram regulamentos internos relativos ao direito processual e material.

Igualmente novo é o fim dos monopólios estatais sobre a regulação por causa da criação de normas por organismos internacionais como companhias comerciais, associações desportivas, gigantes da Internet, e organizações intergovernamentais ou o aumento da diversidade dentro dos limites nacionais, que desafiam a narrativa hegemônica ao sugerir jurisdições alternativas que atendam a minorias particulares, denominações religiosas e, assim, sucessivamente.

Estas tendências levam os juristas ao redor do mundo a perguntar como, sob estas circunstâncias, os sistemas nacionais podem fazer frente à elaboração normativa e à adjudicação de conflitos. Como eles podem lidar com a internacionalização do direito? Alternativamente, como podem estes sistemas não estatais serem controlados, integrados e legitimados? A unificação jurídica é de todo possível? Pode haver concordância sobre o direito entre partes que são culturalmente diversas e cujas tradições são tão distintas? Estas concordâncias são de todo necessárias ou uma globalização progressiva pode ser gerenciada de outras formas

EPÍLOGO – UM MERCADO, UMA COMUNIDADE, UMA UNIÃO

além da harmonização jurídica? Em resumo, estamos diante do fim do poder regulador dos representantes da nação que votam no Parlamento? Estamos diante de uma nova era, em que a vontade do povo ainda domina, mas de novas maneiras? A democracia poderia ser assegurada não pelos votos dos cidadãos, mas pela concorrência aberta entre os múltiplos organismos e interesses?

A necessidade de encontrar respostas eficientes a novos desafios é, pois, correspondida pelo desejo de elaborar um novo paradigma que substituiria o velho imaginário da sociedade feita por cidadãos iguais e indiferenciados unidos por um contrato social abstrato e expressando seus desejos através de representantes eleitos a um Parlamento. O novo paradigma, pelo contrário, reconheceria a existência, o poder e a solidariedade dos grupos, assim como a persistência de desigualdades e diferenças ao desfazer as metáforas propostas pela Revolução Francesa. Nesta nova realidade de pluralismo jurídico extremo, onde o ordenamento jurídico do Estado-nação coincide com a multiplicidade de outras ordens normativas, não deveriam os juristas concentrar seus esforços em propor métodos para imaginar um novo universo jurídico para uma nova sociedade?

SUGESTÃO DE LEITURAS

Introdução

ECKLUND, John E. *The origins of western law from Athens to the Code of Napoleon*. Clark: Talbot, 2014.

GROSSI, Paolo. *A history of European Law*. Trad. Laurence Hooper. Chichester: Wiley-Blackwell, 2010.

HESPANHA, Antonio Manuel. *A cultura jurídica europeia*: síntese de um milénio. Coimbra: Almedina, 2012.

KELLY, John M. *Uma breve história da Teoria do Direito ocidental*. Trad. Marylene Pinto Michael. São Paulo: Martins Fontes, 2011.

LESAFFER, Randall. *European Legal History*: a Cultural and Political Perspective. Cambridge: Cambridge University Press, 2009.

MERRYMAN, John Henry. *The civil law tradition*: an Introduction to the Legal Systems of Europe and Latin America. 3ª ed. Stanford: Stanford University Press, 2007.

MOUSOURAKIS, George. *Roman Law and the Origins of the Civil Law Tradition*. Cham: Springer, 2015.

ROBINSON, O. F.; FERGUS, T. D.; GORDON, V. M. *European legal history*: sources and institutions. 2ª ed. Londres: Butterworths, 1994.

SCHIOPPA, Antonio Padoa. *História do Direito na Europa*: da Idade Média à Idade Contemporânea. Trad. Marcos Marcionilo e Silvana

Cobucci Leite. Revisão de tradução: Carlo Alberto Dastoli. São Paulo: WMF Martins Fontes, 2014.

VAN CAENEGEM, R. C. *Uma introdução histórica ao Direito Privado*. Trad. Carlos Eduardo Lima Machado. São Paulo: Martins Fontes, 2000.

Capítulo I

ANDO, Clifford. *Law, language, and empire in the Roman tradition*. Philadelphia: University of Pennsylvania Press, 2011.

BLUME, Fred H. "Annotated Justinian Code". *University of Wyoming George W. Hopper Law Library*. Disponível em: http://uwyo.edu/lawlib/blume-justinian. Acessado em: 01.03.2024.

CRAWFORD, M. H. (Coord.). *Roman Statutes*. Londres: Institute of Classical Studies, 1996.

CROOK, John Anthony. *Law and Life of Rome*. Londres: Thames and Hudson, 1967.

DU PLESSIS, Paul J. *Studying Roman Law*. Londres: Bristol Classical Press, 2012.

DU PLESSIS, Paul J.; ANDO, Clifford; TUORI, G. (Coord.). *The Oxford Handbook of Roman Law*. Oxford: Oxford University Press, 2016.

FRIER, Bruce W. *The Codex of Justinian*: a new Annotated Translation. Trad. Fred H. Blume. Cambridge: Cambridge University Press, 2016.

_____. *The Rise of the Roman Jurists*: Studies in Cicero's Pro Caecina. Princeton: Princeton University Press, 1985.

GORDON, W. M.; ROBINSON, O. F. *The Institutes of Gaius*. Ithaca: Cornell University Press, 1988.

HONORÉ, Tony. *Justinian's Digest*: Character and Compilation. Oxford: Oxford University Press, 2010.

JOHNSTON, David. *Roman Law in Context*. Cambridge: Cambridge University Press, 1999.

_____. *The Cambridge Companion to Roman Law*. Cambridge: Cambridge University Press, 2015.

JOLOWICZ, H. F.; NICHOLAS, Barry. *Historical Introduction to the Study of Roman Law*. 3ª ed. Cambridge: Cambridge University Press, 1972.

KRUEGER, Paul. *Justinian's Institutes*. Trad. Peter Birks e Grant McLeod. Ithaca: Cornell University Press, 1987.

KRUEGER, Paul; MOMMSEN, Theodor; SCHOELL, Rudolf; KROLL, Wilhelm (Coord.). *Corpus Iuris Civilis*. 3 vols. Berlim: Weidmann, 1928.

KUNKEL, Wolfgang. *An introduction to Roman Legal and Constitutional History*. Trad. J. M. Kelly. Oxford: Clarendon Press, 1966.

LAMBIRIS, Michael. *The Historical Context of Roman Law*. North Ryde: LBC Information Services, 1997.

METZGER, Ernest. "An Outline of Roman Civil Procedure". *Roman Legal Tradition*, vol. 9, 2013.

_____. *Litigation in Roman Law*. Oxford: Oxford University Press, 2005.

MOUSOURAKIS, George. *Roman Law and the Origins of the Civil Law Tradition*. Cham: Springer, 2015.

NICHOLAS, Barry. *An introduction to Roman Law*. Oxford: Clarendon Press, 1962.

PHARR, Clyde. *The Theodosian Code and Novels and the Sirmondian Constitutions*. Princeton: Princeton University Press, 1952.

ROBINSON, O. F. *The Sources of Roman Law*: Problems and Methods for Ancient Historians. Londres: Routledge, 1997.

SCHIAVONE, Aldo. *The invention of law in the West*. Trad. Jeremy Carden and Antony Shugaar. Cambridge: Harvard University Press, 2012.

SCHILLER, A. Arthur. *Roman Law*: Mechanisms of Development. The Hague: Mouton, 1978.

STEIN, Peter. *Roman Law in European History*. Cambridge: Cambridge University Press, 1999.

WAELKENS, Laurent. *Amne Adverso*: Roman Legal Heritage in European Culture. Leuven: Leuven University Press, 2015.

WATSON, Alan (Coord.). *The Digest of Justinian*. Philadelphia: University of Pennsylvania Press, 1985.

_____. *Law Making in the Later Roman Republic*. Oxford: Clarendon Press, 1974.

_____. *The Spirit of the Roman Law*. Athens: University of Georgia Press, 1995.

Capítulo II

ANDO, Clifford. *The Matter of the Gods*: Religion and the Roman Empire. Berkeley: University of California Press, 2009.

BARTLETT, Robert. *The Making of Europe*: Conquest, Colonization and Cultural Change, 950-1350. Princeton: Princeton University Press, 1993.

BIONDI, Biondo. *Il diritto romano cristiano*. 3 vols. Milan: Giuffrè, 1952-1954.

BROWN, Peter. *The Rise of Western Christendom*: Triumph and Diversity, A.D. 200-1000. Cambridge: Wiley-Blackwell, 1995.

FLETCHER, Richard. *The Conversion of Europe*: From Paganism to Christianity, 371-1386 AD. Londres: HarperCollins, 1997.

FREEMAN, Charles. *A New History of Early Christianity*. New Haven: Yale University Press, 2009.

GRUBBS, Judith Evans. *Law and Family in Late Antiquity*: The Emperor Constantine's Marriage Legislation. Oxford: Oxford University Press, 1995.

HEATHER, Peter. *Empires and Barbarians*: The Fall of Rome and the Birth of Europe. Oxford: Oxford University Press, 2010.

HUMFRESS, Caroline. *Orthodoxy and the Courts in Late Antiquity*. Oxford: Oxford University Press, 2007.

LENSKI, Noel. "Constantine and Slavery: Libertas and the Fusion of Roman and Christian Values". *Atti dell'Accademia Romanistica Costantiniana*, 18, 2012.

MACCORMACK, Sabine. "Sin, Citizenship, and Salvation of the Souls: The Impact of Christian Priorities on Late-Roman and Post-Roman Society". *Comparative Studies in Society and History*, vol. 39, n° 4, 1997.

MACMULLEN, Ramsay. "What Difference Did Christianity Make?" *Historia: Zeitschrift für Alte Geschichte*, vol. 35, nº 3, 1986.

SALZMAN, Michele Renee. "The Evidence for the Conversion of the Roman Empire to Christianity in Book 16 of the 'Theodosian Code'". *Historia: Zeitschrift für Alte Geschichte* 42, nº 3, 1993.

THOMPSON, John A. F. *The Western Church in the Middle Ages*. Londres: Arnold, 1998.

VUOLANTO, Ville. "Children and the Memory of Parents in the Late Roman World". *In*: DASEN, Véronique; SPÄTH, Thomas. *Children, Memory, and Family Identity in Roman Culture*. Oxford: Oxford University Press, 2010.

Capítulo III

BARTLETT, Robert. *Trial by Fire and Water*: The Medieval Judicial Ordeal. Oxford: Clarendon Press, 1986.

COLLINS, Roger. "Literacy and the Laity in Early Mediaeval Spain". *In*: MCKITTERICK, Rosamond. *The Uses of Literacy in Early Medieval Europe*. Cambridge: Cambridge University Press, 1990.

DAVIES, Wendy. "Local Participation and Legal Ritual in Early Medieval Law Courts". *In*: COSS, Peter. *The Moral World of the Law*. Cambridge: Cambridge University Press, 2000.

DAVIES, Wendy; FOURACRE, Paul (Coord.). *The Settlement of Disputes in Early Medieval Europe*. Cambridge: Cambridge University Press, 1986.

DAVIS, Jennifer R. *Charlemagne's Practice of Empire*. Cambridge: Cambridge University Press, 2015.

GROSSI, Paolo. *A ordem jurídica medieval*. Trad. Denise Rossato Agostinetti. Revisão técnica de Ricardo Marcelo Fonseca. São Paulo: WMF Martins Fontes, 2014.

HUMFRESS, Caroline. *Orthodoxy and the Courts in Late Antiquity*. Oxford: Oxford University Press, 2007.

JASPER, Detlev; FUHRMANN, Horst. *Papal Letters in the Early Middle Ages*. Washington: Catholic University of America Press, 2001.

KÉRY, Lotte. *Canonical Collections of the Early Middle Ages* (ca. 400-1140): a Bibliographical Guide to the Manuscripts and Literature. Washington: Catholic University of America Press, 1999.

LESAFFER, Randall. *European Legal History*: a Cultural and Political Perspective. Cambridge: Cambridge University Press, 2009.

LOGAN, F. Donald. *A History of the Church in the Middle Ages*. 2ª ed. Londres: Routledge, 2013.

LUPOI, Maurizio. *The Origins of the European Legal Order*. Trad. Adrian Belton. Cambridge: Cambridge University Press, 2000.

MASSCHAELE, James. *Jury, State, and Society in Medieval England*. Nova York: Palgrave Macmillan, 2008.

MCKITTERICK, Rosamond (Coord.). *The Uses of Literacy in Early Medieval Europe*. Cambridge: Cambridge University Press, 1990.

OLIVER, Lisi. *The Body Legal in Barbarian Law*. Toronto: University of Toronto Press, 2011.

RADDING, Charles M.; CIARALLI, Antonio. *The Corpus Iuris Civilis in the Middle Ages*: Manuscripts and Transmission from the Sixth Century to the Juristic Revival. Leiden: Brill, 2007.

REYNOLDS, Susan. *Kingdoms and Communities in Western Europe, 900-1300*. 2ª ed. Oxford: Clarendon Press, 1997.

RIO, Alice. *Legal Practice and the Written Word in the Early Middle Ages*: Frankish Formulae, c. 500-1000. Cambridge: Cambridge University Press, 2009.

WAELKENS, Laurent. *Amne Adverso*: Roman Legal Heritage in European Culture. Leuven: Leuven University Press, 2015.

WALTERS, Dafydd. "From Benedict to Gratian: The Code in Medieval Ecclesiastical Authors". *In*: HARRIES, Jill; WOOD, Ian. *The Theodosian Code*: Studies in the Imperial Law of Late Antiquity. 2ª ed. Londres: Bristol Classical Press, 2010.

WHITMAN, James Q. *The Origins of Reasonable Doubt*: Theological Roots of the Criminal Trial. New Haven: Yale University Press, 2008.

Capítulo IV

BERMAN, Harold J. *Law and Revolution*: The Formation of the Western Legal Tradition. Cambridge: Harvard University Press, 1983.

BISSON, Thomas N. *The Crisis of the Twelfth Century*: Power, Lordship, and the Origins of European Government. Princeton: Princeton University Press, 2009.

BLOCH, Marc. *A sociedade feudal*. Coimbra: Edições 70, 1982.

BLUMENTHAL, Uta-Renate. *The Investiture Controversy*: Church and Monarchy from the Ninth to the Twelfth Century. Philadelphia: University of Pennsylvania Press, 1988.

BROWN, Elizabeth A. R. "The Tyranny of a Construct: Feudalism and Historians of Medieval Europe". *American Historical Review*, vol. 79, nº 4, 1974.

COOK, William R.; HERZMAN, Ronald B. *The Medieval World View*: an introduction. 2ª ed. Oxford: Oxford University Press, 2004.

DAVIS, Kathleen. "Sovereign Subjects, Feudal Law, and the Writing of History". *Journal of Medieval and Early Modern Studies*, vol. 36, nº 2, 2006.

GANSHOF, François Louis. *Feudalism*. Trad. Philip Grierson. Londres: Longmans, 1952.

KIRSHNER, Julius; MORRISON, Karl F. "Dictatus Papae (Gregory VII), Letter of Gregory VII to Henry IV, Henry IV's Position and Renunciation of Gregory VII by the German Bishops (Synod of Worms)". In: _____. *University of Chicago Readings in Western Civilization*: Medieval Europe. vol. 4. Chicago: University of Chicago Press, 1986.

_____. "Lords, Vassals and Tenants in the Norman Summa de Legibus (1258)". In: _____. *University of Chicago Readings in Western Civilization*: Medieval Europe. vol. 4. Chicago: University of Chicago Press, 1986.

_____. "The Concordat of Worms". In: _____. *University of Chicago Readings in Western Civilization*: Medieval Europe. vol. 4. Chicago: University of Chicago Press, 1986.

LOGAN, F. Donald. *A history of the Church in the Middle Ages*. Londres: Routledge, 2013.

REYNOLDS, Susan. *Fiefs and Vassals*: The Medieval Evidence Reinterpreted. Oxford: Oxford University Press, 1994.

TIERNEY, Brian (Coord.). *The Crisis of Church and State*, 1050-1300. Englewood Cliffs: Prentice-Hall, 1964.

Capítulo V

ASCHERI, Mario. *The Laws of Late Medieval Italy* (1000-1500): Foundations for a European Legal System. Leiden: Brill, 2013.

BELLOMO, Manlio. *The Common Legal Past of Europe*, 1000-1800. Washington: Catholic University of America Press, 1995.

BRUNDAGE, James A. *Medieval Canon Law*. Londres: Longman, 1995.

BURNS, Robert I. *Las Siete Partidas*. Trad. Samuel Parsons Scott. Philadelphia: University of Pennsylvania Press, 2001.

CAIRNS, John W.; DU PLESSIS, Paul J. (Coord.). *The Creation of the Ius Commune*: From Casus to Regula. Edinburgh: Edinburgh University Press, 2010.

CONTE, Emanuele. "Consuetudine, Coutume, gewohnheit and Ius Commune: An Introduction". *Rechtsgeschichte – Legal History*, vol. 24, 2016.

COOPENS, Chris. "The Teaching of Law in the University of Paris in the First Quarter of the 13th Century". *Rivista internazionale di diritto commune*, vol. 10, 1999.

DE SAXOFERRATO, Bartolus. *Tractatus Tyberiadis seu de fluminibus*, bks. 1-3: De alluvione, de insula, de alveo; Tractatus de insigniis et armis. Turin: Bottega d'Erasmo, 1964. Disponível em: http://lafogonera.blogspot.com.es/2007/11/de-insula-brtolo-de-sassoferrato-1313.html. Acessado em: 06.05.2024.

GALLAGHER, Clarence. *Canon Law and the Christian Community*: The Role of Law in the Church according to the Summa Aurea of Cardinal Hostiensis. Roma: Università Gregoriana, 1978.

GRATIAN. *The Treatise on Laws* (Decretum DD. 1-20) with the Ordinary Gloss. Trad. Augustine Thompson and James Gordley. Washington: Catholic University of America Press, 1993.

GROSSI, Paolo. *A ordem jurídica medieval*. Trad. Denise Rossato Agostinetti. Revisão técnica de Ricardo Marcelo Fonseca. São Paulo: WMF Martins Fontes, 2014.

HARTMANN, Wilfried; PENNINGTON, Kenneth (Coord.). *The History of Medieval Canon Law in the Classical Period, 1140-1234*: From Gratian to the Decretals of Pope Gregory IX. Washington: Catholic University of America Press, 2008.

HASKINS, Charles Homer. *The Renaissance of the Twelfth Century*. Cambridge: Harvard University Press, 1927.

HELMHOLZ, R. H. *The Spirit of Classical Canon Law*. Athens: University of Georgia Press, 1996.

HERZOG, Tamar. *Defining Nations*: Immigrants and Citizens in Early Modern Spain and Spanish America. New Haven: Yale University Press, 2003.

IBBETSON, David. "English Law and the European Ius Commune, 1450-1650". *Cambridge Year Book of European Legal Studies*, vol. 8, 2006.

LARSON, Atria A. *Gratian's Tractatus de Penitentia*: a New Latin Edition with English Translation. Washington: Catholic University of America Press, 2016.

LE GOFF, Jacques. *Os intelectuais na Idade Média*. Trad. Marcos de Castro. 2ª ed. Rio de Janeiro: José Olympio, 2006.

MÜLLER, Wolfgang P.; SOMMAR, Mary E. (Coord.). *Medieval Church Law and the Origins of the Western Legal Tradition*: a Tribute to Kenneth Pennington. Washington: Catholic University of America Press, 2006.

PETERS, Edward. *Inquisition*. Nova York: Free Press, 1988.

ROGERIOUS. "Questions on the Institutes". *In*: KIRSHNER, Julius; MORRISON, Karl F. *University of Chicago Readings in Western Civilization*: Medieval Europe. vol. 4. Chicago: University of Chicago Press, 1986.

VINOGRADOFF, Paul. *Roman Law in Medieval Europe*. Oxford: Clarendon Press, 1929.

WINROTH, Anders. *The Making of Gratian's Decretum*. Cambridge: Cambridge University Press, 2000.

Capítulo VI

BAKER, John. *An introduction to English Legal History*. Oxford: Oxford University Press, 2003.

_____. *The Oxford History of the Laws of England*: 1483-1558. Oxford: Oxford University Press, 2003.

BRACTON, Henry de. *On the Laws and Customs of England* (De legibus et consuetudinibus Angliae). Trad. Samuel E Thorne. Buffalo: W. S. Hein, 1997.

BRAND, Paul. "Chancery, the Justices and the Making of New Writs in Thirteenth-Century England". *In*: DYSON, Matthew; IBBETSON, David. *Law and Legal Process*: Substantive Law and Procedure in English Legal History. Cambridge: Cambridge University Press, 2013.

_____. *Kings, Barons and Justices*: The Making and Enforcement of Legislation in Thirteenth-Century England. Cambridge: Cambridge University Press, 2003.

CARPENTER, David. *Magna Carta*. Londres: Penguin, 2015.

CLANCHY, M. T. *From Memory to Written Record*: England 1066-1307. 2ª ed. Oxford: Blackwell, 1993.

DAWSON, John P. *The Oracles of the Law*. Ann Arbor: University of Michigan Law School, 1968.

DOE, Norman. *Fundamental Authority in Late Medieval English Law*. Cambridge: Cambridge University Press, 1990.

DONAHUE, Charles. "Ius Commune, Canon law, and Common Law in England". *Tulane Law Review*, vol. 66, nº 6, 1992.

FLEMING, Robin. *Britain after Rome*: The Fall and Rise, 400-1070. Londres: Allen Lane, 2010.

GLANVILL, Ranulf de. *The Treatise on the Laws and Customs of the Realm of England Commonly Called Glanvill*. Trad. G. D. G. Hall. Oxford: Clarendon Press, 1993.

GOODMAN, Ellen. *The Origins of the Western Legal Tradition from Thales to the Tudors*. Australia: Federation Press, 1995.

HARDING, Alan. *Medieval Law and the Foundations of the State*. Oxford: Oxford University Press, 2002.

HELMHOLZ, R. H. *The Ius Commune in England*: Four Studies. Oxford: Oxford University Press, 2001.

_____. *The Oxford History of the Laws of England*, vol. 1: The Canon Law and Ecclesiastical Jurisdiction from 597 to the 1640s. Oxford: Oxford University Press, 2004.

HUDSON, John. "Magna Carta, the Ius Commune, and English Common Law". *In*: LOENGARD, Janet S. *Magna Carta and the England of King John*. Woodbridge: Boydell Press, 2010.

_____. *The Oxford History of the Laws of England*, vol. 2: 871-1216. Oxford: Oxford University Press, 2012.

HULSEBOSCH, Daniel J. "The Ancient Constitution and the Expanding Empire: Sir Edward Coke's British Jurisprudence". *Law and History Review*, vol. 21, n° 3, 2003.

HYAMS, Paul R. "What Did Edwardian Villagers Understand by 'Law'?" *In*: RAZI, Zvi; SMITH, Richard. *Medieval Society and the Manor Court*. Oxford: Oxford University Press, 1996.

IBBETSON, David J. "Case Law and Judicial Precedent in Mediaeval and Early-Modern England". *In*: DAUCHY, S.; MONBALLYU, J.; WIJFFELS, A. *Auctoritates*: Xania R.C. van Caenegem oblata; De auteurs van de rechtsontwikkeling. Brussels: Wetenschappelijk Comité voor Rechtsgeschiedenis, 1997.

_____. "Juge et jury dans le common law". *In*: JACOB, Robert. *Le juge et le jugement dans les traditions juridiques européennes*: Études d'histoire comparée. Paris: LGDJ, 1996.

KAMALI, Elizabeth Papp; GREEN, Thomas A. "A Crossroads in Criminal Procedure: The Assumptions Underlying England's Adoption of Trial by Jury for Crime". *In*: BAKER, Travis. *Essays in Honour of Paul Brand*. Farnham: Ashgate, 2017.

KELLY, Susan. "Anglo Saxon Lay Society and the Written Word". *In*: MCKITTERICK, Rosamond. *The Uses of Literacy in Early Medieval Europe*. Cambridge: Cambridge University Press, 1990.

KIM, Keechang. *Aliens in Medieval Law*: The Origins of Modern Citizenship. Cambridge: Cambridge University Press, 2000.

KORPOROWICZ, Lukasz Jan. "Roman Law in Roman Britain: An Introductory Survey". *Journal of Legal History*, vol. 33, nº 2, 2012.

LEWIS, Andrew. "'What Marcellus Says Is Against You': Roman Law and Common Law". *In*: LEWIS, A. D. E.; IBBETSON, D. J. *The Roman Law Tradition*. Cambridge: Cambridge University Press, 1994.

LIEBERMANN, Felix (Coord.). *Die Gesetze der Angelsachsen*. 4 vols. Halle: Max Niemeyer, 1903-1916.

MCSWEENEY, Thomas. "English Judges and Roman Jurists: The Civilian Learning behind England's First Case Law". *Temple Law Review*, vol. 84, nº 4, 2012.

MILSOM, S. F. C. *Historical Foundations of the Common Law*. 2ª ed. Londres: Butterworths, 1981.

MUSSON, Anthony. *Medieval Law in Context*: The Growth of Legal Consciousness from Magna Carta to the Peasant's Revolt. Manchester: Manchester University Press, 2001.

PLUCKNETT, Theodore F. T. *A Concise History of the Common Law*. 5ª ed. Boston: Little, Brown and Co., 1956.

_____. *Statutes and Their Interpretation in the First Half of the Fourteenth Century*. Cambridge: Cambridge University Press, 1922.

POLLOCK, Frederick. *Oxford Lectures and Other Discourses*. Londres: Macmillan, 1890.

POLLOCK, Frederick; MAITLAND, Frederic William. *The History of English Law before the Time of Edward I*. 2ª ed. Cambridge: Cambridge University Press, 1899.

PRICE, Polly J. "Natural Law and Birthright Citizenship in Calvin's Case (1608)". *Yale Journal of Law & the Humanities*, vol. 9, nº 1, 1997.

RICHARDSON, H. G.; SAYLES, G. O. *Law and Legislation from Aethelberht to Magna Carta*. Edinburgh: Edinburgh University Press, 1966.

SEIPP, David J. "Jurors, Evidences, and the Tempest of 1499". *In*: CAIRNS, John W.; MCLEOD, Grant. *The Dearest Birthright of the People of England*: The Jury in the History of the Common Law. Oxford: Hart, 2002.

_____. "Medieval English Legal History: An Index and Paraphrase of Printed Year Book Reports, 1268-1535". *Boston University School of Law*. Disponível em: http://www.bu.edu/law/faculty-scholarship/legal-history-the-year-books. Acessado em: 04.03.2024.

_____. "The Reception of Canon Law and Civil Law in the Common Law Courts before 1600". *Oxford Journal of Legal Studies*, vol. 13, n° 3, 1993.

STANOJEVIC, Obrad. "Roman Law and Common Law: a Different Point of View". *Loyola Law Review*, vol. 36, n° 2, 1990.

VAN CAENEGEM, R. C. *The Birth of English Common Law*. Cambridge: Cambridge University Press, 1973.

WATSON, Alan. "Roman Law and English Law: Two Patterns of Legal Development". *Loyola Law Review*, vol. 36, n° 2, 1990.

WORMALD, Patrick. *The Making of English Law*: King Alfred to the Twelfth Century. Oxford: Blackwell, 1999.

Capítulo VII

DAWSON, John P. "The Codification of the French Customs". *Michigan Law Review*, vol. 38, n° 6, 1940.

DECOCK, W. *Theologians and Contract Law*: The Moral Transformation of Ius Commune (ca.1500-1650). Leiden: Brill / Nijhoff, 2012.

GRINBERG, Martine. "La rédaction des coutumes et les droits seigneuriaux". *Annales – Histoire, Sciences Sociales*, vol. 52, n° 5, 1997.

HOTMAN, François. *Francogallia*. Editado por Ralph E. Giesey. Trad. J. H. M. Salmon. Cambridge: Cambridge University Press, 1972.

PITKIN, Barbara. "Calvin's Mosaic Harmony: Biblical Exegesis and Early Modern Legal History". *Sixteenth Century Journal*, vol. 41, n° 2, 2010.

STRAUSS, Gerald. *Law, Resistance, and the State*: The Opposition to Roman Law in Reformation Germany. Princeton: Princeton University Press, 1986.

TEUSCHER, Simon. *Lords' Rights and Peasant Stories*: Writing and the Formation of Tradition in the Later Middle Ages. Trad. Philip Grace. Philadelphia: University of Pennsylvania Press, 2012.

TOCH, Michael. "Asking the Way and Telling the Law: Speech in Medieval Germany". *Journal of Interdisciplinary History*, vol. 16, n° 4, 1986.

WITTE, John. *Law and Protestantism*: The Legal Teachings of the Lutheran Reformation. Cambridge: Cambridge University Press 2002.

Capítulo VIII

"Petition of Rights" reproduzido em: SCHWARTZ, Bernard. *The Roots of the Bill of Rights*. 5 vols. Nova York: Chelsea House, 1971.

"The Magna Carta Project". Disponível em: http://magnacartaresearch.org. Acessado em: 06.05.2024.

ARONEY, Nicholas. "Law, Revolution and Religion: Harold Berman's Interpretation of the English Revolution". *Journal of Markets and Morality*, vol. 8, n° 2, 2005.

BERMAN, Harold J. *Law and Revolution, II*: The Impact of the Protestant Reformations on the Western Legal Tradition. Cambridge: Belknap Press of Harvard University Press, 2003.

BLACKSTONE, William. *Commentaries on the Laws of England*. Oxford: Clarendon Press, 1765-1769.

BONFIELD, Lloyd. "The Nature of Customary Law in the Manor Courts of Medieval England". *Comparative Studies in Society and History*, vol. 31, n° 3, 1989.

_____. "What Did English Villagers Mean by 'Customary Law'?" *In*: RAZI, Zvi; SMITH, Richard. *Medieval Society and the Manor Court*. Oxford: Oxford University Press, 1996.

BROOKS, Christopher; SHARPE, Kevin. "History, English Law and the Renaissance". *Past & Present*, vol. 72, 1976.

CARPENTER, David (Trad.). *Magna Carta*. Londres: Penguin, 2015.

CLANCHY, M. T. "Remembering the Past and the Good Old Law". *History*, vol. 55, 1970.

_____. *From Memory to Written Record, England 1066-1307*. 2ª ed. Oxford: Blackwell, 1993.

CROMARTIE, Alan. "The Idea of Common Law as Custom". *In*: PERREU-SAUSSINE, Amanda; MURPHY, James Bernard. *The Nature of Customary Law*. Cambridge: Cambridge University Press, 2007.

CROMARTIE, Alan. *The Constitutionalist Revolution*: An Essay on the History of England, 1450-1642. Cambridge: Cambridge University Press, 2006.

GARNETT, George. "'To ould fields': Law and History in the Prefaces to Sir Edward Coke's Reports". *Journal of Legal History*, 34, n° 3, 2013.

HASKINS, George L. *The Growth of English Representative Government*. Philadelphia: University of Pennsylvania Press, 1948.

HELMHOLZ, R. H. *Roman Canon Law in Reformation England*. Cambridge: Cambridge University Press, 1990.

HOLT, J. C. *Magna Carta*. 3ª ed. Cambridge: Cambridge University Press, 2015.

HYAMS, Paul R. "What Did Edwardian Villagers Understand by 'Law'?" *In*: RAZI, Zvi; SMITH, Richard. *Medieval Society and the Manor Court*. Oxford: Oxford University Press, 1996.

IBBETSON, D. J. "Report and Record in Early-Modern Common Law: Sample Reports". *In*: WIJFFELS, Alain. *Case Law in the Making*: The Techniques and Methods of Judicial Records and Law Reports. 2 vols. Berlim: Duncker & Humblot, 1997.

_____. "The Arguments in Calvin's Case (1608)". *In*: HARRIS, Troy L. *Studies in Canon Law and Common Law in Honor of R. H. Helmholz*. Berkeley: Robbins Collection, 2015.

KELLEY, Donald R. "History, English Law and the Renaissance". *Past & Present*, vol. 65, n° 1, 1974.

LEVAK, Brian P. *The Civil Lawyers in England*, 1603-1641: a Political Study. Oxford: Clarendon Press, 1973.

LEWIS, Andrew. "'What Marcellus Says Is Against You': Roman Law and Common Law". *In*: LEWIS, A. D. E.; IBBETSON, D. J. *The Roman Law Tradition*. Cambridge: Cambridge University Press, 1994.

MAITLAND, Frederic William. *English Law and the Renaissance* (The Rede Lecture for 1901). Cambridge: Cambridge University Press, 1901.

_____. *Select Pleas in the Manorial and Other Seigniorial Courts*. Londres: B. Quaritch, 1889.

POCOCK, J. G. A. *The Ancient Constitution and the Feudal Law*: English Historical Thought in the Seventeenth Century. Cambridge: Cambridge University Press, 1957.

RODGERS, C. P. "Humanism, History and the Common Law". *Journal of Legal History*, vol. 6, n° 2, 1985.

SCHWARTZ, Bernard. "Bill of Rights". In: _____. *The Roots of the Bill of Rights*. 5 vols. Nova York: Chelsea House, 1971.

SHERMAN, Charles P. "A Brief History of Medieval Roman Canon Law in England". *University of Pennsylvania Law Review and American Law Register*, vol 68, n° 2, 1920.

SMITH, David Chan. *Sir Edward Coke and the Reformation of the Laws*: Religion, Politics and Jurisprudence, 1578-1616. Cambridge: Cambridge University Press, 2014.

TUBBS, J. W. *The Common Law Mind*: Medieval and Early Modern Conceptions. Baltimore: Johns Hopkins University Press, 2000.

WILLIAMS, Ian. "'He Creditted More the Printed Booke': Common Lawyer's Receptivity to Print, c. 1500-1640". *Law and History Review*, vol. 28, n° 1, 2010.

_____. "The Tudor Genesis of Edward Coke's Immemorial Common Law". *Sixteenth Century Journal*, vol. 43, n° 1, 2012.

WOOD, Andy. *The Memory of the People*: Custom and Popular Senses of the Past in Early Modern England. Cambridge: Cambridge University Press, 2013.

WORMALD, Patrick. *The Making of English Law*: King Alfred to the Twelfth Century. Oxford: Blackwell, 1999.

Capítulo IX

AMARAL, Sylvino Gurgel do. *Ensaios sobre Vida e Obras de Hugo Grotius*. Rio de Janeiro: Garnier, 1903.

ARNEIL, Barbara. *John Locke and America*: The Defense of English Colonialism. Oxford: Clarendon Press, 1996.

BRETT, Annabel S. *Changes of State*: Nature and the Limits of the City in Early Modern Natural Law. Princeton: Princeton University Press, 2011.

CAVALLAR, Georg. "Vitoria, Grotius, Pufendorf, Wolff and Vattel: Accomplices of European Colonialism and Exploitation or True

Cosmopolitans". *Journal of the History of International Law*, vol. 10, nº 2, 2008.

D'ENTRÈVES, A. P. *Natural Law*: an Introduction to Legal Philosophy. Londres: Hutchinson and Co., 1951.

DASTON, Lorraine; STOLLEIS, Michael (Coord.). *Natural Law and Laws of Nature in Early Modern Europe*: Jurisprudence, Theology, Moral and Natural Philosophy. Farnham: Ashgate, 2008.

FITZMAURICE, Andrew. *Sovereignty, Property and Empire*, 1500-2000. Cambridge: Cambridge University Press, 2014.

GROTIUS, Hugo. *O direito da guerra e da paz*. Trad. Ciro Mioranza. 2 vols. Florianópolis: Editora Unijuí, 2004.

HERZOG, Tamar. "Did European Law Turn American? Territory, Property and Rights in an Atlantic World". *In*: DUVE, Thomas; PIHLAJAMÄKI, Heikki. *New Horizons in Spanish Colonial Law*: Contributions to Transnational Early Modern Legal History. Frankfurt: Max Planck Institute for European Legal History, 2015.

_____. *Defining Nations*: Immigrants and Citizens in Early Modern Spain and Spanish America. New Haven: Yale University Press, 2003.

KINGSBURY, Benedict; STRAUMANN, Benjamin (Coord.). *The Roman Foundations of the Law of Nations*: Alberico Gentili and the Justice of Empire. Oxford: Oxford University Press, 2010.

LOCKE, John. *Dois tratados sobre o governo*. 2ª ed. Trad. Julio Fischer. São Paulo: Martins Fontes, 2005.

MACMILLAN, Ken. *Sovereignty and Possession in the English New World*: The Legal Foundations of Empire, 1576-1640. Cambridge: Cambridge University Press, 2006.

MARCOCCI, Giuseppe. *A consciência de um Império*: Portugal e seu mundo (sécs. XV-XVII). Coimbra: Imprensa da Universidade de Coimbra, 2012.

PAGDEN, Anthony. *The Burdens of Empire*: 1539 to the Present. Nova York: Cambridge University Press, 2015.

PAPA ALEXANDRE VI. "The Bull Inter Caetera". *In*: GREWE, Wilhelm G. *Sources Relating to the History of the Law of Nations*. 3 vols. Berlim: De Gruyter, 1988.

PARRY, J. H. *The Age of Reconnaissance*. Cleveland: World Publishing Co., 1963.

PUFENDORF, Samuel von. *Of the Law of Nature and Nations*. 2ª ed. Trad. Basil Kennett e William Percivale. Oxford: Impresso por L. Lichfield para A. and J. Churchil, 1710.

ROMMEN, Heinrich A. *The Natural Law*: a Study in Legal and Social History and Philosophy. Trad. Thomas R. Hanley. Indianapolis: Liberty Fund, [1936] 1998.

"The Requirement" reproduzido em: GREWE, Wilhelm G. *Fontes Historiae Iuris Gentium*: Quellen zur Geschichte des Völkerrechts/ Sources Relating to the History of the Law of Nations. 3 vols. Berlim: De Gruyter, 1988.

TUCK, Richard. *Natural Rights Theories*: Their Origin and Development. Cambridge: Cambridge University Press, 1979.

TULLY, James. *A Discourse on Property*: John Locke and His Adversaries. Cambridge: Cambridge University Press, 1980.

VATTEL, Emer de. *O direito das gentes ou princípios da lei natural aplicados à condução e aos negócios das nações e dos governantes*. Trad. Ciro Mioranza. Ijuí: Ed. Unijuí, 2008.

VITORIA, Francisco de. *Political Writings*. Editado por Anthony Pagden e Jeremy Lawrance. Cambridge: Cambridge University Press, 1991.

Capítulo X

ARMITAGE, David. *The Declaration of Independence*: a Global History. Cambridge: Harvard University Press, 2007.

BAILYN, Bernard. "Political Experience and Enlightenment Ideas in Eighteenth-Century America". *American Historical Review*, vol. 67, nº 2, 1962.

_____. *The Ideological Origins of the American Revolution*. Cambridge: Belknap Press of Harvard University Press, 1967.

BAILYN, Bernard; MORGAN, Philip D. (Coord.). *Strangers within the Realm*: Cultural Margins of the First British Empire. Chapel Hill: University of North Carolina Press, 1991.

SUGESTÃO DE LEITURAS

BENTON, Lauren; WALKER, Kathryn. "Law for Empire: The Common Law in Colonial America and the Problem of Legal Diversity". *Chicago-Kent Law Review*, vol. 89, n° 3, 2014.

BILDER, Mary Sarah. *The Transatlantic Constitution*: Colonial Legal Culture and the Empire. Cambridge: Harvard University Press, 2004.

BILLIAS, George A. *American Constitutionalism Heard around the World*, 1776-1989: a Global Perspective. Nova York: NYU Press, 2009.

BILLINGS, Warren M. "The Transfer of English Law to Virginia, 1606-50". *In*: ANDREWS, K. R.; CANNY, N. P.; HAIR, P. E. H. *The Westward Enterprise*: English Activities in Ireland, the Atlantic, and America, 1480-1650. Liverpool: Liverpool University Press, 1978.

BROWN, Elizabeth G. "The Views of a Michigan Territorial Jurist on the Common Law". *American Journal of Legal History*, vol. 15, n° 4, 1971.

CLARK, David S. "Comparative Law in Colonial British America". *American Journal of Comparative Law*, vol. 59, n° 3, 2011.

DINAN, John J. *Keeping the People's Liberties*: Legislators, Citizens, and Judges as Guardians of Rights. Lawrence: University of Kansas Press, 1998.

DUNHAM, William Huse. "A Transatlantic View of the British Constitution 1760-1776". *In*: JENKINS, Dafydd. *Legal History Studies 1972*: Papers Presented to the Legal History Conference, Aberystwyth 18-21 July 1972. Cardiff: University of Wales Press, 1975.

GOLOVE, David M.; HULSEBOSCH, Daniel J. "A Civilized Nation: The Early American Constitution, the Law of Nations, and the Pursuit of International Recognition". *NYU Law Review*, vol. 85, n° 4, 2010.

GRAFTON, John (Coord.). *The Declaration of Independence and Other Great Documents of American History*, 1775-1865. Mineola: Dover, 2000.

GREENE, Jack P. (Coord.). *Exclusionary Empire*: English Liberty Overseas, 1600-1900. Cambridge: Cambridge University Press, 2010.

HART, James S.; ROSS, Richard J. "The Ancient Constitution in the Old World and the New". *In*: BREMER, Francis J.; BOTELHO, Lynn A. *The World of John Winthrop*: Essays on England and New England, 1588-1649. Boston: Massachusetts Historical Society, 2005.

HULSEBOSCH, Daniel J. "The Ancient Constitution and the Expanding Empire: Sir Edward Coke's British Jurisprudence". *Law and History Review*, vol. 21, nº 3, 2003.

_____. "The Revolutionary Portfolio: Constitution-Making and the Wider World in the American Revolution". *Suffolk University Law Review*, vol. 47, 2014.

_____. *Constituting Empire*: New York and the Transformation of Constitutionalism in the Atlantic World, 1664-1830. Chapel Hill: University of North Carolina Press, 2005.

IBBETSON, D. J. "Natural Law and Common Law". *Edinburgh Law Review*, vol. 5, nº 1, 2001.

KONIG, David Thomas. "Regionalism in Early American Law". *In*: GROSSBERG, Michael; TOMLINS, Christopher. *The Cambridge History of Law in America*. Cambridge: Cambridge University Press, 2008.

NELSON, William E. *The Common Law in Colonial America*. 3 vols. Oxford: Oxford University Press, 2008-2016.

RAKOVE, Jack N. (Coord.). *Annotated U.S. Constitution and Declaration of Independence*. Cambridge: Belknap Press of Harvard University Press, 2009.

_____. *Declaring Rights*: a Brief history with Documents. Boston: Bedford Books, 1998.

_____. *Original Meanings*: Politics and Ideas in the Making of the Constitution. Nova York: Knopf, 1996.

REID, John Phillip. *The Ancient Constitution and the Origins of Anglo-American Liberty*. DeKalb: Northern Illinois University Press, 2005.

ROEBER, A. G. *Palatines, Liberty, and Property*: German Lutherans in Colonial British America. Baltimore: Johns Hopkins University Press, 1993.

TOMLINS, Christopher L. *Freedom Bound*: Law, Labor and Civic Identity in Colonizing Early America, 1580-1865. Cambridge: Cambridge University Press, 2010.

TOMLINS, Christopher L.; MANN, Bruce H. Mann (Coord.). *The Many Legalities of Early America*. Chapel Hill: University of North Carolina Press, 2001.

WHITMAN, James Q. "Why Did the Revolutionary Lawyers Confuse Custom and Reason?" *University of Chicago Law Review*, vol. 58, nº 4, 1991.

WOOD, Gordon S. *The Creation of the American Republic*, 1776-1787. Chapel Hill: University of North Carolina Press, 1969.

Capítulo XI

AUCOIN, Louis M. "Judicial Review in France: Access of the Individual under French and European Community Law in the Aftermath of France's Rejection of Bicentennial Reform". *Boston College International and Comparative Law Review*, vol. 15, nº 2, 1992.

BLAUFARB, Rafe. *The Great Demarcation*: The French Revolution and the Invention of Modern Property. Nova York: Oxford University Press, 2016.

CENSER, Jack R.; HUNT, Lynn. *Liberty, Equality, Fraternity*: Exploring the French Revolution. University Park: Pennsylvania State University Press, 2001.

COLE, John R. *Between the Queen and the Cabby*: Olympe de Gouges's Rights of Women. Montreal: McGill-Queen's University Press, 2011.

COX, Marvin R. (Coord.). *The Place of the French Revolution in History*. Boston: Houghton Mifflin, 1998.

EDELSTEIN, Dan. *The Terror of Natural Right*: Republicanism, the Cult of Nature, and the French Revolution. Chicago: University of Chicago Press, 2009.

HANCOCK, Ralph C.; LAMBERT, L. Gary (Coord.). *The Legacy of the French Revolution*. Lanham: Rowman and Littlefield, 1996.

HARDMAN, John (Coord.). *The French Revolution Sourcebook*. Londres: Arnold, 1999.

HULSEBOSCH, Daniel, J. "The Revolutionary Portfolio: Constitution-Making and the Wider World in the American Revolution". *Suffolk University Law Review*, vol. 47, 2014.

HUNT, Lynn (Coord.). *The French Revolution and Human Rights*: a Brief Documentary History. Boston: Bedford Books, 1996.

JONES, Colin. *The Great Nation*: France from Louis XV to Napoleon, 1715-1799. Nova York: Columbia University Press, 2002.

POLASKY, Janet. "The Legacy of the French Revolution". *In*: COHEN, William B. *The Transformation of Modern France*: Essays in Honor of Gordon Wright. Boston: Houghton Mifflin, 1997.

ROUSSEAU, Jean-Jacques. *Do contrato social*: princípios do direito político. São Paulo: Penguin-Companhia, 2011.

ROYER, Jean-Pierre *et al*. *Histoire de la justice en France du XVIIIe siècle* à nos *jours*. Paris: Presses Universitaires de France, 1995.

SCHAMA, Simon. *Citizens*: a Chronicle of the French Revolution. Nova York: Alfred A. Knopf, 1989.

SELIGMANN, Edmond. *La justice en France pendant la Révolution* (1789-92). Paris: Plon-Nourrit, 1901.

SEWELL, William H. *A Rhetoric of Bourgeois Revolution*: The Abbé Sieyes and What Is the Third Estate? Durham: Duke University Press, 1994.

STEWART, John Hall. *A Documentary Survey of the French Revolution*. Nova York: Macmillan, 1951.

VAN KLEY, Dale (Coord.). *The French Idea of Freedom*: The Old Regime and the Declaration of Rights of 1789. Stanford: Stanford University Press, 1994.

WOLOCH, Isser. *The New Regime*: Transformations of the French Civic Order, 1789-1820's. Nova York: W. W. Norton, 1994.

Capítulo XII

BELLOMO, Manlio. *The Common Legal Past of Europe 1000-1800*. Washington: Catholic University of America Press, 1995.

BLAUFARB, Rafe. *Napoleon, Symbol for an Age*: a Brief History with Documents. Boston: Bedford Press of St. Martins Press, 2008.

Código civil alemão. Rio de Janeiro: Record, 1960.

Código napoleão ou código civil dos franceses: texto integral do código de 1804 com todas as modificações nele posteriormente introduzidas e ainda em vigor e mais as principais leis complementares. Rio de Janeiro: Distribuidora Record, 1962.

DILCHER, Gerhard. "The Germanists and the Historical School of Law: German Legal Science between Romanticism, Realism, and Rationalization". *Rechtsgeschichte – Legal History*, vol. 24, 2016.

FOSTER, Nigel; SULE, Satish. *German Legal System and Laws*. 4ª ed. Oxford: Oxford University Press, 2010.

FREUND, Ernst. "The New German Civil Code". *Harvard Law Review*, vol. 13, nº 8, 1900.

GORDLEY, James. "Myths of the French Civil Code". *American Journal of Comparative Law*, vol. 42, nº 3, 1994.

HALPÉRIN, Jean-Louis. "Le droit privé de la Révolution: Héritage législatif et héritage idéologique". *Annales historiques de la Révolution française*, vol. 328, 2002.

JOHN, Michael. *Politics and the Law in Late Nineteenth-Century Germany*: The Origins of the Civil Code. Oxford: Clarendon Press, 1989.

KOZOLCHYK, Boris. *Comparative Commercial Contracts*: Law, Culture and Economic Development. St. Paul: West Academic, 2014.

KROPPENBERG, Inge; LINDER, Nicolaus. "Coding the Nation: Codification History from a (Post-)Global Perspective". *In*: DUVE, Thomas. *Entanglements in Legal History*: Conceptual Approaches. Frankfurt: Max Planck Institute for European Legal History, 2014.

LEVASSEUR, Alain A. "Code Napoleon or Code Portalis?" *Tulane Law Review*, vol. 43, nº 4, 1969.

MARTIN, Xavier. *Mythologie du Code Napoléon*: Aux soubassements de la France moderne. França: Éditions Dominique Martin Morin, 2003.

SCHWARTZ, Bernard (Coord.). *The Code Napoleon and the Common-Law World*: The Sesquicentennial Lectures Delivered at the Law Center of New York University, December 13–15, 1954. Nova York: NYU Press, 1956.

SMITHERS, William W. "The German Civil Code (Das Bürgerliche Gesetzbuch): Sources – Preparation –Adoption". *American Law Register*, vol. 50, nº 12, 1902.

VANDERLINDEN, Jacques. *Le Concept de code en Europe occidentale du XIIIe au XIXe siècle*: Essais de définition. Brussels: Université Libre de Bruxelles, 1967.

VON SAVIGNY, Friedrich Carl V. "Da vocação do nosso tempo para a legislação e a jurisprudência". *In*: MORRIS, Clarence (Coord.). *Os grandes filósofos do Direito*: leituras escolhidas em direito. Trad. Reinaldo Guarany. São Paulo: Martins Fontes, 2002.

WHITMAN, James Q. *The Legacy of Roman Law in the German Romantic Era*: Historical Vision and Legal Change. Princeton: Princeton University Press, 1990.

WIEACKER, Franz. *História do Direito Privado moderno*. Lisboa: Fundação Calouste Gulbenkian, 1980.

Capítulo XIII

BANNER, Stuart. "Written Law and Unwritten Norms in Colonial St. Louis". *Law and History Review*, vol. 14, n° 1, 1996.

BATIZA, Rodolfo. "The Louisiana Civil Code of 1808: Its Actual Sources and Present Relevance". *Tulane Law Review*, vol. 46, n° 4, 1971.

BILLINGS, Warren M. "The Transfer of English Law to Virginia, 1606-50". *In*: ANDREWS, K. R.; CANNY, N. P.; HAIR, P. E. H. *The Westward Enterprise*: English Activities in Ireland, the Atlantic, and America, 1480-1650. Liverpool: Liverpool University Press, 1978.

BROWN, Elizabeth Gaspar. "Legal Systems in Conflict: Orleans Territory, 1804-1812". *American Journal of Legal History*, vol. 1, n° 1, 1957.

COOK, Charles M. *The American Codification Movement*: a Study of Antebellum Legal Reform. Westport: Greenwood Press, 1981.

CURTIS, Christopher M. "Codification in Virginia: Conway Robinson, John Mercer Patton, and the Politics of Law Reform". *Virginia Magazine of History and Biography*, vol. 117, n° 2, 2009.

EVANS, Beverly D. "The Code Napoleon". *Georgia Historical Quarterly*, vol. 6, n° 1, 1922.

FARMER, Lindsay. "Reconstructing the English Codification Debate: The Criminal Law Commissioners, 1833-45". *Law and History Review*, vol. 18, n° 2, 2000.

FISCH, William B. "The Dakota Civil Code: More Notes for an Uncelebrated Centennial". *North Dakota Law Review*, vol. 45, 1968.

HERMAN, Shael. "The Fate and the Future of Codification in America". *American Journal of Legal History*, vol. 40, n° 4, 1996.

KILBOURNE, Richard Holcombe. *A History of the Louisiana Civil Code*: The Formative Years, 1803-1839. Baton Rouge: Louisiana State University, 1987.

KOLSKY, Elizabeth. "Codification and the Rule of Colonial Difference: Criminal Procedure in British India". *Law and History Review*, vol. 23, n° 3, 2005.

LANGUM, David J. *Law and Community on the Mexican California Frontier*: Anglo-American Expatriates and the Clash of Legal Traditions, 1821-1846. Norman: University of Oklahoma Press, 1987.

MASFERRER, Aniceto. "Defense of the Common Law against Postbellum American Codification: Reasonable and Fallacious Argumentation". *American Journal of Legal History*, vol. 50, n° 4, 2008-2010.

MCKNIGHT, Joseph W. "The Spanish Legacy to Texas Law". *American Journal of Legal History*, vol. 3, n° 3-4, 1959.

MILLER, Perry. "The Common Law and Codification in Jacksonian America". *Proceedings of the American Philosophical Society*, vol. 103, n° 3, 1959.

MORRISS, Andrew. "Codification and Right Answers". *Chicago-Kent Law Review*, vol. 74, n° 2, 1999.

MORROW, Clarence J. "Louisiana Blueprint: Civilian Codification and Legal Method for State and Nation". *Tulane Law Review*, vol. 17, n° 3, 1943.

PALMER, Vernon Valentine. "The French Connection and the Spanish Perception: Historical Debates and Contemporary Evaluation of French Influence on Louisiana Civil Law". *Louisiana Law Review*, vol. 63, n° 4, 2003.

PARISE, Agustín. "Codification of the Law in Louisiana: Early NineteenthCentury Oscillation between Continental European and Common Law Systems". *Tulane European and Civil Law Forum*, vol. 27, 2012.

REINMANN, Mathias. "The Historical School against Codification: Savigny, Carter, and the Defeat of the New York Civil Code". *American Journal of Comparative Law*, vol. 37, n° 1, 1989.

ROSS, William E. "History of Virginia Codification". *Virginia Law Register*, vol. 11, n° 2, 1905.

SCHWARTZ, Bernard (Coord.). *The Code Napoleon and the Common Law World*: The Sesquicentennial Lectures Delivered at the Law Center of New York University, December 13–15, 1954. Nova York: NYU Press, 1956.

WEISS, Gunther A. "The Enchantment of Codification in the Common Law World". *Yale Journal of International Law*, vol. 25, n° 2, 2000.

WHEELER, Charles B. "The Code Napoleon and Its Framers". *American Bar Association Journal*, vol. 10, n° 3, 1924.

WITT, John Fabian. "The King and the Dean: Melvin Belli, Roscoe Pound and the Common Law Nation". *In*: _____. *Patriots and Cosmopolitans*: Hidden Histories of American Law, 211-278. Cambridge: Harvard University Press, 2007.

YOUNG, Edwin W. "The Adoption of the Common Law in California". *American Journal of Legal History*, vol. 4, n° 4, 1960.

Epílogo

ALTER, Karen J. *Establishing the Supremacy of European Law*: The Making of an International Rule of Law in Europe. Oxford: Oxford University Press, 2003.

BORCHARDT, Klaus-Dieter. *The ABC of European Union Law*. Luxemburgo: Publications Office of the European Union, 2010.

CAPPELLETTI, Mauro. "Is the European Court of Justice 'Running Wild'?" *European Law Review*, vol. 12, n° 1, 1987.

CLAES, Monica. *The National Court's Mandate in the European Constitution*. Oxford: Hart, 2006.

DAVIES, Bill. *Resisting the European Court of Justice*: West Germany's Confrontation with European Law, 1949-1979. Cambridge: Cambridge University Press, 2012.

DAVIES, Bill; RASMUSSEN, Morten. "Towards a New History of European Law". *Contemporary European History*, vol. 21, n° 3, 2012.

DUVE, Thomas. "Global Legal History: a Methodological Approach". *Max Planck Institute for European Legal History: Research Paper*

Series, n° 2016-04, mai. 2016. Disponível em: http://ssrn.com/abstract=2781104. Acessado em: 05.03.2024.

FREDA, Dolores. "'Law Reporting' in Europe in the Early-Modern Period: Two Experiences in Comparison". *Journal of Legal History*, vol. 30, n° 3, 2009.

GROSSI, Paolo. "Il messaggio giuridico dell'Europa e la sua vitalità: Ieri, oggi, domani". *Contratto e impresa* / Europa 2, 2013.

HARTKAMP, Arthur *et al.* (Coord.). *Towards a European Civil Code*. 4ª ed. Nijmegen: Kluwer Law International, 2010.

HYLAND, Richard. "Codification and the American Discussion about How Judges Decide Cases". *In*: KEYES, Mary; WILSON, Therese. *Codifying Contract Law*: International and Consumer Law Perspectives. Farnham: Ashgate, 2014.

JORNAL OFICIAL DA UNIÃO EUROPEIA. *Tratado que estabelece uma Constituição para a Europa*, 16 de dezembro de 2004. Disponível em: https://eur-lex.europa.eu/legal-content/PT/TXT/?uri=OJ:C:2004:310:TOC. Acessado em: 05.03.2024.

KOCH, Henning *et al.* (Coord.). *Europe*: The New Legal Realism – Essays in Honour of Hjalte Rasmussen. Copenhagen: Djøf, 2010.

KOOPMANS, Thijmen. "Towards a New 'Ius Commune'". *In*: WITTE, Bruno de; FORDER, Caroline. *The Common Law of Europe and the Future of Legal Education*. Deventer: Kluwer Law International, 1992.

LEGRAND, Pierre. "Against a European Civil Code". *Modern Law Review*, vol. 60, n° 1, 1997.

LUNDMARK, Thomas. *Charting the Divide between Common and Civil Law*. Oxford: Oxford University Press, 2012.

MAMADOUH, Virginie. "Establishing a Constitution for Europe during European Union Enlargement? Visions of 'Europe' in the Referenda Campaigns in France and the Netherlands". *Journal of Cultural Geography*, vol. 26, n° 3, 2009.

MASHAW, Jerry L. *Creating the Administrative Constitution*: The Lost One Hundred Years of American Administrative Law. New Haven: Yale University Press, 2012.

MATTEI, Ugo; PES, Luca G. "Civil Law and Common Law: Toward Convergence?" *In*: WHITTINGTON, Keith E.; KELEMEN, R. Daniel;

CALDEIRA, Gregory A. *The Oxford Handbook of Law and Politics*. Oxford: Oxford University Press, 2008.

MATTLI, Walter; SLAUGHTER, Anne-Marie. "Law and Politics in the European Union: A Reply to Garett". *International Organization*, vol. 49, n° 1, 1995.

Direito da união europeia. Disponível em: https://eur-lex.europa.eu/homepage.html?locale=pt.

PALMOWSKI, Jan. "The Europeanization of the Nation State". *Journal of Contemporary History*, vol. 46, n° 3, 2011.

PESCATORE, Pierre. *The Law of Integration*: Emergence of a New Phenomenon in International Relations Based on the Experience of the European Communities. Leiden: A. W. Sijthoff, 1974.

RASMUSSEN, Hjalte. "Between Self-Restraint and Activism: A Judicial Policy for the European Court". *European Law Review*, vol. 13, n° 1, 1988.

RASMUSSEN, Hjalte. *On Law and Policy in the European Court of Justice*: A Comparative Study in Judicial Policymaking. Dordrecht: Martinus Nijhoff, 1986.

STEIN, Eric. "Lawyers, Judges, and the Making of a Transnational Constitution". *American Journal of International Law*, vol. 75, n° 1, 1981.

SWEET, Alec Stone. *Governing with Judges*: Constitutional Politics in Europe. Oxford: Oxford University Press, 2000.

_____. *The Judicial Construction of Europe*. Oxford: Oxford University Press, 2004.

TÖLLER, Annette Elisabeth. "Measuring and Comparing the Europeanization of National Legislation: A Research Note". *Journal of Common Market Studies*, vol. 48, n° 2, 2010.

UGLAND, Trygve. "'Designer' Europeanization: Lessons from Jean Monnet". *European Legacy*, vol. 14, n° 2, 2009.

VANKE, Jeffrey. "The Treaty of Rome and Europeanism". *Journal of the Historical Society*, vol. 7, n° 4, 2007.

VAUCHEZ, Antoine. *L'union par le droit*: L'invention d'un programme institutionnel pour l'Europe. Paris: Presses de la Fondation nationale des sciences politiques, 2013.

WEILER, J. H. H. "Community, Member States and European Integration: Is the Law Relevant?" *Journal of Common Market Studies*, vol. 21, n° 1, 1982.

_____. "The Community System: the Dual Character of Supranationalism". *Yearbook of European Law*, vol. 1, n° 1, 1981.

_____. "The Reformation of European Constitutionalism". *Journal of Common Market Studies*, vol. 35, n° 1, 1997.

_____. "The Transformation of Europe". *Yale Law Journal*, vol. 100, n° 8, 1991.

ZIMMERMANN, Reinhard. *Roman Law, Contemporary Law, European Law*: The Civilian Tradition Today. Oxford: Oxford University Press, 2001.

REFERÊNCIAS BIBLIOGRÁFICAS

"Ashby vs. White and Others" em: SLADE, E. (Coord.). *Thomas and Bellots Leading Cases in Constitutional Law*. Londres: Sweet e Maxwell, 1934.

AMOS, Maurice. "The Code Napoleon and the Modern World". *Journal of Comparative Legislation and International Law*, vol. 10, n° 4, 1928.

BELLOMO, Manlio. *The Common Legal Past of Europe, 1000-1800*. Washington: Catholic University of America Press, 1995.

ENGEN, John Van. "Christening the Romans". *Traditio*, vol. 52, 1997.

GOETHE, Johann Wolfgang von. *Conversations of Goethe with Eckermann and Soret*. Trad. John Oxenford. Londres: George Bell, 1875.

HAHLO, H. R. "Codifying the Common Law: Protracted Gestation". *Modern Law Review*, vol. 38, n° 1, 1975.

HENEAGE FINCH NOTTINGHAM (Conde de). *Lord Nottingham's Manual of Chancery Practice e Prolegomena of Chancery and Equity*, ed. D. E. C. Yale (Homes Beach, FL: Wm. W. Gaunt, 1965, citado em: KLINCK, Dennis R. "Lord Nottingham and the Conscience of Equity". *Journal of the History of Ideas*, vol. 67, n° 1, 2006.

_____. *Frontiers of possession*: Spain and Portugal in Europe and the Americas. Cambridge: Harvard University Press, 2015.

_____. *La administración como un fenómeno social*: la justicia penal de la ciudad de Quito (1650-1750). Madrid: Centro de Estudios Constitucionales, 1995.

_____. *Mediación, archivos y ejercicio: los escribanos de Quito (siglo XVII-XVIII)*. Frankfurt: Vittorio Klostermann, 1996.

_____. *Rendre la justice à Quito (1650-1750)*. Paris: L'Harmattan, 2001.

_____. *Ritos de control, prácticas de negociación*: pesquisas, visitas y residencias y las relaciones entre Quito y Madrid (1650-1750). Madrid: Fundación Hernando de Larramendi, 2000.

KANT, Immanuel. "O que é o Esclarecimento?" *Königsberg*, Prússia, 30 de setembro de 1784. Disponível em: http://legacy.fordham.edu/halsall/mod/kant-whatis.asp. Acessado em: 06.05.2024.

KISHLANSKY, Mark *A Monarchy Transformed*: Britain, 1603-1714. Londres: Penguin, 1996.

UE. *Tribunal de Justiça da União Europeia*. Disponível em: https://european-union.europa.eu/institutions-law-budget/institutions-and-bodies/search-all-eu-institutions-and-bodies/court-justice-european-union-cjeu_pt.

VOLTAIRE. "Courtisans lettrés: Coutumes. *In*: _____. *Oeuvres complètes de Voltaire*: Dictionnaire philosophique I. vol. 7. Paris: Chez Furne, 1835.

NOTAS

A Editora Contracorrente se preocupa com todos os detalhes de suas obras! Aos curiosos, informamos que este livro foi impresso no mês de maio de 2024, em papel Polen Soft Natural 80g.